贸易·政治·全球化译丛

自由贸易思想史

道格拉斯·A. 欧文（Douglas A. Irwin） 著
梅俊杰 译

上海财经大学出版社

图书在版编目(CIP)数据

自由贸易思想史/(美)道格拉斯·A. 欧文(Douglas A. Irwin)著;梅俊杰译. —上海:上海财经大学出版社,2021.10

(贸易·政治·全球化译丛)

书名原文:Against the Tide:An Intellectual History of Free Trade

ISBN 978-7-5642-3868-1/F·3868

Ⅰ.①自… Ⅱ.①道…②梅… Ⅲ.①自由贸易-贸易史-世界
Ⅳ.①F749

中国版本图书馆 CIP 数据核字(2021)第 200667 号

图字:09-2021-0259 号

Against the Tide*: *An Intellectual History of Free Trade

Douglas A. Irwin

□ 责任编辑　李成军

□ 封面设计　贺加贝

自由贸易思想史

[美] 道格拉斯·A. 欧文 (Douglas A. Irwin) 著

梅俊杰　译

上海财经大学出版社出版发行

(上海市中山北一路 369 号　邮编 200083)

网　址:http://www.sufep.com

电子邮箱:webmaster @ sufep.com

全国新华书店经销

上海华业装璜印刷厂印刷装订

2021 年 10 月第 1 版　2021 年 10 月第 1 次印刷

710mm×1000mm　1/16　18 印张(插页:2)　264 千字

印数:0 001—3 000　　定价:88.00 元

总　序

如果说2019年是“黑天鹅”事件频出之年，那么，“黑天鹅”与“灰犀牛”齐舞的2020年，可以说是极其不平凡的一年。这一年中，新冠疫情全球大流行，进一步加剧世界经济复苏乏力、收入不平等、增长不确定和不稳定等“老生常谈”的问题。这场疫情对跨地区、跨区域布局的全球产业链产业安全产生了严重冲击，特别是正值选举年的美国，贸易摩擦已经沦为政治选举的工具，美国单方面发起的贸易保护主义行径，已经从关税保护措施跃升至管制技术出口、封杀诋毁外企和限制留学签证，全球保护主义蔓延势头不断上升。与此同时，全球累积的地缘政治风险已经在中东、西亚等地区引发了多次局部性军事冲突，从美伊冲突、土俄在利比亚和叙利亚的角力到印度与巴基斯坦的克什米尔冲突、阿塞拜疆与亚美尼亚的纳卡冲突等，进一步加剧了区域和平发展的不确定性。

可以说，我们正处在一个愈发不确定、不稳定的时代，全球处于百年未有之大变局中，世界进入动荡变革期。第二次世界大战后美国主导的世界经贸规则体系，是世界和平稳定、经济繁荣发展以及全球经济一体化的重要保障机制和驱动力。但从世界经济发展和全球化趋势看，2008年金融危机以来全球政治经济格局出现显著的调整趋势，涌现出“逆全球化”思潮和贸易保护主义，现有规则体系中的矛盾逐渐累积放大，全球化发展已经陷入前所未有的调整和矛盾。

从更深层次来看，当前世界经济的不确定性和不稳定性来源于以下四大冲击：

第一大冲击来自 2019 年末爆发并蔓延至全球的新冠疫情。突如其来的新冠疫情在全球蔓延，以极高的传染性使其成为首个真正意义上的“全球化疫情”。在全球化发展深陷泥潭的背景下，新冠疫情阻碍了社会经济活动的正常运行，也进一步影响了国际经贸合作的正常开展，对全球经贸一体化造成了结构性深层次的冲击。同时，新冠疫情还造成了产业安全维度的冲击，包括跨国企业产业链全球布局模式，供应链产业安全等受到空前挑战，航空、旅游等高度依赖外部市场的行业受到外需急剧下降的严重冲击，要素流动严重受阻。此外，新冠疫情还可能对社会经济发展模式产生深远的影响。基于互联网的经济模式以及机器自动化产业在此次疫情期间得到了快速发展，在潜移默化中改变了部分行业乃至社会的运作模式，可能对传统的经济活动方式和就业结构产生长期甚至具有变革意义的影响。

第二大冲击来源于单边及保护主义对全球经贸治理体系的冲击。经验和理论都表明，全球经济一体化是不可避免的发展趋势。但是，受制于全球化本身的结构性不平衡以及由此带来的各种保护主义思潮阻碍了全球化自身的健康发展，第二次世界大战以来建立的现有国际经贸治理体系不断受到挑战与质疑。将“美国优先”作为宗旨的美国特朗普政府，将单边保护主义和民粹主义演绎到极致，从退出《巴黎气候协定》到阻挠世贸组织争端解决机构的正常运作，甚至退出世界卫生组织，这种破而不立的方式显然不利于现有全球治理体系发挥其功能，对全球经贸规则的重构也不会带来任何积极意义。即使美国大选后可能跳出单边主义路线，西方国家中普遍存在的保护主义思潮同样也值得关注。中国等新兴市场经济体通过融入国际分工体系和经济全球化得以快速崛起，这导致新兴经济体的利益诉求、国际地位、权利和义务等发生了重要变化，与发达经济体之间的合作关系和地位也发生了深层次变化。如果发达经济体坚持用保护主义来应对这种格局变化，不仅不利于缓解当前国际治理体系中的南北矛盾，也不利于全球经贸合作的进一步深化。

第三大冲击是中美经贸冲突对全球产业链和分工体系的冲击。美中两国作为全球最大的两大经济体和贸易实体，是全球经贸繁荣和稳定增长的重要压舱石。但是，在特朗普上台后，美国对华政策已经逐渐从特定进口产品的惩罚性关税扩大至惩罚性关税清单，并不断升级至高科技产品出口禁令和恶意抹黑打压中国企业等全方位措施。中美贸易摩擦逐渐转变为中美经贸冲突，对双方乃至区域和全球的经济、贸易和产业发展造成了极大的冲击。美国试图切割、孤立早已同全球产业链深度融合的中国，这不仅提高了全球产业链的运营成本，而且其政策的不确定性对产业安全构成了实质冲击。

第四大冲击是政治军事冲突对区域发展条件造成的冲击。区域和全球和平发展始终是区域经贸发展的重要条件，但近年来不断涌现的政治对立和军事冲突事件对其产生了巨大影响。自 2019 年以来，先后爆发了巴勒斯坦和以色列的加沙地带冲突、印度和巴基斯坦的克什米尔冲突、土耳其先后出兵叙利亚和利比亚、土耳其和希腊的边境冲突、阿塞拜疆和亚美尼亚之间爆发的纳卡冲突等一系列军事冲突。政治军事冲突在西亚和南亚地区呈现出常态化的发展态势，地缘政治正逐渐取代区域经济一体化的地位，这既不利于地区的和平稳定，也不利于区域经济一体化发展。

上述四大冲击不仅反映出如今世界经济发展态势和国际治理体系面临的高度不确定性和不稳定性，也深刻反映出我们正处于世界百年未有之大变局中。从本质上看，国际外部环境的百年未有之大变局体现在，发展中经济体已经更多参与到世界治理体系之中，并由此导致国际政治格局产生变化。对百年未有之大变局，我们有以下几大问题值得关注：

一是全球增长问题。新冠疫情迫使我们深入思考世界经济的增长问题，因为全球化发展难以进一步深化，世界经济已经陷入“长期停滞格局”；新冠疫情对世界经济和全球需求产生短期冲击，以及新冠疫情模式下新技术、新业态将对全球产业结构和产业链造成中长期冲击。同时，2008 年以来各国为应对全球金融危机而普遍采用的货币、财政双宽松的非常态货币政策刺激，在造成全球房地产、股市等资产价格高速膨胀的同时，对经济增长的边际激励效应已呈现出明显的疲软态势。是应当维持非常态货币政策，还是返回常态货币政策，抑或探索其他政策工具？此外，“逆全球化”思潮也是研究全球增长问题不可回避的问题。主流经济学理论可以推定，经济全球化本身体现的国际分工深化、自由贸易发展、全球技术进步和生产力发展，通过市场的相互开放使得各方实现利益最大化。但是在现实中，推动全球化的主体主要来源于发达经济体的跨国企业，而反对全球化的声音也此起彼伏。全球化发展中出现的不同生产要素在国际分工中的收益存在巨大差异问题日益突出；而且，全球化发展中也存在产业转移导致的产业空心化、失业加剧和世界经济层面的“储蓄—消费”结构性失衡问题。这些问题都是全球化进一步深化亟待解决的问题。

二是不平等问题。在现有国际经贸规则体制的有效作用下，随着全球经济的发展，收入不平等问题在全球范围普遍存在，而且呈现加剧的可能。一方面，各经济体间收入不平等问题愈发突出。虽然以中国为代表的新兴经济体在全球一体化进程中取得了高速发展的经济成就，但是在剔除中国等少数发展中经济体后，大多数发展中经济体与发达经济体的经济发展差距呈现出进一步拉大的趋势。这不仅是因为发展中经济体难以顺利融入全球一体化发展进程，还因为当前国际治理体系下，发展中经济体缺乏基础设施建设等公共产品，难以跨越“马尔萨斯陷阱”以及所谓的“中等收入陷阱”。另一方面，经济体内部的收入差距扩大也是值得关注的问题。正如法国经济学家托马斯·皮凯蒂在《21世纪资本论》中所论证的，自由市场经济在财富分配不平等问题上存在市场失灵，较高的资本回报率导致贫富差距的扩大，可能导致一系列社会问题以及长期经济增长难以为继。

三是全球化趋势问题。第二次世界大战以来，以中国—西亚—美欧为核心的全球生产中心、全球能源中心、全球消费中心的“三角稳态格局”开始被打破，全球供应链、产业链、价值链面临重构。一方面，即便美国政权更迭后放弃单边主义，美欧等西方经济体已经愈发重视国内产业空心化和失业问题，由此导致部分产业回归成为必然趋势。而中国等新兴经济体的企业为提高自身在全球价值链中的地位和扩大市场，扩大对外投资以及参与全球资源要素配置势在必行，将调整当前由发达经济体跨国公司主导的全球产业链的布局结构。另一方面，中国等新兴经济体的收入水平上升，带动了国内消费市场规模的扩大，这将对美欧国内需求市场疲软起到一定的补充作用，进而形成以发展中经济体内需市场为核心的区域性经贸一体化新格局。

四是国际经贸规则问题。数十年来，以 GATT/WTO 为代表的多边贸易体制面临多方面的挑战。多边体制的多数谈判停滞不前，拉大了现有多边经贸规则体系与现代全球经贸模式之间的差距。在发达经济体和发展中经济体谈判矛盾无法调和的情况下，多边体制"协商一致"的原则被认为缺乏必要的政策灵活性。在普遍认同国际经贸规则急需改革的背景下，如何改革便成为十分突出的问题。"协商一致"是否有必要妥协和修改？是放任更具灵活性的双边和区域贸易体制，还是通过诸边体制"曲线救国"？与此同时，美国在部分双边贸易协定中设置的"毒丸条款"体现出极大的负外部性。此外，在互联网、大数据等新科技快速发展的背景下，数字贸易已经成为不可忽视的重要经贸模式，特别是科技企业往往体现出较强的垄断性和产业边界模糊性，对现有监管模式和监管政策也提出了严峻的挑战。

五是全球经济治理问题。第二次世界大战以来的现有全球治理体制主要由发达经济体主导，但是在经济发展和科技进步等因素下，该体制存在问题和缺陷是发达和发展中经济体的共识。但是，各方对于如何解决这些问题缺乏共识。国际经贸规则需要的究竟是重构还是修正？同时，对于以中国为代表的发展中大国的崛起，如何避免陷入"修昔底德陷阱"和"金德尔伯格陷阱"，是当前各界亟待破解的问题。

这五大世界经济问题是全球性问题，既需要我们开展全面深入的前瞻性、战略性思考和研究，也需要我们放眼全球，分析和借鉴海内外优秀学者的最新研究成果，发挥他山之石的启迪和作用。

也正因为如此，由上海财经大学出版社选编出版此套"贸易·政治·全球化译丛"。译丛共包含八本著作，大致分为三个领域，分别是世界贸易体系研究、美国贸易政策研究和自由贸易思想史研究。

《世界贸易体系中的政治经济学：WTO 及未来》(原书第三版)是兼具通识

性和专业性的专著。作者用严谨的逻辑和翔实的资料，系统论述了当前世界贸易体系制度设计的历史背景、经济学原理和内外政治因素。例如，自世贸组织成立以来，国际贸易体系呈现亦步亦趋的发展形势。该书始终将以 WTO 为代表的多边贸易体制作为核心，不仅详细梳理了其谈判历程和背后政治格局，而且着重分析了该机构作为各贸易经济体协商贸易政策的重要平台作用。对于区域贸易等当前全球化所面临的诸多问题与挑战，作者也予以客观介绍和理性探讨。这有助于读者更好地判断未来世界贸易体系的发展趋势。

继创造"资产负债表衰退"概念之后，辜朝明在《大衰退年代：宏观经济学的另一半与全球化的宿命》中再次提出了全新概念——"被追赶经济体"。有别于"马尔萨斯陷阱""中等收入陷阱"等聚焦发展中经济体发展问题，本书以全新的理论分析当今发达经济体出现的经济增长停滞和收入不平等问题，可以理解为高收入水平阶段发展陷阱的研究力作。作为日本著名的经济学家，作者对当前发达经济体所面临的经济与政治困境的核心驱动因素做出界定，并试图跳出当前财政、货币双宽松的发展思路，提出可行的发展思路，体现了其敏锐的洞察力和思想力。

《军费、贸易和大国竞争》是本译丛中唯一一部专注于第一次世界大战前国际经贸体系研究的著作。作者将军事冲突和国际贸易的关系作为研究对象，是国际贸易领域中较为冷门的选题，对国际贸易和国际政治领域研究起到了重要的补充作用。尤其是，作者建立大国关系估计模型，从军事力量与商业合作的角度研究大国之间的竞争合作关系，研究角度新颖且具有创新性。同时，联想到当下复杂的国际形势，不禁令人引发对国际和平局势和趋势变化的遐想。

《国强国富：第二个千年的贸易、战争和世界经济》是一部经济史巨著。作者引用了大量的当代经济学研究成果和经验证据，系统分析了过去一千年以来重大历史事件对国际贸易和地缘政治格局的影响，以及贸易、殖民地在西方世界的崛起及其现代经济增长进程中发挥的作用，有助于读者更好地理解当今世界经济体制。本书从历史的角度，诠释过去一千年来世界各区域的贸易模式及其演进、全球范围的长期经济和政治发展趋势，以及这两者之间的相互作用。

相比众多传统国际贸易和世界经济研究著作，本书的侧重点放在区域经济和地缘政治上。这不仅体现在作者将世界七大区域作为研究单元，而且体现在作者强调地缘政治与国际贸易互为因果的关系。此外，作者还突出分析了军事在国际贸易中的作用。

《四处贩卖的贸易保护主义：〈斯穆特—霍利关税法案〉与大萧条》一书只有四个章节的篇幅，却对《斯穆特—霍利关税法案》的前因后果做出了权威描述。这部被誉为美国史上最臭名昭著的法案，通常被认为是引发 20 世纪 30 年代大萧条和第二次世界大战前世界贸易秩序崩溃的导火索，也是国际贸易学者热衷于引用的经典反例。作者首次全面阐述了该法案背后的美国政治背景以及后续引发的经济后果、国际反响和遗留问题。本书的意义不仅在于警示贸易保护主义在历史上所造成的全球性损害，还在于帮助读者更好地理解美国贸易保护主义思想背后的政治和经济背景。此外，作者采用了新版序言，其中的故事可以视为如今美国政府再兴单边贸易保护主义政策的宝贵教训。

《国家财富：美国贸易政治史》是一本系统研究美国贸易政策及贸易政策背后政治因素的著作，具有很强的学术性和可读性。作者将美国的贸易政策发展脉络分为三个重要阶段，分别是美国贸易保护主义的兴衰、自由经济秩序的建立以及贸易保护主义的复活。本书还选取美国历史上具有转折意义的历史人物，生动刻画出美国贸易政策转变的政治背景和政治决定因素，以便读者更深入地理解美国政治与贸易政策的关系。

《贸易战：国际贸易政策的激进主义和政治化》一书则专注于目前美国最重要的区域贸易安排——《北美自由贸易协定》。相比其他侧重于政府利益角度的研究，作者还利用大量档案材料和数据，着重分析了工会、环境活动家等美国社会政治团体对该协定产生的影响，有助于读者更全面地了解不同利益团体在国际贸易政策中扮演的角色。本书有助于读者更好地理解在《北美自由贸易协定》中纳入劳动和环境保护等条款的政治因素，也有助于理解民间组织在制定国家政策方面的作用。

《自由贸易思想史》对自由贸易思想史的梳理具有重要的学术价值和借鉴

意义。其学术价值不仅在于梳理出自由贸易学说的发展脉络，而且在于整理和对比主要贸易保护理论，从侧面对自由贸易学说的必要性、严谨性、可行性进行了支撑性论述。这有助于我们加深理解自由贸易的理念和意义，也有助于进一步理解为何中国始终坚持对外开放原则和高举自由贸易旗帜。

本套译丛无论是专题的编排还是书目的挑选，都体现出上海财经大学出版社的用心良苦和高瞻远瞩。一方面，译丛所选著作均出自国际顶尖学府的著名经济学家之手，书目的内容体现出极高的学术权威性，其中一本著作更是荣获ASA 2019年"查尔斯·蒂利杰出图书奖"(Charles Tilly Distinguished Book Award)。另一方面，本套译丛包含了翔实的资料和夯实的数据，十分有利于读者全面和系统地掌握世界经济的发展历史。同时，本套译丛突出了世界经济研究中政治经济学和国际政治研究的地位，顺应了当前全球化发展进程中政治要素影响愈发突出的趋势，有利于国内读者更好地理解国际经贸发展的态势。

本套译丛的翻译和出版工作具有重要的现实意义和学术价值。在面对百年未有之大变局之际，通过前瞻性分析、经贸史学研究等方法，我们可以更加深入理解之前百年的格局，更有助于正确掌握事物变化的客观规律，准确判断未来百年的世界变局。特别是如今经济全球化发展中愈发突出国际政治因素介入的影响，对世界经济的研究已经脱离不了从国际政治角度的研究。同时，译丛中多本译著为国内读者提供了全面而系统的美国政治资料，有助于国内学界更好地把握美国贸易政策变动的趋势。

权　衡

于上海市淮海中路六二二弄

2020年12月

译者序

很多年前在伦敦经济学院读到道格拉斯·A.欧文原著《自由贸易思想史》时，我就曾发愿，要把这本从贸易角度展示西方富强之策的好书译介给中文读者。而今如愿以偿，岂不快哉！

本书作者的基本立场是，虽然围绕自由贸易历来充满争议，但自由贸易论仍不失为“最经久不衰、最坚强有力的主张之一”。也许有读者知道，本人并不那么信奉自由贸易，曾写过一册《自由贸易的神话：英美富强之道考辨》（上海三联书店2008年初版，新华出版社2014年修订再版）。既然如此，我为什么还推崇这本倾向于自由贸易的著作呢？

首先，本书完整追溯了西方关于自由贸易的思想历程，关涉那种国人投入大量人力、物力恐也不易厘清的外国专门题材。书中上半部综述了自由贸易论逐渐确立的过程，论及古希腊与古罗马的贸易思想、英国重商主义文献、重农学派与道德哲学、亚当·斯密及古典经济学等历史内容；下半部则展示了对自由贸易论的主要挑战，包括贸易条件论、幼稚产业论、收益递增论、国内扭曲论、战略贸易论等贸易保护学说。作者在查究大量原始文献的基础上，对贸易思想史这一源远流长又头绪纷繁的专题做了精当的钩稽和紧凑的论述，可谓劳苦功高。有书评者称，购买此书，“单是参考文献本身便已物有所值”。国人并不重视西方原典文献的阅读，纵然对于自由贸易这样事关国计民生的重大问题也是如此，再说，即使有此心愿也未必有此条件。如今这本资料翔实且可读性强的门径作品，足可让读者坐收事半功倍之效。

其次，本书作者的基本立场无疑是赞同自由贸易的，但这并不妨碍他详尽介绍历来对自由贸易的质疑观点。许久以来，在经济学主流话语中，对于挑战自由贸易的诸多理论，未能给予应有的表达机会。即使自由贸易论长时期内没有得到实证检验，即使发达国家的崛起实多依靠贸易保护，即使自由贸易并未给发展中国家带来巧言承诺的结果，也即使发达国家惯于稍遇竞争压力便重拾保护主义，贸易保护学说揭示的自由贸易例外情形依然未能赢得足够重视。诚如约翰·希克斯(John Hicks)所言："过去对这些例外重视太少了。"本书作者虽仍不免过于严厉地批评贸易限制思想，但透过其总体上自由主义的话语框架，我们还是能观察到贸易保护学说的持论依据及其来龙去脉。相信对自由贸易心存疑虑、愿独立思考的读者，能够从本书挖掘的那些久被边缘化的学说中，汲取思想营养并得以解惑释疑。

再次，对于自由贸易及其理论本身，我们也可借助本书获得更加纵深的了解，从而做到恰如其分地评估其利弊得失。英国19世纪初赢得工业竞争优势后，自由贸易日益被打造成某种意识形态，一度还被奉为公理绝不容许背离。久而久之，自由贸易理念的成长历程、其推导中的前提假定、数百年间遭遇的观点质疑，以及发达国家实行自由贸易前长期的贸易保护史实等，都被选择性地简化、扭曲甚或掩盖。现在需要把自由贸易及其理论重新放回历史的天平上来如实衡量，既看清它作为一项经济原理的简洁性和合理性、历史上在需要革除重商主义弊政时它的可取性和进步性，更充分认识其政策适用的条件性、结果上扶强抑弱的倾向性甚至必然性。保罗·克鲁格曼(Paul Krugman)说过，自由贸易并未过时，但已"从原来的最优政策还原为不过是拍脑袋的合理产物而已"，再也不是"经济理论告诉我们的一贯正确的政策"。本书的历史考察作为一个"祛(自由贸易之)魅"的过程，无疑有助于回归这样的理性立场。

最后，本书作为对西方贸易思想的巡礼，能让我们再次领略西方知识精英历来对务实问题的高度关注及其思考和论辩的严谨方式，从中看到中西方在求知问题上由来已久的差别。东西方的知识体系在文明起步时也许有不少共性，随后的发展中却呈现出不断扩大的差异。以古希腊和古罗马时代为起点，欧洲的知识精英和政治经济精英日益重视贸易交往、产业发展与国家富强之类问题，孜孜以求地加以系统研讨，结果是，欧洲在16至18世纪经由一场经济学革命而确立了重商主义的统治地位。重商主义本质上是一套融贸易保护、金银聚敛、工业扶植、就业促进、政府干预、强权打造、殖民征服于一体的国家现代化战略，实乃西方富强的真正基石。所以我总是强调，近代那场诞生了重商主义的经济学革命，一如文艺复兴、地理发现、宗教改革、科技革命、工业革命、思想启蒙、政治革命，同样是区别西方与非西方世界不同发展路径的一个关键因素。本书对西方贸易思想的论述如同一面镜子，映照出我们民族至今犹存的知识结构缺陷和求知态度上的散漫性、业余性，阅读中不能不让人深思再三。

本书翻译出版过程中，得到了上海财经大学出版社以及梅新枝、张旦红的支持，特此一并致谢！

梅俊杰

2020年10月14日

于上海社会科学院世界经济史研究中心

鸣 谢

自由贸易作为一项经济政策究竟有什么好处？经济学家及其他知识人士多个世纪以来为此纷争不休。本书旨在呈现自由贸易学说的历史，先是追溯直到亚当·斯密(Adam Smith)和古典经济学家为止的相关思想，再是考察此后围绕反自由贸易论而展开的主要争议。乔治·斯蒂格勒(George Stigler)曾呼吁，经济思想史应更多地聚焦于思想和概念，而非具体的个人及其个性，这一想法指导着我。本主题牵涉极大的时间跨度，但我有意写一本篇幅较小的书，而且，对非经济学家来说，它也应当通俗易懂，即使第二部分会专门探讨某些理论问题。

我的工作得到了诸多友人和同仁的协助，很高兴能在此记下对他们的谢忱。我感激贾格迪什·巴格瓦蒂(Jagdish Bhagwati)，他不但评论了部分书稿，数年来还给予我鼓励并一起讨论了本书主题。约翰·奇普曼(John Chipman)提供了慷慨的支持，仔细通读了几遍原稿。我也要感谢欣然抽时间评议书中不同章节的其他人：麦克斯·考登(Max Corden)、唐纳德·杜威(Donald Dewey)、巴里·埃肯格林(Barry Eichengreen)、罗纳德·范德雷(Ronald Findlay)、吉恩·格罗兹曼(Gene Grossman)、亚当·克鲁格(Adam Klug)、安·克如格尔(Anne Krueger)、阿温德·帕纳伽利亚(Arvind Panagariya)，他们的指点令我深怀谢意。克莱尔·弗里德兰(Claire Friedland)帮助查寻了诸多经济学家的出版物和照片，我也应当致谢。

我感念林德和哈利·布拉德利基金会(Lynde and Harry Bradley Foundation)的资助,他们向经济与国家研究中心(Center for the Study of the Economy and the State)提供了一笔捐赠,当然,我对中心主任萨姆·佩尔茨曼(Sam Peltzman)亦怀有敬意。芝加哥大学的商学研究生院也给予了资助,除其他好处外,这笔经费使我能在伦敦大学享用戈德史密斯经济文献图书馆(Goldsmiths's Library of Economic Literature),此乃赫伯特·萨默顿·福克斯威尔(Herbert Somerton Foxwell)留给后世学者的无价遗产。

最后,我也要向家人道谢,妻子玛乔里(Marjorie)在本书漫长的构思过程中展示了堪称典范的耐心,大女儿埃伦(Ellen)在寻找电脑游戏时没有意外删除我的文件,小女儿卡蒂(Katie)则降生在书稿完成之际,为家里再添喜气。

目　录

引 言

……自由贸易学说，无论在现实政治中如何遭到普遍拒斥，终究在思想领域守住了一席之地。

——弗兰克·陶西格(Frank Taussig，1905:65)

哈利·约翰逊(Harry Johnson，1971:187)曾写道："自由[国际]贸易总体上要比贸易保护带来更多的经济利益，这是经济理论可用来指导经济政策的最基本命题之一。"自从亚当·斯密在《国富论》(*The Wealth Of Nations*)中提出倡导自由贸易的著名理由以来，这一命题经受住了经济学家的反复审视，并继续得到当今职业经济学家们压倒性的支持。[①] 本书的目的就是要描述：自由贸易如何在经济学中逐渐占据这样一个至高无上的地位；当面临以往两个世纪中屡屡发起的理论挑战时，自由贸易如何保持了其学说的思想生命力。

为解决这些互不相同又互相关联的问题，本书分为两个部分。第一部分探讨，为何在亚当·斯密以前的经济思想中，普遍流行着一种论调，即认为如果恰当地使用进口关税及其他政府贸易限制措施，就有可能形成某种比自由贸易更

① 有项调查显示，95%受访美国经济学家(按美国、奥地利、法国、德国、瑞士受访经济学家总算，则为88%)支持或有保留地支持这一说法："关税和进口配额会减少经济总福利。"参见布鲁诺·弗雷等(Bruno Frey et al.，1984)。

好的经济政策？这样的观念在17世纪重商主义文献中达到了登峰造极的地步。但日积月累间，重商主义阵营内部出现批评意见，逐渐冲淡了赞成贸易限制那种流行论调；同时，道德哲学家之流也表示赞成经济自由，只是他们的立论依据颇为不同。到最后，亚当·斯密和古典经济学家进行了更为理论化的分析，由此进一步削弱了贸易限制论的根基。斯密和古典经济学家在经济思想界牢固地确立了新的理念，相信自由贸易优于进口保护，能创造更大的经济财富总量。从此往后，在经济辩论中，凡要论证贸易限制政策如何能够增加一国的经济财富，举证的任务便落在倡导贸易限制的人身上。

约翰·斯图尔特·穆勒(John Stuart Mill，[1848]1909：920)说过，“保护主义学说尽管作为一个整体理论已被击倒，但它从某些具体的理由中寻得了支撑点”，或者更准确地说，它“试图”设想某些特殊情况以便获得支持。本书的第二部分将考察，自由贸易论背后的经济分析如何依然令人信服？又如何在亚当·斯密时代以来兴起的各种批评和辩驳中妥协退让？有一个规律简直不可思议，每隔几十年，总会冒出一个倡导贸易保护的重大理论，并在经济学界引发一波关于自由贸易论利弊得失的论战。例如，幼稚产业保护论赢得了最大范围的普遍认可，许多其他的保护理由也同样存在着，最新的例子便是20世纪80年代兴起的战略贸易政策论。

本书不会逐一分析每个反自由贸易的论调，但会集中关注那些围绕自由贸易的经济利益而掀起的最为重要、最有争议的辩论。在叙述了那些反对自由贸易、倡导贸易保护的经济论断后，我会考察由此引发的争论，因为针对这些反自由贸易论断的有效性和普适性，自由贸易学说的捍卫者都会与反面论断的倡导者展开激辩。作为总结，我会评估一下，那些反面论断能在多大程度上压缩自由贸易论的适用空间，并作为正当合理、分量较重的修正性理由而得到世人接纳；或者只不过是某种“知识猎奇”，对现实经济政策意义甚微，因此已被弃置一边；或者单纯按逻辑判断便站不住脚，从而干脆已被淘汰出局。我将强调这些辩论的历史时空，也即固然会提示一下如今的理论观点，但会力图避免深挖许多此类问题上往往是汗牛充栋的当代文献。

本书第一部分探讨的是自由贸易的思想起源，由于需要查考林林总总支持与反对自由贸易的论断，因而必然采用更像综述的方法。与此对照，第二部分则更为狭窄地专注于反对自由贸易、倡导贸易保护的“经济”论断。所谓“经济”论断，是指这些论断从经济学家的严格标准出发，探讨某个特定政策是否会增加经济总财富，这里的财富是按照（比如说）实际国民收入来适当定义的。[①] 围绕自由贸易和保护问题所展开的争论实际上都聚焦于效益这个问题，即某一特定贸易政策如何影响一国使用其有限资源创造尽可能多的实际收入这种能力。这里的有限资源体现为诸如土地、劳动、资本之类的基本生产要素，实际收入则反过来让国民获得更多的各种产品。

对“经济”论断提出批评的人经常指出，这一方法中的财富标准太过狭隘，过分突出物质性方面，排斥了其他更重要的社会性考虑。有鉴于此，大量倡导贸易保护的非经济论断也纷纷出笼，它们构成了贸易政策争论中挥之不去的一个特征。[②] 其中包括政治性论断（例如，为国防目的而保护某个产业），还有其他旨在实现某个笼统的国民或社会目标的论断（例如，争取某些产品更高程度的自给自足）。诸如此类的考虑或重要或不重要，但不会在这里加以探讨。经济分析在一定程度上可以判定，为实现非经济目标所采用的各种手段（即政策工具）包含了多少相对成本，但经济分析对于判定这些政策目标本身是否可取，并不能给予多大帮助。[③]

在继续行文前，我应当简要讨论一下自由贸易具体指什么，因为这个术语并无统一的定义。从理论上讲，自由贸易一般是指，不存在人为障碍来限制货物的跨国交易，因此，国内生产商和消费者面对的产品价格与世界市场确定的价格是同一的（当然，另可容许运输及其他交易成本）。这些价格反映了产品在

---

① 第十二章将较详细地讨论棘手的分配问题。一旦把经济福利而非经济财富当作经济政策的评判标准，棘手的分配问题便会浮出水面。

② 对经济论断提出批评，这本身总是一件好事，可是那些以非经济理由倡导保护的人经常声称，其所倡导的政策会让国民受益，却未能精确地说明是依据什么标准得出这一结论的。屡见不鲜的是，他们不大能够或者干脆没有采用任何前后一贯的标准，来衡量各种政策的成本与收益。

③ 例如，可参见贾格迪什·巴格瓦蒂和 T. N. 斯利尼瓦桑（Jagdish Bhagwati and T. N. Srinivasan, 1969）。

世界范围内的相对稀缺性或充裕性，构成了一种对国内厂商和家庭（也因此是对整个国家）的相应机会成本，因为世界市场总是按此价格开展贸易。从实践中讲，自由贸易描述了民族国家对国际商业活动采取的一种政策，在这里，不存在贸易障碍，既不对外国产品的输入设定限制，也不对国内产品的输出加以管制。[①] 与此相反，当实施贸易保护时，政府的政策会歧视进口产品，而照顾国内生产的产品，通常是借助关税、数量限制或其他进口壁垒，为的是保护国内生产商免遭外来竞争的冲击。这些贸易干预扭曲了国内生产商和消费者所面对的价格，使得国内价格偏离世界市场上出现的价格。

约瑟夫·熊彼特（Joseph Schumpeter，1954：370）在其巨著《经济分析史》（*History of Economic Analysis*）中强调，重要的是应当"把自由贸易'政策'和自由贸易'学说'的演进跟与其相关联'分析'的演进明确区分开来"。本书作为一部思想史，试图阐述经济分析如何支持或瓦解了自由贸易学说，换言之，本书讨论的是与自由贸易"学说"相关的经济学"分析"。本书不是关于商业政策的经济史，既不会研究某个特定国家在某个特定时期的具体贸易政策，也不会解释为何出现了这些或是自由贸易或是保护主义的政策。本书也不会探讨那个引人入胜实则截然不同的问题，即经济分析或者那些长期就此冥思苦想、往往又默默无闻的思想家们，是否对经济政策产生过任何影响。

由于几乎完全聚焦于经济分析的领域，本书关注的学说思想经常会从其产生年代的政治和经济背景中剥离出来。这样的处理方法有时候并不恰当，因为历史背景往往有助于加深对历史文献的理解，不过，我在这里基于两个理由稍加辩护。[②] 首要的理由纯粹是为了方便起见。本书的内容必须要有所节制，以免篇幅大到难以收拾的程度。更主要的是，也许就我的具体目标而言，理解学说思想的政治、社会、经济背景固然可以增加人们对于有关理念产生和传播的

---

① 19世纪有个标准稍低的定义认为，在自由贸易状态下，政府的税收或管理政策不会区别对待本国产品与外国产品。照此定义，假如对国内生产所设的等量直接税能保证给予本国产品的待遇并不优于外国产品，则自由贸易不一定意味着零关税。

② 虽然我提出以此作为本书通行的处理方法，但遇有合适的场合我也会灵活地偏离这一方法，例如在第十三章，历史背景有助于我们领会约翰·梅纳德·凯恩斯（John Maynard Keynes）贸易保护论的微妙之点，同时也了解其无奈之处。

知识,然而,如果是为了评价经济思想和分析作为某种逻辑推论达到了怎样的水准并且是否站得住脚,那么,这种知识一般而言是不需要的。为了赏识亨利·马丁(Henry Martin)1701 年为自由贸易辩护时所展现的卓越才华和独到见解,人们并不需要去了解 17 世纪晚期纺织品贸易竞争中那些错综复杂的细节。同样,为了理解战略贸易政策理论背后的推论,人们也不需要专门了解 20 世纪 80 年代围绕美国贸易政策展开的那些政治辩论。

特定的时代背景确有可能贡献一批思想,诸如新颖的理论和新鲜的分析;为了确定有关思想成为实际政策时是否可行,也需要观照时代背景。然而,如果缺乏一个概念性框架,即使具备时代背景知识,也无助于理解那些力图推翻既有理论的各种思想挑战。当某个重大的经济论断宣称自己的推论拥有某种普适性时,如果不去探究其内在的逻辑,就无法对之进行有效的评判。经济分析就是一种具有较强原则性的概念框架,可资理解种种经济现象,可资评估各种经济政策的效果。它所具备的优势在于设定了思想和逻辑的某种标准,尽管这些标准无疑也会因时而变。或许本书中还贯穿着一条暗线,可让人看到,用以评判商业政策的概念框架如何在历史中不断演变。

以此等方法来探寻经济科学的历史,颇有熊彼特的风范,即使他本人也时常偏离这一目标。熊彼特(1954:10,337n)还教导人们,经济思想背后的动机,无论是政治的、意识形态的还是个人私利的,对于评价一个经济论断的分析性价值,并无多大相关性。他说过:"某一项特定分析所具有的科学性独立于进行此项分析时的动机。……最为顽固的团体利益可能引发出真实的、有价值的分析,而最为超脱的动机却可能毫无结果,反而只带来谬误和平庸。……动机与某一主张的客观本质完全不搭界。"在研究人们对自由贸易或贸易保护的倡导时,这样的教诲需要谨记心中,尤其是在研究 17 世纪重商主义文献时更需如此,因为当时经济文献中包含了大量辩论双方各自基于私利的种种主张。本书并不太在意"谁"在说话,以及"为何"他们那样说话,倒是更在意究竟说了"什么",以及在经过了当世评论者和后代学者吹毛求疵般的审视后,它是否继续"有道理"。

既然用经济分析的方法来追溯学说，本书便重在梳理历史文献，以此来描绘自由贸易思想的演变过程。事实上，只有梳理历史文献才能看清，涉及经济政策的理念知识是如何长期进化和日益积累的。拥有这样的知识可以为我们提供一个视角，有助于理解当今有关贸易政策的各种见解究竟从何而来，也许还能让我们就经济科学与经济政策之间的互动关系得出某些初步结论。

在描述过往数十年乃至数百年间的争论时，我将需要大量援引第一手资料，借以提供一点争论者原先推理和论辩的原汁原味。（在不少地方，我也自行更新了拼写方法和大小写。）本书主要关注英语文献，部分原因是，绝大部分经济研究和论争发生在英国。在某些时期如重商主义时代，法国、西班牙等地的经济思想曾密切反映了英国的思想（也有倒过来反映的情况），因此，集中关注英国的经济学文献，将之作为其他国家盛行的相关思想的代表，谅必不会太过离谱。而在其他时期如 19 世纪，英国则独领风骚，诚可谓世界上质量最高、最具创新的经济分析的大本营。聚焦于英语文献，假如是为了考察自由贸易的总体“舆论”或“政策”，是会让研究结果偏听偏信、充满偏见的，但一项对自由贸易做经济“分析”的研究却不会受到如此严重的影响。

本书的主要结论从一开始便可预期。1776 年，亚当·斯密针对流行的经济学说思潮，提出了倡导自由贸易的有力论证，他的强势论断被证明在思想上具有说服力。自此以来，自由贸易学说历经了严格的、彻底的审视，有时还遭到严厉的质疑。然而，自由贸易的理念，即倡导自由贸易的概念性理由，却在反复严格的审视面前基本上完好无损地幸存了下来。当然，这样的审视也让人洞察到自由贸易学说的利弊强弱所在，有时候也导致了对该学说有根有据的理论修正。可是，自由贸易论终究顶住了压力，因为认为国家间产品自由交换能带来可观利益的基本主张，并没有被数量有限的各种修正及例外所压垮。因此，自由贸易依然具有生命力，恐怕不亚于经济理论中力图影响经济政策的其他任何主张。

第一部分

自由贸易学说的起源

第一章

早期的对外贸易学说

亚当·斯密的《国富论》于 1776 年问世前,知识人士是基于何种理由去拒斥国际自由贸易这一主张的? 自由贸易论最后是在何种理论基础上成长起来并被经济思想家们接受的? 本书第一部分将关注这两个问题。17、18 世纪的重商主义文献通常建议,为实现各种目的,政府应当借助关税及其他干预手段去管制贸易。赞成自由贸易的经济思想正是在这一背景下应运而生并汇聚起来的。在第二章讨论重商主义文献前,这里先简要考察一下先哲们对贸易的态度以及对贸易政策的表述,特别是那些在古希腊—古罗马传统和犹太—基督教传统中流行的态度与表述。在早期多个世纪中形成的相关理念,尽管缺乏重要的经济分析,却强有力地影响了后世商业政策讨论的思想基础。

* * *

古代对外贸的态度

古时候陆路运输成本高昂,海洋提供了通达东地中海及更远地区的便利途径，因此，从古人对海洋的态度中，可以解读到最早关于对外贸易之性质和益处的思想记录。依傍大海到底是福还是祸，古希腊和古罗马的作者表现出矛盾心态。一部分人相信，上帝创造了海洋，为的是在地球不同人群之间促进交流、拓展商业联系。例如，公元100年前后，普卢塔克(Plutarch，1927：299)写到大海的恩泽："这样东西，在社会尚且蒙昧未开、天各一方时，把大家联结起来，令生活日臻完善。互助和交换克服了匮缺，培养了合作和友谊。……海洋给希腊人带来印度的葡萄品种，希腊则跨海向外传播谷物种植，还从腓尼基那里引入用来抵抗遗忘、帮助记事的字母。人类借此避免了大部分人群无酒、无粮、无文字的命运。"普卢塔克坚持认为，要是没有海洋造就的交换，人类将依然"蒙昧未开、一贫如洗"。

其他一些作家和诗人却对大海抱有怀疑态度。海洋的效应并非乐施好善，相反它联通了陌生人群，外人可能让本地居民染上野蛮人的不良习俗和堕落品性，从而扰乱国内生活。贺拉斯(Horace，1960：27)便怀着这种痛悼心理，认为大海的本质就在于执意分割人类。他写道："上帝以其智慧，有意用大海的阻隔来分割陆地世界，只可惜一切已告徒然。违背天意的船只正在跨越汪洋屏障，且莫忘记，这本是上帝设下的禁地。"对大海抱有的对立观点自然导致两种贸易观，有人认为贸易提供了一个增进国家繁荣的机会，另有人却认为贸易危及国家安全和经济安全。这种二分对立观古往今来延绵不绝，人们对自由贸易怀有何种偏向，也许就部分取决于他对国际商业活动秉持何种先入之见，即视之为机遇还是视之为威胁。

从古人对经商者的态度中，也能洞见早期的贸易观。公元前4、5世纪，古希腊哲学家鄙视贸易商人，尤其是零售商贩，把商贸活动当作有失公民体统的低俗营生。例如，柏拉图(Plato)在《理想国》(*Republic*)中提到，井然治理的城邦理当保证，把引车卖浆之类的劳力粗活留给那些无法胜任其他工作的庸碌人等。亚里士多德(Aristotle，1932：51)在《政治学》(*Politics*)中认定，交易中货币的使用缘于出口和进口，他谴责这种不属直接以物易物的交易"无比可耻，因为它不合天理，让人向他人索取财物"。事实上，当时人们普遍相信，公民不该参与商贸交易，此类活动应该全部留给借住本邦的异乡人，即那些被剥夺政治权利、被迫与希腊城邦市民隔离而居的人。据约翰内斯·海斯布鲁克(Johannes Hasebroek，1933：39)的看法，把贸易与公民相分离意味着“不仅[希腊的外贸]不以本国劳动力为基础，而且它脱离国民生活”。如此一来，不存在进口挤占了本邦公民生产那种现实经济问题，所以，“保护性关税这一概念……是古希腊世界闻所未闻的东西”。

古罗马的哲学家和政治家总体上对商人和商业也持有同样的鄙视态度和低等评价，约翰·德阿姆斯(John D'Arms，1981)就此有过描述。对古罗马人而言，贸易商或中间商以一定价格购进货品，未改变货品的特质，再以抬高的价格零售卖出，这是在从事一种低下的营生。此类活动是精英公民不屑为之的凡俗生计，法律甚至明令禁止元老院成员介入商贸事务。

西塞罗(Cicero)所著《论义务》(*De Officiis*)在述及国际贸易时，即认同上述观点，不过，对于隐含巨大利益或有助于提高民智的商务，他认为可以网开一面。虽然承认贸易能带来巨大利益，西塞罗(1913：155)还是无法积极赞成这种商贸活动，只不过对其看法相对不那么负面。他说：“贸易，如果规模甚小，应被视为低俗；但如果是批发，规模较大，系从世界各地大量输入，且在分销给众人时无涉欺诈行为，则不应对之大加鄙薄。”普利尼(Pliny，1969，2：385—386)对海外贸易秉持更正面的态度，他赞扬了道路特别是港口等公共工程的建设，称其“通过促进贸易，联结了远隔万里的人群，这样，任何地方的自然产物从此看来归属大家……不会对谁不利”。

古希腊人认识到，自愿参与货物交换的各方皆从交易中获益，似乎也承认，这个道理同样适用于对外贸易。部分作者还意识到，逐利商人的商品价格套利行为亦可带来公共利益。色诺芬(Xenephon，1918：519—521)嘲讽了那种观念，即认为商人从事买卖纯粹是因为天生喜爱这个职业。他写道：

> 商人酷爱谷物，一旦获知哪里谷物充裕，就会出海求取，横跨爱琴海、黑海、西西里海。获得尽可能多的货物后，他们经由海上运输，将其装载到自己的船上。即使手中缺钱，他们也不会随时随

地甩货贱卖，只会运到据说谷物最为紧俏、买家出价最高的地方，在那里出货。……大家天生喜爱的是可为自己盈利的任何东西。

自由贸易的理由很大程度上立足于由劳动分工带来的收益，多个世纪后这一观点会继续丰富起来。假如不同的个体、地区或国家各自生产最适宜的物品并彼此交换，那么，生产总量和消费总量将大于缺乏这种专业化的时候。也许柏拉图(1930:153)对经济学的最大贡献是，很早(约从公元前380年开始)就在《理想国》一书中讨论了分工的优势。他写道："当一个人根据性之所近从事某种工作，且是在恰当的时机，又从其他工作中解脱出来时，[此种分工的]结果是，更多的物品会得到生产，而且会生产得更好、更方便。"柏拉图在该论述中也指出："要想找一块对进口没有需求的地皮并在上面建造城市，其实无法办到。"他意识到，为开展贸易，国家需要商人，况且，当本地某些物产超过本地消费量时，多余部分可用来交换进口物品。

这里基本上在把分工和专业化的好处延伸到地区贸易或国际贸易中，可是柏拉图根本没有明确加以引申。柏拉图后大约20年，色诺芬把分工程度与市场规模联系了起来。色诺芬(1914,2:333)提到，在小镇中，每个个体要从事多种工作；而在大城市，每个个体专做一种工作。"因此，谁专门从事一项高度专业化的工作，谁必然会做得至善至美，此乃天经地义。"色诺芬这里已呼之欲出但尚未表达那个理念，即区域间贸易可有效扩大市场规模，允许一种更精细的分工，并生成重大的经济利益。柏拉图和色诺芬都描述了个人层面上的分工，但没有把分工理念应用到世界相互贸易的不同区域这个层面。

这些概念的衍生也没有转化为一种积极正面的外贸观。事实上，古希腊哲人建议要限制贸易，当然还是有鉴于与外贸相关的道德风险和民事风险。他们相信，与海外陌生人的接触将危害法律和秩序，损及社会的道德体系。例如，亚里士多德在《政治学》中断言，在为城邦选择理想的地理位置时，应优先考虑那些能保证最大程度自给自足的区域，因为那将把贸易限制在当地以物易物的"自然"水平，可以促进城邦安全，减少与异邦人的接触，从而保持当地淳朴的民风。自给自足被认为远优于依赖海外贸易，尽管自给自足并不意味着完全的闭关自守，毕竟古希腊哲人还是勉强承认，至少某些贸易还是非有不可的。[①] 亚里士多德(1932:561—563)便同意，如能免受不良异邦人的影响，那么贸易“从安全和必需品供应两方面看，还是有一定优势的。……输入国内正好没有的货品，输出自己富余的货品，终归属于必不可少之事”。如有一个贸易活跃的海港毗邻城市，不妨用一堵墙来隔开，把海港置于官方的严密监控下。不过，亚里士多德强调，即便如此，进口贸易也应仅限于提供某些必需品，如日常消费的食物和造船用的木材，万不能为了牟利目的而超越这一底线。因此，亚里士多德(1926:45)告诫政治家，应弄清哪些进出口确属“必需”，以便在与他国订立商业协定时，获得切实需要的东西，保证贸易中行为正当。柏拉图(1914,2:185)在阐述自给自足的实现手段时讲得比亚里士多德更加明确，他提出不要对进出口计征税收，不过，政府应禁止进口“不必要的外来消费品”，并应禁止出口“理当留在本国的物品”。

是什么造成古人对贸易采取这种相当淡漠的态度呢？古希腊和古罗马人显然认识到从贸易中可以获得经济利益，但他们基于若干非经济理由又提防着贸易。每个群体都以为自己优于外国人，故而缺乏与他人扩大交往的意愿。早期作者对商贩心存疑虑，对其所从事的活动以及作为公民的忠诚都提出了质疑。海斯布鲁克(1933:39)表示：“有人认定，正如古希腊大量文献所示，希腊人鄙视工贸活动实乃一种贵族式偏见，然而，实则具有更加深刻与广泛的原因。”不过，人们也远没有绝对地谴责贸易，也从未把自给自足的目标理解为追求完全的闭关自守。早期思想家们勉强承认，一定数量的贸易还是必不可少的，因此，还得容忍商贩的存在，尽管也不该去鼓励他们。

普世经济学说

普世经济学说从早期对海洋的赞扬性解读中演化而来，之后成为一个首要的理论，用以说明为何不同地区间的贸易有利可图、应予接纳，而且应令其顺乎

---

① 马库斯·惠勒(Marcus Wheelers,1955)对此有过进一步讨论。

自然、不受干预。这一学说认为，上帝故意在世界各地不均匀地散布资源和物品，为的是促进不同地区间的商业交往。[1] 在雅各布·瓦伊纳(Jacob Viner, 1976:27—54)看来，该学说按其最清晰的表述，独特地综合了四个思想要点：其一，它信奉斯多葛派世界主义理念，崇尚普天下人类的兄弟博爱；其二，它述说了从产品的贸易和交换中人类能得到的益处；其三，它怀有一种观念，即认为经济资源并非平均散布于世界各地；其四，它把所有这种安排归结为上帝神圣的干预，上帝这样做是有意要促进人类的商业交往与和平合作。

该学说在纪元后最初数个世纪里由哲学家和神学家不断加以丰富。公元65年前不久著书的斯多葛派哲学家塞内加(Seneca)几乎完整提出了这一思想。塞内加(1972:115)说，上帝如此安排各种自然要素，让"风促成了不同人群间的沟通，把地理相隔的民族联结起来"。不过，这一表述并不比前引普卢塔克的观点先进多少。亚历山大的斐洛(Philo, 1929, 2:73—74)更详细地阐述了该学说：

> 上帝并未让这些特定东西中的任何一样单靠自己便告完备，乃至完全不需要其他东西的补充。有鉴于此，每一事物由于存在着获得他物来补缺的欲念，必定会接近那些能满足自身需要的东西，而且，这种接近的做法一定是共同的、互惠的。因此，通过互惠结合……天意要让万物结成合作协调的关系，构建一个统一的和谐体系，让万物遵从普世的平等交往律令，从而迎来整个世界的完美无缺。

早期基督教作者奥利金(Origen, 1953:245)在245年前后写道："生活必需品匮乏状态下，产自其他地方的货物被装运送到了尚不掌握航海技艺的人手里。所以，你会为此而仰慕上帝。"

也许对该学说最好的早期表述来自4世纪的异教徒利巴尼乌斯(Libanius)，他在《演讲录》(*Orations*, Ⅲ)中宣告：

> 造物主并未将全部物产赐予世界每个角落，而是将恩典散布

① 雅各布·瓦伊纳(1991:42)居然更进一步提出，"该学说……堪称已知最古老、最久远的[经济]学说"，并表示它是现代国际贸易禀赋理论的先驱。

于各不相同的地方，其用意是要让人们因为需要他人帮助而养成一种社会关系。故此，他令贸易应运而生，以便大家共同分享大地的物产，无论它们产自何方。[①]

这一简练的陈述具备了瓦伊纳指出的所有四个要点，数个世纪后作为普世经济学说的典型表述屡被引用。利巴尼乌斯在安条克教授了几名学生，他们协力传播了这一思想。圣巴西勒(St. Basil，1963：65)写道，大海“成了商人财富的施主，方便地供应着生活所需，让富庶者出口剩余物产，让匮乏者得到物质补充”。[②] 利巴尼乌斯的另一名学生是神学家圣约翰·克里索斯托姆(St. John Chrysostom，1874：124—125)，他照着老师的思想写道，大海联结起不同的陆地，防止遥远的距离冲淡人间友情，简直就让整个世界成了全人类聚居的家园。

狄奥德瑞(Theroderet，1988：30)，作为安条克的神学家和克里索斯托姆的学生，是这一学说最卓越的阐述者之一，437 年前后他在《天意论》(*Discourse on Providence*)中写道：

造物主有意将和谐倾注于人类，令其通过相互依赖来满足各种需求。因此，我们在海上长途航行，探寻他人对我之所需，并带回自己需要的一船船货物。上帝没有向世上每个地方分派人类所需的一切，免得自给自足削弱人间情谊。于是，海洋处在世界的中央，分割成数不胜数的港湾，如同城市中的交易市场，大量提供着必需的每样物品，并汇聚众多的买卖商家，让其熙熙攘攘地往来。

这些著述之后的多个世纪中，普世经济学说作为一个主题，在为自由贸易辩护时一直被反复提起。不管是重商主义者还是自由贸易论者，大家都崇奉这一学说，当然，在重商主义者这里，有关倡导者会为自身特定目的而不时扭曲该学说。该学说也成为自然法说教的一部分，并现身于哲学家在启蒙运动及随后

---

① 我尚未见到该演讲录的现代英文译本，本处引文转自格劳秀斯(Grotius，[1625]1925，2：199)。

② 圣安布罗斯(St. Ambrose，1961：83)389 年前后著述时，说过与圣巴西勒类似的话：“大海提供便利……作为货物的运输者，把遥远的人们联结到一起。”

时代所热衷的各种世界主义学说中。[①] 如果把这一学说与此前古希腊和古罗马的学说一并考察的话，显而易见，在很早阶段，思想家们就似已领悟了贸易可派生的益处。既然认识到资源禀赋在各地存在不同的分布，并且理解到分工可按地区差异来展开，就可以据此构建一套倡导自由贸易的纯经济理由。然而，在许多情况下，出于对贸易引发某些非经济后果的担忧，这一时期的文献作者还是认为自由的国际商贸交往似乎并不可取。

早期基督教和经院学派经济思想

虽然普世经济学说渗透到了基督教神学中，但早期的基督教作者仍将经济学视为伦理学的一个分支，而且，颇类似于以前的古希腊和古罗马人，他们也指责商业会教唆欺诈行为、导致利欲熏心、诱使追逐俗利。[②] 早期基督教徒多从《圣经》文本中获得启示，而在该文本中，上帝把商人逐出了圣殿。故此，从事商贸活动被认为会严重危及世人心灵，毕竟贪婪、撒谎、欺骗、敲诈等罪行都在诱人堕落。圣奥古斯丁(St. Augustine，1888：320)在5世纪初告诫道："要让基督徒修身养性，别让他们从事商贸交易。"尽管奥古斯丁心怀同情地讨论过一个假设性恳求，它来自从事外贸的一位诚实有德的商人，但奥古斯丁最终还是驳回了恳求，回敬道："那些活跃的贸易商……终究不能给上帝增光添彩。"

圣安布罗斯抛弃了利巴尼乌斯的教谕，写道："上帝创造大海，是为了自然环境之美，而不是为了在上面航行。海上惊涛骇浪，理应敬畏它，而非利用它。……应当用之于食物目的，不应当用之于商贸目的。"[③]安布罗斯相信，商贸之所以存在，盖因商人的贪念压过了大海的波涛。他对商贸的指责毫不留情，

---

① 古典经济学家中，不时也有人提及造物主对贸易的影响作用，在詹姆斯·穆勒(James Mill)、约翰·拉姆齐·麦卡洛克(John Ramsay McCulloch)、纳索·西尼尔(Nassau Senior)、罗伯特·托伦斯(Robert Torrens)的著作中，均可见到此种叙述，但约翰·斯图尔特·穆勒不在此列。

② 有关简要概述，参见雅各布·瓦伊纳(1978：34—38)。

③ 引自F.霍姆斯·达顿(F. Homes Dudden，1935，2：549)。

乃至其著作的翻译者都表示，安布罗斯“似乎看不到存在诚实商贸的任何可能”。[①]

对商贸活动如此这般的广泛谴责纵然看来酷似古希腊、古罗马等时期对外贸的反感情绪，但其间还是存在几个重要差别。基督教的敌意并非建立在某种贵族式偏见上，故而对贫穷的小商贩寄予了稍多的同情，他们被视为更有可能信守美德。与古希腊和古罗马人不同的是，基督教的作者无意追求本地的自给自足，也不倡导文化上的闭关自守，相反有意在全世界传播其宗教及其他的道德价值。然而，他们与古希腊和古罗马人一样，忧心贸易的道德后果，担心贸易会助长贪欲和奢靡。当然，基督徒还多出一点，就是认为贸易会把过多精力引导到凡事俗务上。二者的共同点是，他们都区分出两类商贸活动：一类通过增值而提升产品的本质；另一类则产品依旧可售价更高，故应加以谴责。

中世纪经院学派继续抱持对商贸活动的疑虑，但随着时势变迁，他们的思想也明显变得更为自由。经院哲学家都是饱学的神职人员和各色学究，其著述年代在800—1500年，他们立足于基督教教义和古希腊哲学家（尤其是亚里士多德）这两个方面，以图研究并拓展各方面的人类知识。经院学派倒不太从道德角度观察商贸活动，其最终判断往往与某一特定商业行为的目标和场景相挂钩。[②] 他们依然着重分辨出两种性质的商贸活动，即一种是在生产性经济活动中使用自身劳动，另一种则纯粹是中介买卖的低档营生。在基督教教义中，付出劳动得到报偿是正当合理的，但就那些不事生产而只顾交换牟利的贸易商人而言，其低俗情况就有所不同。一般以为，逐利无度会诱人步入歧途，会令心灵受到腐蚀，所以，买卖商贩多与欺诈、贪婪等罪恶归结在一起。

中世纪首席神学家圣托马斯·阿奎那（St. Thomas Aquinas）的贡献在于，他把自己的推论微妙地调向商人一边，从而降低了原说教中对贸易和贸易商的责罚。在写于13世纪的《神学大全》（*Summa Theologica*）中，阿奎那接受了三类商业活动，认为它们对社会有用，分别是：货物的储藏、必需品的进口、货物从

---

① 参见F.霍姆斯·达顿（1935，2：548）。

② 参见乔治·奥布赖恩（George O'Brien，1920：144ff）、雷蒙德·德洛夫（Raymond de Roover，1974）。

充裕地向稀缺地的运输。尽管贸易活动仍被视为“有失身份”，但阿奎那(1947,2:1517)主张，金钱上的获利，“虽则本质上既非美德也非必要，本身却不包含罪行或恶德”。在查考一项经济活动的道义价值时，关键要看贸易商的动机和行为。

阿奎那认可贸易的合法性，可他更多地浸染了亚里士多德那种内贸胜于外贸的偏好，没有受到普世经济学说的更多影响。阿奎那(1945:75ff)认识到，食物的供应可以靠本地生产，也可以靠海外贸易，但还是相信，本地生产更加可取，因为自给自足会“更有尊严”。另外，阿奎那顺着亚里士多德的思路也警告，与外国人的接触会扰乱社会生活。况且，“假如公民们埋首于贸易琐事，便会开启通向诸多恶行的邪路”，引致贪婪堕落、世风日下等。不过，阿奎那也承认，“不必把贸易完全摒弃在城市之外，因为难以找到日用必需品多到堆山积海的一方水土，人们总需要外来产品”，再说也没有理由不把一个地方富余的货物运输到其他地方。阿奎那因此劝导社会为了贸易的需要，还是要“适当地利用”商人。在将经院哲学思想牢牢置于亚里士多德框架时，阿奎那固然未能摆脱对贸易商及其职业的嘲讽和责难，但还是相信一定数量的贸易对每个国家都是必要的，从而也把经院哲学思想朝着赞成贸易的方向推进了一步。

阿奎那的观点构成了随后学说的基础，他的同代人和后继者以一种更积极的姿态谈论贸易。13世纪初，乔布翰的托马斯(Thomas of Chobham)说道：“商贸活动就是低价买进、高价卖出，即使凡夫俗子对于先买进、再卖出的产品未予任何加工完善，这样做也属顺理成章。要不是商人把一地充裕物产运到短缺的另一地，很多地方恐怕已出现严重的匮乏现象。”[①]这一表述比较接近色诺芬有关贸易利益的表述，指出了当商人在不同市场间运输货物时，他们其实提供着有用的服务。

及至13世纪晚期，米德尔顿的理查德(Richard of Middletown)在著述中对国际贸易的原因与利益已有清晰的阐述：

> 根据大自然理所当然的律令，所有人均应在社会关系中相互

---

① 引自奥德·兰浩姆(Odd Langholm,1992:54—55)。

帮助,毕竟大家共同生活在上帝这一至高统治者所主宰的天下。现在的情况是,世上某些地方充满了适合人类消费的若干有用物品,另一些地方却正好缺乏这些东西,也有反之亦然的现象。例如,世界此地谷物充裕,却缺少酒类;而彼地酒类充裕,却缺少谷物。……有鉴于此,正常理性的恰当判断是,一国如盛产适合人类消费的某一物品,则应帮助世上另一缺乏该物品的国家。于是,谷物充裕国应帮助谷物匮乏国,并接受酒类充裕国的帮助。……此类交易依据的是理性的恰当判断,其所提供的服务与所接受的服务是等同的,但交易是有利可图的,因为酒类充裕国一定量的谷物,其所值要超过该国一桶酒的计价。[①]

米德尔顿关于贸易的阐述远远超前于时代,显然未能得到他人的探讨。贸易的动力来自不同国家不同物品的充裕或匮乏,不同市场上物品的价格会随贸易的开展而趋于平均化,随后的经院哲学文献很少阐发这种观点。况且,后来几乎没有对商业政策进行过讨论。

到 15 世纪时,经院学派已超越了所谓"有失身份"这样的贸易耻辱观,开始视贸易为道德伦理上中立的一项活动,其中最多不过是存在腐蚀的可能性而已。就如卡里特斯(Carletus)在《天人概略》(*Summa Angelica*)中所言:"商业本身无所谓好坏,但可能由于从商的具体环境和动机而变坏。"[②]以后世纪中的神学家们并未大幅度偏离经院哲学传统。约翰·加尔文(John Calvin,1953,1:115)在编织普世经济学说时也表达了对贸易道德的关注,从而再次抓住了人们对商业的矛盾心态,这种心态在当时早已普遍流行,于今看来则更是源远流长。他论述道:

其实就本身而言,不该谴责远洋航行,因为进出口各种商品对人类大有裨益。同样也不该挑剔国家间的这种交往方式,因为让彼此的善举把全人类联结起来,这符合上帝旨意。然而,屡见不鲜

① 引自兰浩姆(1992:333—334)。
② 引自乔治·奥布赖恩(1920:150)。

的是，富足导致傲慢和残暴，为此，以赛亚（Isaiah）谴责那种曾是这片土地上财富主要来源的经商活动。此外，在与遥远国度开展的那种商贸活动中，经常包含大量的阴谋诡计，还有无度的牟利欲求。

事实上，此后神学家们关于贸易的探讨并非均如上引经院哲学观点那样带有自由的气息，因为不是每个人都接受阿奎那那种相对积极的贸易观。例如，马丁·路德（Martin Luther）就认为，一国应该安安心心地满足于国内贸易，理由是，国内的充裕将使得没有必要利用外贸来弥补国内短缺。路德（[1520]1966:212—214）也反对进口某些非必需的炫耀性物品。他说："上帝已赐予我国也赐予别国足够的羊毛、亚麻，以及各色人等为体面衣着所需的其他一切东西。我们何必浪费巨额钱财，去获得丝绸、丝绒、黄金饰品及外国器皿呢?"路德甚至倡言也应限制进口香料，因为这一贸易当时激起了过分的骄傲感和嫉妒心。他得出了酸溜溜的结论："我还从来没有看到，通过贸易能给哪方土地带来公序良俗。"

尽管如此，由阿奎那确立的经院哲学传统仍然与时俱进，最终远不像以前那样反感商贸活动。而且，即使神职人员和经院学家对贸易疑心重重，各国实际上已经大量从事贸易，当然，这些贸易也必然引发诸多显著的法律和政策问题。阿奎那的"自然法"概念，即用人类理性去解读何为天经地义这样的天意安排，终于对奠定自由商贸的新基础产生了影响力。多明我会（Dominican）神学家弗朗西斯科·德·维多利亚（Francisco de Vitoria）也是一位国际法专家，他将此概念应用到国家间的关系中，于是成为国际法的创始人之一。维多利亚（[1557]1917:151—153）一方面为印第安人抗击西班牙探险者进行辩护，认为他们拥有这样做的绝对权利，另一方面又宣称："西班牙人有权进入[印第安人的]土地""只要他们不伤害本地人"，而且，本地人不可阻止其进入。他断言，该主张"派生自国际法，此法即为自然法或源于自然法"。进而言之，"国际法有一条显而易见的规则，即外国人可以来开展贸易，只要他们不对当地公民构成伤害"。例如，"本地君王不该阻止其臣民与西班牙人贸易；反之，西班牙君王也不应阻止与当地人的贸易”。因此,“如果西班牙人阻止法国人与西班牙人开展贸易,其着眼点不是为了西班牙的福祉,不过是要防止法国人分享某种利益,则这种做法触犯了正义和博爱原则”。

我们在此可发现一项主张,即贸易,无论其道德含义如何,终究是各国的一项权利。诚然,当西班牙人在16世纪坚持认为自由贸易是自然法的一项律令时,人们可对此不屑一顾,称它纯粹反映了国家的私利追求,无非是因为西班牙其时正好是海上强国,一如17世纪荷兰在自己雄霸海上时也曾坚持这种立场。然而,维多利亚的国际自然法理念培育出了又一个倡导自由贸易的思想纲领。只是,尽管这一纲领最初的自由贸易主张毅然决然,但它最终未能凝结为一套规整的思想体系,因而未能成为一项倡导自由贸易的持久主张。

自然法哲学家

17和18世纪的自然法哲学家,是这里要考察的重商主义以前西方贸易思想的最后一环,他们相当多地借鉴了晚期经院派思想。这些思想家,正如维多利亚一样,把阿奎那的自然法理念应用到国际关系中,目的是要从道德和法学的角度推导出一套客观的准则,用以描述民族国家如何行为才算恰当合理、合乎自然。自然法哲学家针对国家进行的理论构建,恰如之前经院学派针对个人做出的阐述。自然法理念中,经济学推理寥寥无几,但思想史中这个值得重视的分支却为商业政策行为开出了不少重要的药方。

早期的自然法思想家与维多利亚类似,以很少容许例外的大刀阔斧方式,确立了贸易自由的原则。弗朗西斯科·苏亚雷斯(Francisco Suarez,[1612]1934,2:347)相信,所有国际商业活动都应当是自由的,这是基于国际法(而非自然法)即可成立的一项义务,“各不相同的一切人群和一切民族在其彼此关系中均应遵守之”。他宣称:“一国或许处于孤立状态,且拒绝与另一国发生商贸联系,哪怕其中并无不友好之意。然而,国际法认定,商贸联系应当是自由的,假如没有合理原因便禁止此类交往,那就违反了国际法体系。”苏亚雷斯相信,没有一个国家能自给自足到可彻底避免对外贸易。

阿尔贝里克·詹蒂利(Alberico Gentili,[1612]1933:86ff)甚至断言,针对那些拒绝贸易的国家,发动战争亦理所当然。他声称,战争"合乎自然,假如开战是因为他人不把某一天赋特权给予我们。……比如,假如拒绝给予通行权,或拒绝我们进入港口,或不让获得补给供应,不让开展商业或贸易"。与此同时,假如一国的道德准则判定进口有害无益,则可以正当地阻止进口,可以禁止金银的出口,也可以不准外国商人进入一国内陆。"异乡人无权争论此类问题,因为他们无权改变他国的民风和制度。……但是,除却这些情况或其他孤立案例,假如对商业加以干涉,则开战也属理所当然。"

雨果·格劳秀斯(Hogo Grotius,[1604]1950,1:218ff)是本时期最杰出的自然法思想家,他在强烈指责葡萄牙阻止荷兰参与东印度贸易时,发表了类似论点。在他看来,"国际法之下,确立了这一原则:普天之下每个人都有权自由地彼此贸易"。没有哪个政权可以禁止他国国民与本国国民接触和通商,因为"从商权同等地适用于所有人民",而且海上通行权也不应受到干涉。格劳秀斯还提出,若遇"阻止他人享用属于国际法中公共产品的那些东西",则被阻止者拥有开战的正当理由(255)。因此,他([1608]1916:63－64)得出结论:"贸易自由植根于各国的基本权利,该权利具有天经地义、亘古不变的理由。决不应当摧毁这一权利,除非征得全部国家的同意,任何情况下都不得摧毁该权利。"

在其巨著《战争与和平法》(*The Law of War and Peace*)中,格劳秀斯([1625]1925,2:199ff)重申了这些要点:"事实上,无人有权妨碍任何国家同远方别国进行商贸交流。赋予此等权利其实符合人类社会的利益,不会对任何人造成损失。"格劳秀斯的要点是,一国不应剥夺其他国家相互贸易的机会,贸易应在此一般意义上享有自由,而不仅仅是一国内部贸易不得加以限制。然而,格劳秀斯也几乎接受了对自由贸易的如此解释:为补偿外贸中的安全及其他(如灯塔之类)花费,可允许向贸易征收少量税收。不过,他反对那些与贸易商品全然无关的税费。他指出:"毫无疑问,为公平起见,与实际所运货物无关的任何税费负担都不应施加。……可是,假如为保护商品而发生了费用……则作为补偿,可向有关商品加征税收。”

格劳秀斯在复兴普世经济学说方面发挥了重大作用,主要是他引述了该学说的原始思想。格劳秀斯([1604]1950:218)认同这一思想,写道:“上帝并未让大自然向每个地方都赐予全部生活必需品,而且,上帝还让不同国家精通了不同的手艺技巧。”例如,不妨考察一下海风:“这些东西难道不能充分表明,大自然有意让各国都能跟别国通商交流?”

纵然后世学者将格劳秀斯奉为权威,他关于贸易自由的具体观点却没有获得太多支持。例如,在许多问题上,他都极大地影响了德国法学家塞缪尔·普芬多夫(Samuel Pufendorf),可是,普芬多夫仍然对自然国际法的自由贸易论提出了具有瓦解性的重大反例。自然法哲学普遍倡导开放性贸易关系,普芬多夫却严重削弱了该哲学的原有信条,甚至提出,一国可以为其任何商业政策辩护,而不管该政策具有何等的限制性。普芬多夫([1660]1934:368ff)先是引用格劳秀斯和利巴尼乌斯的言论,提出了自己的普世经济学说:“商贸让全体人都从中获得显著益处。各地的土壤并不都能同等地产出一切物品,任何作物都各有其最适宜的家园,商贸的益处就在于能补偿某地土壤的贫瘠歉收。……因此,试图不让我们世界的某地居民使用全人类共同天地所大量产出的那些物品,该是何等的有违人道啊!”

普芬多夫补充道:“然而,这种说法还是容许诸多限制的。”一国并非一定要通过贸易去交换那些人类生活不必需的物品,如奢侈品;一国也可以禁止出口必需品,如遇国内紧缺的时候,或假如“禁止出口可促进福利”。“假如贸易让我国丧失一笔可观利润,或者以某种间接方式遭受损害”,则一国也应避免进行贸易。在普芬多夫看来,一国可正当合理地限制出口某一品种的马匹,以防止其在国外繁衍;一国也可在税收的计征方面照顾本国公民,向其提供优于外国人的待遇。对于进口,则不但要征税,甚至还应当完全禁止,“理由或是国家可能因外国商品输入而遭受某些损失,或是可以借此激发本国公民更勤奋地劳作,或是让我们的财富不至于落入外国人手中”。

普芬多夫容许了如此之多的例外情况,几乎完全毁坏了倡导自由贸易的那一套国际法理由。以此为界，先前自然法思想家的世界主义已被基本抛弃，从此转向新的规则，即倡导民族国家拥有独立的主权，有权限制贸易。18 世纪有两位著名的自然法作者为该观点提供了进一步支持，认为国家对贸易和商业的限制不违反自然法或国际法。埃米里希・德・瓦泰尔(Emmerich de Vattel,[1758]1916:43)声称："当一国统治者有意调节商业流通而又不把它强行控死时，他们会对希望拒于国门外的商品征收进口税，以图限制其消费。……如此政策纯属明智正当之举……因为各国都有权决定按何种条件接纳外国货物，甚至有权全盘拒绝这些货物。"克里斯汀・沃尔弗(Christian Wolff,[1764]1934:38)主张："没有哪一国有权在未经他国同意时向其销售货物，因此，假如有国家不希望某些外国货物运入本国境内，该国也未曾伤害这些货物的来源国，在此情况下，如该国禁止外国货物的进口与销售，则受此禁入令限制的外方没有正当抱怨的理由。"①

此番陈词与格劳秀斯等人早先确立的自然法学说大相径庭，这里发生的微妙变化是，"各国都有权从事贸易"已被改造为"各国都有权管理自身贸易"。既然标准有了改变，几乎任何保护措施均可依据某些理由解释为正当合理，那么，早期自然法先哲留下的普世经济学说中所包含的世界主义就此变得面目全非。姑且不论这一显著的思想跳跃缘何发生(民族主义的兴起或许是一个因素)，已可证明的是，国际法终究是一个缺乏坚强支点的学说，无法提供一套在思想上严密连贯的论断来支持自由贸易。

* * *

本章概述了重商主义学说出现以前有关商业政策的思想，这一概述难免大略粗疏，部分原因是，关于国家应当对国际贸易采取何种恰当政策，17 世纪前人们甚少专论，经济问题被认为只是伦理学或其他相关领域的附带问题。当时确实存在的经济学著述又倾向于探讨价值、价格及高利贷等问题，而不是国际贸易问题。古希腊和古罗马的作者写过分工问题的篇章，可是其关注点基本上

① 沃尔弗(1934:107)显然也自相矛盾，因为他以后又写道："国际商业交往乃天经地义，各国均应尽其所能，不对外国与其他任何国家的贸易加以禁止或防范，本质上，应尽量听任商贸自由不受束缚。"

放在别处。经院学派感兴趣的主要是经济活动的伦理意味，重在从神学法条中推演出市场交易的行为准则。自然法思想家试图创立符合自然法则的客观道德标准。格劳秀斯等人援引“自然权利”来为自由贸易辩护，这一基本主张颇有意趣，但从经济分析的角度看，正如约瑟夫·熊彼特（1954：371）所言，却“完全缺乏科学意义”。纵然如此，某些经院哲学家和自然法思想家的世界主义学说，还是为后世贸易政策的探索者留下了重要的思想遗产，从亚里士多德到阿奎那，到维多利亚，到自然法学家，再到苏格兰道德哲学家，特别是其中作为亚当·斯密老师之一的弗朗西斯·哈奇森（Francis Hutcheson），其间连着一条清晰可见的思想脉络。但在论述后续阶段之前，先应考辨一下众多重商主义文本作者，其有关贸易问题的出版物在整个 17 世纪与日俱增。

第二章

英国的重商主义文献

正当自然法哲学家在精心推敲其鸿篇巨制时，探讨商业话题的一批小册子于同期在英国蓬勃兴起。这些著述虽就贸易和贸易政策提出了五花八门的观点，但还是得到了“重商主义”这个统一标签，因为若干特定主题贯穿于这些面广量大的文献中。大多数作者在倡导对贸易进行国家监管时，心里怀有一种或多种目标，诸如“积累金银财宝、增加国家财富或促进经济增长、实现贸易顺差、谋求就业最大化、保护国内产业、增强国力”。[①] 在很多方面，他们的结论即国家应当监管甚至限制国际贸易，与此前的学说传统没有本质差别。然而，重商主义者的推论方式及其为本人结论展开的辩护，却是颇为独到的，毫无疑问比此前提出的理由要更加详尽和精致。进言之，重商主义学说不仅构成了经济思想的一个重大新纪元，而且为自由贸易思想的兴起提供了一个直接背景。

* * *

17 世纪中，探讨众多经济问题特别是国际贸易的小册子大量涌现，著者包

---

① 参见 A. W. 科茨(A. W. Coats，1992：46)，科茨帮助厘清了在评价重商主义思想时通常会影响判断的诸多成见和混乱。

括英国的商人、政府官员及其他策论作者。这一阶段贸易和海外探险的扩展促使人们跃跃欲试，无论表述得多么不完整和不成熟，大家都想敦促政府实施某一特定的经济政策，或者试图理解和解释贸易的实质，以及贸易与就业、货币和信用、移民、海运、殖民地等问题的关系。本章的重点聚焦于，17 和 18 世纪的作者是如何描述贸易的，如此描述又如何影响了其关于商业政策（尤其是关于进口关税）的结论。[①] 考察的范围将集中于英国的文献，尽管同期在欧洲其他地区的学者也曾有过类似的想法。[②]

英国 16 世纪经济文献的兴起为早期重商主义思想奠定了基础。那些小册子和其他策论的执笔者都是一些对公共事务感兴趣的人士，而不再是神学家或法哲学家，故此，这些著述在讨论经济问题时不涉及道德，也不涉及伦理或法理，而是十分务实。经济现象本身，包括其对国家政策的影响，首次被认为值得研究，也即不再被单纯视为伦理道德或法学探讨中的附带研究对象。16 世纪也确曾有过少量专门探讨经济问题的著作，但它们首要关注的是高利贷、通货膨胀、土地配置和圈地问题。而到该世纪末期，商业政策已日益成为举足轻重的话题。

这个时期第一本值得关注的册子是《关于英吉利王国福利的对话》(*A Discourse of the Commonweal of this Realm of England*)，一般认为它由托马斯·史密斯(Thomas Smith)爵士撰写。此书撰成于 1549 年前后，初版于 1581 年，到 17 世纪又数次再版。如同此前其他人一样，史密斯([1581]1969:62ff)也认识到国际贸易必不可少："尽管我们得天独厚，上帝赐予了诸多了不起的物产，但如若没有他人的物品，我们仍无法生存。"他把普世经济学说解释为，"天意之手"在培育贸易得以开展的条件，不仅为了让人能够消费种类更多的产品，而且为了鼓励类似产品的贸易，以此作为分担风险的一种手段。史密斯说："上

① 17 世纪英国涉及国际贸易的经济文献简直汗牛充栋，这里的简要讨论难以充分考察并公正评判。有关重商主义的总体研究，参见乔伊斯·阿普比(Joyce Appleby，1978)、特伦斯·哈奇森(Terence Hutchison，1988)、拉斯·马格努森(Lars Magnusson，1994)。有关贸易的具体研究，参见雅各布·瓦伊纳(1937:1—118)、伍启元(Chi-Yuen Wu，1939:13—74)、约瑟夫·熊彼特(1954:335—376)。

② 有关欧洲重商主义思想的诸多方面，参见查尔斯·W. 科尔(Charles W. Cole，1931)论法国、拉斯·马格努森(1987)论瑞典、玛乔里·格莱斯—哈钦森(Marjorie Grice-Hutchinson，1978)论西班牙。

天注定，没有哪个国家可拥有一切商品。一国遇有匮缺之物，他国可以提供补充；一国今年匮缺之物，他国同年往往丰足。如此，人类会了解需要彼此合作的道理。”虽然史密斯主张要争取贸易顺差（“必须时时注意，我们从外国人处所购买不应多于我们向其所销售；否则，我们会穷了自己而富了他人”），但他还是清楚地认识到出口与进口互相依存的实情。他说过：“假如我们给自己留下较多的自产商品，就必须放弃目前拥有的得自海外的许多商品。”他也意识到，世界价格，即国际贸易所依照的价格，构成了一国相关的机会成本：“但因为我们必然需要他人，他人也必然需要我们，我们处理自身事务不应依照自己的臆想，而应依照全世界的共同市场。我们不应随心所欲地决定价格，而应跟随全世界的普遍价格。”

史密斯固然承认贸易的诸多好处，但还是倡导保护国内生产商，倡导向奢侈品进口征税。史密斯尤其反对出口原料物资，任其在海外加工后再进口回来。“他们加工我们的物资，然后再向我们出口，这样一来，他们为其国民提供了工作，还消耗了我国大量财富。”史密斯提出：“我们宁愿较为昂贵地从自己国民这里购得这些制品，也不要较为便宜地从外国人那里购得。”就这些制品而言，或可以禁止进口，或可以提高关税，直到国内的产品便宜下来。如此这般，“我们自己的国民将会得到工作，代价则由外国人承担，外国人将向吾国王缴付所有关税，显而易见的收益均将留在本王国内”。史密斯对进口某些非必需品提出了批评：“那些华而不实的用品……为其进口，我们每年都花费难以计量的财富，或用自己也需要的实用制品去交换，而这些制品本可给我们带来大量财富。”此类不必要的进口产品“来自遥远的海外，有的我们干脆可以放弃，还有的实可在本王国内制造”。

与1776年的亚当·斯密一样，史密斯此时讨论的主题以及得出的结论，为随后两个世纪的经济文献定下了基调。保持贸易顺差、在本国加工原料，此二者代表了重商主义文献中两个关键的纲领；批评奢侈品的进口、注重与进口品相竞争行业中的就业，同样是重商主义观点的显著特征。从某种意义上说，由托马斯·史密斯在16世纪中叶阐述的这些观点，虽未必首创[①]，却的确别开生面，此后两个世纪的重商主义文献不过是重申和发挥这些主题而已。

17世纪拉开帷幕时，英国的文本作者正就贸易问题开拓着广阔的视野，这一视野在几个基本方面告别了经院哲学家和自然法思想家的理念。[②] 当时国际经济环境中的两大特征协助塑造了重商主义贸易思想：一是世界贸易和海外探险的巨大拓展；二是民族国家作为政治实体的崛起。前者开辟了惊人的大量机会，商人作为一个群体摆好了姿态，要为本人和国家开发这些机会。其结果是，人们不再以怀疑的眼光看待商人，也不再认为商业活动有失体面，从此，商人和商业在社会中的角色不再遭受贬低，其对国家财富的贡献也不再遭受诋毁。重商主义者赞扬贸易商为国家福祉尽了职责，称颂外贸乃国家借以赢得财富的手段。商人经常被赞誉为国家繁荣与安全的前卫，托马斯·孟（Thomas Mun，1664：3）在说到商人时，指陈了"该职业的高贵性"。托马斯·米勒斯（Thomas Milles，1599：[19]）则写道："属于全体人的商人应当在整个王国中得到照顾、珍惜和鼓励。"

这种对商人的友好态度之所以出现，不仅因为著作者自己往往是商人，哪怕出于自私的理由也需要为自身辩护，而且因为世界贸易和探险的拓展预示着有可能为国内争得更大的财富与繁荣。[③] 在神职人员和其他哲学家的头脑里，琢磨财富与繁荣可能不是最值得赞许的一件事，可是对世俗作者而言，此事却充满天然吸引力。早先的思想家们一心劝诫人们不要投身贸易，重商主义者则已迥然有别。对待商业政策，凡依照政府设定的方向，能够抬举商人、拓展贸易，或反过来说，能够防止贸易衰败，他们都会给予热烈欢迎。早期重商主义者在表示自己希望生意兴隆时，往往过于热情洋溢，不免有点夸大了贸易对国家福祉的重要性。他们相信，国际贸易是"让王国致富的唯一手段"，也是"王国繁

① 例如，W. H. 普赖斯（W. H. Price，1906）将英国对贸易差额的关注一直追溯到14世纪。

② 有关经院学派与重商主义思想的比较，参见雷蒙德·德洛夫（1955）。

③ 当然，雅各布·瓦伊纳（1937：59）指出："大部分重商主义文献所包含的论著部分是或者全部都是着眼于经济利益的特别游说，无非有些讲得较为直白，有些讲得比较隐晦。"但不能因此一笔抹杀这些策论，显然，仍应经由理性的研究来发现其分析性价值。

荣的真正试金石”。[①] 据其所言:“本王国的卓越伟大有赖于对外贸易”,出口乃“查验英国财富的试金石,也是借以判别王国健康状况的脉搏”。[②]

与此相对照,重商主义者通常无视国内商业对国家繁荣的贡献。孟(1664:127)坚持认为:“如果只在自己人当中交换,国家福祉并不能因此得到增益,因为一人之所得便是另一人之所失。如果与外国人交换,则我们的获利便是国家福祉之增益。”乔赛亚·蔡尔德(Josiah Child,1693:29)同意说,参与外贸者,如商人、渔民、牛倌,“主要在(甚至是专门在)为国家从海外输入财富”,而国内贸易商,如贵族、律师、医生、店主,“不过是在国内把财富转转手而已”。约翰·波利克芬(John Pollexfen,1697a:40)也有类似论述:“在我们内部买卖交换,也许会让某人比别人更富裕些,但这对国家的或富或贫没有什么直接影响。”此外,据威廉·佩蒂特(William Petyt,1680:11)的看法,国内商业取决于对外贸易,“各国的内贸都依赖外贸”。爱德华·米塞尔顿(Edward Misselden,1622:4)也说:“外贸兴盛时,国王的岁入增加,土地价格和租金上涨,航运得到发展,穷人得到就业。而假如贸易衰败下来,所有这些部门都会跟着衰落。”整个17世纪,这一信念在重商主义者那里始终根深蒂固,只有少数作者认为,国内贸易与国际贸易同等有利甚至更加有利。[③]

重商主义者有时也会援引普世经济学说,以便为自己对外贸的热忱寻找理由。普世学说被用来为商人的活动辩护,也用来强调国际贸易在诸多商业部门中的独特作用。米塞尔顿(1622:25)是这样陈述普世经济学说的:

> 为让人间拥有商业,上帝令一国与他国交往贸易。依照天意,一国货物充盈,他国则货物匮缺,充盈方为匮缺方提供补充,于是各方均能丰衣足食。大风不言,大海无语,却保证各国尽得交通便利。大风有时刮向一国,有时则刮向别国,借助冥冥之中的圣力,各国都能得到谋生的必需物品。[④]

---

① 参见罗杰·科克(Roger Coke,1670:4)、托马斯·孟(1621:1)。

② 参见乔赛亚·蔡尔德(1693:135)、威廉·配第(William Petty,1690:51)。

③ 例如,可参见凯鲁·雷内尔(Carew Reynell,1685:7—8)。

④ 有关另一个较早的例子,参见杰拉德·马利内(Gerard Malynes,1601:6)。

由此可见，重商主义思想中并非完全缺乏普世经济学说和早期自然法学派所崇尚的世界主义。世界主义强调，国际交换能给全世界带来利益。令人惊异的是，重商主义者时常引述这一熠熠生辉的贸易观，只不过借此来呼应自己对商贸的无比热情而已。

尽管如此，重商主义者决不会沿用这一思路去倡导不受限制的自由贸易，有关理由下文会再交代。富有想象力的作者们实际上扭曲了这一学说，借以得出完全相反的结论。瓦伊纳(1937:100—101)提到，重商主义者如何“挖空心思地设法援用上帝的天意，来服务于自己特定的观点。……他们利用此学说，或者向英国人证明，限制国人获得某些产品乃合情合理，理由是上帝已给予相关恩赐；或者借此学说来支持某个或某类他们期望扶植的行业，而当自己攻击其他门类的行业时，则故意忘记这一学说”。丹尼尔·笛福(Daniel Defoe，1895:40)在17世纪90年代的表白可提供一个典型例证。笛福说过，亨利七世“曾正当断言，英国得天独厚，从上苍那里领受了一份全世界独一无二的恩赐，这就是羊毛。假如英国人拒绝这一恩赐，放弃这一天恩，由于某种难以理喻的疏忽而将羊毛送往海外加工，甚至再反过来以现金从佛兰德购入自己的衣着，那便是违逆天意，是对上帝恩典的最大不敬”。

国际经济环境的第二个特征，即民族国家作为首要政治实体崛起于世界舞台，也为贸易政策设定了明确的政治界线。早期重商主义者著述的年代充满了国家间的政治冲突和宗教纷争，所以，他们采用了严格的以国家为本的经济视角，在此视野下，只有本国获得的利益才是得自贸易的唯一相关收益。其时国际政治角力和经济争夺，或许还加上世界贸易在任何时间点上均为某个定量这一观察结论，让人们相信，一国贸易的增长及从贸易的获益一定都是以别国为代价的。约翰·格朗特(John Graunt，1676:29)认为：“世界上贸易总量有一限定比例。”这一看法很容易导向威廉·配第(William Petty，1690:82)的结论，即“每个国家的财富主要体现于其在整个商业世界外贸中所占份额，而不在于其国内贸易”。按照乔赛亚·蔡尔德(1693:160)的意见，应当对贸易进行管理，借以保证，“与我们同业竞争的其他国家无法从我手中夺走贸易，而我方却能排挤他人,让本国贸易持续并增长”。

不过,认为贸易总量是一个定数,与相信贸易是一个零和游戏还是颇为不同的,因为零和游戏是指,贸易中举凡一国获益,他国必定受损。除有所保留和限定外,重商主义者一般都接受贸易是互惠共利的这一看法,其对普世经济学说的总体接受更是可资证明。某些重商主义者的确把贸易总量或贸易获益视作某个固定数量,并希望把它收归本国所有。这一观念固然是17世纪重商主义文献的一个侧面,但并未达到支配程度。重商主义思想的这一侧面在18世纪仍可见到,但它作为重商主义学说的一项内容在17世纪末就已淡化。有些重商主义者甚至不再承认这一论点,如威廉·佩蒂特(1680:280)即强调:“凡对一国贸易有害,必对他国贸易有利,这说不通。”

在对商人和贸易的一片赞扬声中,依然存在某种保留意见,主要是有人认为,商人逐利的商业活动也有可能危及整个国家。因此,并非一切贸易活动都可同等地为国家利益服务。马利内(1622:3—4)曾提出过批评,指出贸易中的“获利可以用于公共福祉,也可以成为少数人的狭隘利益。……但很可能的结果是,少部分人为了一己私利,会使公众福祉遭受不可容忍的危害和损失”,原因是,商人的贸易偏向于“那些获利最多的活动,通常并不考虑王国的总体利益”。佩蒂特(1680:11ff)同样写道:“私营贸易考虑的是贸易商自身的特殊利益,而这种利益因其范围和意图有别,必然不同于国家利益。一宗私营贸易也许让私营贸易商获益颇丰,但整个国家可能颗粒无收,甚至遭遇毁灭性后果。……某一特定群体会因一宗贸易而致富,国家却可能因此而变穷。”[①]17世纪中,这些信念被人反复申述,进入18世纪后很久仍可见到。西奥多·詹森(Theodore Janssen,1713:5)写下一条格言:“对商人有利的贸易,未必对全体国民有利。”[②]1713—1714年撰写的反自由贸易论集《英国商人》(*British Mer-*

---

① 约翰·波利克芬(1697b:15ff)发出警告:“贸易商出于牟利动机而采取的贸易措施总会被证明是错误的。……某些贸易商在私利诱惑下会从事贸易并从中获利,但国家可能会同时因这些贸易而招致损失。”

② 西蒙·史密斯(Simon Smith,1736:12)也表示赞同:“有许多商品对进口商有利可图,却同时会给国家带来贫困和破坏。”

chant)追随詹森的思路，将此列为“大家赞同的贸易普遍准则”之头条。[①]

商人私利与国家公益之间的差异和背离，构成了重商主义呼吁国家管控贸易的根本思想基础。为让商人的活动与国家利益相协调，国家的监督、指导、干预便成为必要，如此才能保证贸易服务于国家的致富，而非仅仅为商人致富效力。[②] 许多人认为，国家领导人所处位置可使其视野超越特定商人的狭隘利益，能够设计出有关规范条例。塞缪尔·福尔特雷(Samuel Fortrey，1663：3—4)论道：“私人利益往往妨碍公共利益，故此，大有必要把公共利益交由某个单一机构去管理，该机构的自身利益将是全体公众的利益。”马利内(1622：3—4)坚信，商人行为时通常“并不考虑王国的总体利益，所以，君王和大臣理应站到指导商贸活动的位置上”。

正如雷内尔(1685：12)所言，“并非一切贸易活动都对国家有利”，因此，重商主义者制定了标准，根据贸易能在多大程度上促进著作者所提出的具体目标区分出“好的”与“坏的”贸易方式。毋庸置疑，国家政策的目标就是要鼓励好的贸易方式、打压坏的贸易方式，以此调控贸易，使之对国家有利。区分贸易好坏最显著的界线，在于贸易的主要收益究竟是得自出口还是得自进口。这是重商主义的核心原则，一直延续到亚当·斯密时代，至今也未见其寿终正寝。有几则陈述可充分说明这一观点：“我们向外出口商品所得收益，应当大于向内进口外国商品所得收益。”[③]“通过外贸取得国家收益，体现于或者向外国人销售我国产品，或者在海外港口之间承揽转口贸易。”[④]“出口我方物产和成品，如此贸易对王国有利。”[⑤]“出口即盈利，一切商品进口皆属亏损。”[⑥]

针对大多数出口应采取何种恰当的政策，实已非常清楚，那就是消除各种

---

① 参见查尔斯·金(Charles King，1721，1：1)。

② 佩蒂特(1680：15—16)曾写道：“没有什么能像管制贸易这样可以有效和肯定地保障一国的和平。当对外贸易被调节至最佳效果时，可以让一国变得比自然状态下强大得多。”凯鲁·雷内尔(1685：16)建议，建立一个包括商人在内的贸易委员会，由其提出立法议案，“这样我们便可让贸易更多地为公共利益服务”。

③ 马利内(1623：54)。

④ 佩蒂特(1680：23)。

⑤ 约翰·卡里(John Cary，1695：48)。

⑥ 雷内尔(1685：10)。

可能的障碍。凡能鼓励出口的一切政策,从更大限度地保障在外商人的安全,到建设与贸易相关的国内公共设施(如航运河道等),重商主义者几乎悉数赞成。他们显然赞成降低甚至废除多数出口关税及其他出口障碍。约翰·布兰德(John Bland,1659:9)说过:"增加并培育我国贸易的手段就是,本国制造且出口到国外任何地方的全部产品,均不征缴或很少征缴关税。"①下文可看到,只有涉及粮食和某些原料时,重商主义者才会对无限制出口政策所带来的好处有所保留。

当时也有人呼吁设立自由港,为的是方便货物的免税转运与再出口,以便促进转口贸易。重商主义者中,没有多少人实际倡导一般的出口补贴,但并非无人关注此类奖励对出口的正面效应。刘易斯·罗伯茨(Lewes Roberts,1641:53)指出:"据观察,有些王国为促进工商活动,从君主或公共财政中拿出大量资金,或者完全无偿或者以较低利率和较便利的担保方式,借贷给经营有方的商人。结果非常成功,君王的税收有了大幅增加,王国更加富裕,穷人得到工作,本国商品也因此出口到世界各地。"

针对进口,重商主义者每每抱怨,称绝大部分进口货是丝绸、珠宝、酒类等奢侈消费品,于是呼吁应当限制这些"华而不实、不甚必需"的商品,特别是其中能够国产的消费品。② 米塞尔顿(1622:12—13,131)建议,应把税收负担从国产商品转嫁到酒、葡萄干、丝绸、糖、烟之类不必进口的商品上。这些舶来品正是詹森(1713:8)所谓应当"认真加征极高税收"的消费性进口商品。③ 这些呼吁与基督教和经院学派的观点如出一辙,早先的学派也曾认为,花钱购买奢侈品本质上腐蚀心灵、挥霍浪费,理应改邪归正、节约俭省。

然而,上述重商主义关注不再是一种道德判断,它更主要是认为那些用品属于非生产性类型,不会增加国家财富,也不会促进国内生产。佩蒂特(1680:

① "本国出产或制造的物品,当销往国外时,其所包含的费用应当减免,此乃王国致富的首要方法"[贝蒂(Battie,1644:3)]。

② 米塞尔顿(1623:134)。

③ 佩蒂特(1680:184)用生动的语言发牢骚,那是因为从法国进口了过多的酒类而导致铸币流失。他说:"每个人都牛皮哄哄地以为自己是品酒专家……最后,我们喝下了不计其数的财富,不过撒出一泡泡金黄的尿。"

137)就说过:“消费性贸易必定会让国家一步步走弱……因为它必然持续消耗国家财富,致使国民家产贬值。”布鲁诺·苏维冉塔(Bruno Suviranta,1923:147)观察到:“他们没有明言‘除那些对改善经济生活真有好处的东西外,我们不想要外国货’,只是说‘我们不想要外国货’。他们没有表达的理由是,‘因为外国货多为奢侈品,外加一些只增加消费、不增加生产的消费品’。”在17世纪作者那里,弥漫着对奢侈品进口及铺张浪费的忧虑,这种忧虑到18世纪依然挥之不去,无非是弥漫的范围有所缩小。威廉·伍德(William Wood,1718:225)的结论是:“我们应当做的,就是尽可能……把各种各样的消费品和奢侈品挡在门外。要做到这一点,别无他法,唯有计征高额税收。”①甚至亚当·斯密也抨击了某些消费品的进口,只不过他没有建议对此应采取何种行动。②

上述观点笼统地将出口视为生产性,将进口视为非生产性,其中包含了两个用以衡量贸易盈利的具体标准:其一,有利的贸易差额,为的是促进铸币的流入;其二,有利的贸易商品结构,为的是促进经济发展和制造业中的就业。

贸易顺差

17世纪大部分时间里,重商主义者主张,贸易的一个关键目标应当是实现或保持贸易顺差。当与某一特定国家或地区贸易时,如果出口值超过进口值,由此形成贸易顺差,增加了国家的贵金属和财富总量,则该贸易便被判定为盈利。孟(1664:11)在一段堪称经典的表述中说道:“可用来增加我们财富的通行手段当属对外贸易,而在贸易中,必须时时谨守这一规则,即每年向外国人的销售值,应大于我们对其货物的消费值。”在这些早期辩论中,人们认为贸易顺差是可取的,理由有几条,有些是政治性考虑,如积累的铸币可在战争等国家危急

---

① 伍德(1718:270)还说:“诚然,对于有害的贸易,无论如何约束都不为过,可是仅成立钦定公司亦非有效之策,应通过立法,对进口产品课以高额税收,或者干脆一律禁止进口。”

② 亚当·斯密写道:“购入一些会被游手好闲、不事生产之辈所消费的货品,如外国葡萄酒、外国丝绸等。……如果用于前一途径,就无异于鼓励奢侈,增加开支和消费,而不增加生产……对社会无论就哪一点说,都是有害的。”(*WN*,II. ii. 33—34)

时刻用作抵押物；有些是经济性考虑，如铸币和贵金属的流入会增加国内流动性并缓解信贷短缺。[①] 对于收支平衡中货币问题的强调在17世纪早期和中期最为突出，但把顺差作为判断贸易的标准这一理念大体上延续到了亚当·斯密时代。

在关于重商主义的二手文献里有一场广泛的辩论，所辩论的问题是，基于17世纪的经济状况，对贸易差额的关心是否存在正当的经济理由？[②] 就本书目的而言，有意义的问题是，重商主义作者有没有倡导用商业政策来实现贸易顺差？回答是：没有太多。在重商主义思想早期，人们其实很少直接论及商业政策。17世纪早期商业著作大多充斥了关于货币问题的讨论，涉及铸币的国际流动、贸易差额、汇率、外汇市场等。因为早期的贸易差额争论往往集中关注货币问题，所以，提出的解决方案本质上也以货币为核心，17世纪20年代马利内与米塞尔顿的争论便涉及汇率调整问题。然而，由于贸易顺差被普遍认为是一个可取目标，孟(1664：14)等重商主义者确实对商业政策给予了一定关注，指陈其如同"其他种种手段，可借此增加我们的出口，减少制品的进口"。不过，就在这个问题上，他们遇到了某些困难。

要推动一国出口的增长，很难靠出台若干立法措施便一蹴而就，它们最多帮助消除一点既有出口障碍而已。于是，为改善贸易差额而采用贸易政策措施，应着眼于那些与进口相关的商业政策，主要是进口禁令或者高额关税。这两种限制措施之间，重商主义者一般更喜欢征收进口税，因为进口禁令要么对贸易限制得过于严厉，要么就引发逃避监管的走私活动。罗杰·科克(1675：48)表示，"如果我的观点还值得听取的话，不该禁入任何种类的物品。但如要进口用于奢侈消费的任何东西，且这种进口不会创造什么就业……那就应该令其向国王缴纳全额"进口税。弗朗西斯·布鲁斯特(Francis Brewster，1695：

---

① 这一货币机制将降低利率，使得商人能以更优惠的利率为其项目筹措资金，由此也会刺激经济增长、创造更多就业机会。瓦伊纳(1937：15—51)描述了当时人们表述的支持金银流入的其他理由。

② 17世纪初期，铸币是国际支付中的一个重要手段，用来偿付外部账款。到该世纪后期，汇票使用逐渐增多，促成了一种多边支付机制，这就使得不必再用铸币来进行国际交易。参见J. 斯巴林(J. Sperling，1962)。

41)也主张,除非遇有“非常事态”,否则,永远不应采用禁止措施。对不可取的、过分的进口,应转而征收高额关税。

这是否意味着进口税会改善贸易差额呢?孟(1664:30)在一篇文章中认为较高的进口税具有潜在功效,他说:“对此类外国制品在国内的消费加征[进口税],有利于王国的贸易差额。”不过,他没有详细讨论关税问题,其他作者也未进一步阐述这一特定机制,他们更关注的是贸易差额中与货币相关的决定因素。其就改善贸易差额所提出的建议主要涉及:提高货币铸造质量,鼓励更多国内生产以供出口,提高出口产品质量,相比之下设置贸易壁垒并非重点。

其实,对贸易差额的关注,不等于自动就支持进口限制措施,重商主义者并非总是相信,提高进口关税会改善贸易差额。数位重商主义者意识到了贸易“以货易货”的本质,知道贸易是一个用出口换取进口的双向过程。既然头脑中有了这个进出口互为依存的概念,许多重商主义者很难相信,进口限制会造就贸易顺差。亨利·鲁宾孙(Henry Robinson,1641:8)在倡导把税负从出口转向进口时提醒道:“值得记住的是,进入英国的大部分外国商品是用我们自己的商品物物交换得来的,不进口的话,我们也不可能如此大量地出口。”佩蒂特(1680:61—62)把这一观点导向其逻辑结论:“为给国内商品开拓充分的海外出口市场,不单要清除出口方面的所有不对等障碍,还要清除对进口货物的障碍,因为……我们英国的出口值在一定程度上必然受限于我们的进口货值。……假如消除了我方的进口障碍,我们便可让每年我国产品的出口达到我们所进口和转口的全部外国货总值……那样,我国产品的出口额将会大增。”托马斯·泰伦(Thomas Tryon,1698:23)提出了一个非同寻常的论点:“再清楚不过,[进口]货品在国内的消费,一如那些再出口的货品,对国家是同样有利的。如果我们既不能在国内消费这些货品,也不能将之向国外转口,我们的邻国又如何能付款购买我国制成品呢?我们的进口本来就是跟我们的制成品交换的。”帕克斯顿(Paxton,1704:61ff)附和道,高税收对于过量进口问题“只治标,不治本”,“税收是对贸易的打击”,长远看,它“在贸易过程中必然会减少我们自己的出口”。

对于进出口相互依存的认识让重商主义者左右为难，毕竟进口关税看来是一个可改善贸易差额的显著工具。既然觉得进口关税长远看亦非有效之道，重商主义者便转而告诫其读者们减少进口花费，办法是进一步节俭克制，冲淡自己对奢侈品及其他华而不实物品的需求。[①] 孟(1621:56)提醒道："我们不该摒弃外国制品的进口，但可颇为自愿地约束个人喜好，有节制地消费那些洋货。"按照孟(1664:16)的意思，英国应干脆"切实避免在我们的膳食和衣着中过分消费外国制品"。波利克芬(1697a:58)主张，只有在道德劝诫失败后，方可加征税收、实施禁入令。他说："当贸易差额于我国不利时，假如不能增加我国产品在对方市场上的销售，也不能由消费对方产品转变为消费来自第三方较便宜的同类产品，那么，最牢靠的办法是，若可割舍此类产品，就应以身作则，劝导人们不要购买和消费它们。万一仍不能奏效，则可动用高关税和禁入令。不过，禁入令总应当是最后一招，要在别无选择时才动用。"然而，道德劝诫如同进口关税，不能走极端。孟(1664:148—149)告诫，在这方面，"不要动用各式各样的奖励和刺激措施，因为如果我们俭省过头，最后很少或不再使用外国制成品，那我们怎么去外销我们自己的商品呢？……难道我们希望自己不购买或不交换外国的某些商品，让他们无钱购买我们的制成品吗？"由此可见，自动减少进口花费，就如进口关税一样，到头来也会减少本国出口。

及至17世纪末，人们开始怀疑，贸易差额真的是判别贸易盈亏的一个有用指标吗？虽然差额作为判断贸易盈利的一个短期指标得到继续使用，但人们或者不再那么重视它，或者给它加上了诸多限定。重商主义者开始把贸易日益当作一个有效的带动手段，用以扩大制造部门，促进国家经济发展，并创造更多就业机会。在此背景下，应该实施自由贸易还是实施贸易保护，作为一个商业政策问题，终于走到了经济讨论的前台。

① 塞缪尔·福尔特雷(1663:26ff)等人相信，贵族应该为社会树立一个好榜样，仅仅消费英国自产衣服，借此可减少那些否则会令国家"变穷"的进口。

就业与贸易商品结构

普遍地颂扬出口并抨击进口，不仅反映了人们对贸易差额问题的焦虑，而且与当时的诸多目标也相互关联。到17世纪末，一国贸易的产品结构已开始主导贸易差额学说，成为用来评判贸易是好是坏的一个方法。波利克芬(1697b:15)提议："只有考察出口和进口了何种商品，才能借此真正评判贸易对国家是好是坏。"几乎全体重商主义者都会同意下述主张：出口制成品有利，出口原材料(让海外制造商使用)有害；进口原材料有利，进口制成品有害。据卡里(Cary，1695:129—130)所言："可确定的规则是，若任何国家向我们提供其制成品，由我们消费，则该贸易对我方十分不利……若这些制成品妨碍我们的制造业，则尤其不利。"除此之外的其他贸易则"非常有利，因为它们外销了我方大量的物产和制成品，也给我们带来了国内加工所需原料"。

佩蒂特(1680:24)将背后的道理描述如下：

> 如果一国天然拥有工业原料，则以制成品而非原料的形式出口它们，会有利很多。这是因为，制成品的价值要高出很多，比起原料来，可为该国带来5倍、10倍甚至20倍的财富。此外，出口工业原料最危险，这会把制造业转移到某个邻国。……可假如外国人愿意输出其工业原料，则不妨放手进口，将其投入我国制造业。

质言之，重商主义者主张，凡创造高附加值或包含广泛加工制造环节的经济活动，理当保留在国内市场。因为加工制造活动比起其他部门能创造更多的价值和就业，所以国民经济应倾向于进口原料并出口成品。

这一目标与贸易差额学说并非互不相容，佩蒂特的描述已表明这一点。但尽管如此，不是贸易差额论，而应该是这个贸易商品结构论，才是重商主义贸易观的核心所在。这个新目标对商业政策的含义一目了然：对原料及其他投入应计征较低的进口税；对加工制成品则应计征较高的进口税。福尔特雷(1663:28—29)是这样描述其立场的："所有外国商品，若有助于促进我们自己的制造业和海外贸易，却又是我们不能生产的，则应当引入国内并给予海关便利。”相反，对于外国商品，特别是奢侈和消费类商品，“应当征收高额进口税费，但也不必禁止其输入”。这一推论思路自然也赞成对原料征收出口税，为的是保证国内加工制造能拥有充裕的低价原料供应，并防止外国制造商获得这些原料。

重商主义者反复强调国内制造的重要性以及进口国外同类制成品的危险性，几段引语便可说明这一点。蔡尔德(1693:[xii])的论点是：“对外国商品特别是外国制成品的花费，谅必是一国最糟糕的支出，应尽量防范。”托马斯·帕皮伦(Thomas Papillon，1680:2)得出结论：“一项贸易，假如很少购买我们的制成品，也很少或未向我们提供可在海外转售的货品，反而带来了大量华而不实的非必需品，刺激着我们虚荣的性格和怪异的癖好，或者所供应产品虽有用，却妨碍人们消费本国制成品，则此等贸易有百害而无一利。”卡里(1695:48—49)也说：“当贸易输出我们的产品和制成品，输入可供此地加工的货物或能增强我国制造业的物品，这样的贸易便对英国有利。政府的最大智慧在于，以最利于促进我国制造业的方法来管理全部对外贸易。”

这一观点在18世纪继续得到表述。约书亚·吉(Joshua Gee，1729:111)明言：“所有理性审慎的政府，凡有能力在本国内部发展制造业，均应遵守一项基本原理，即向外来进口货征收关税，借以照顾本国产品，并阻止从国外进口任何类似产品。”大卫·克莱顿(David Clayton，1719:18)认定：“不论什么贸易或贸易部门，只要其所进口的制成品干扰了我们国内正在制造的产品，则其趋势与后果无不直接危害我国。”《英国商人》(King，1714，1:4—5)中也有表态：“如果贸易所供应产品与我国所制造产品本无差异，特别是假如我们原也能生产出足量产品供自己消费，则此等贸易便是显而易见的有害贸易。假如不计征非常高额的税收而任其准入……就如已经放行入境的那样，轻率地进口此类制成品，则必定恶果连连，这一趋势理应加以遏制。”马尔基·波斯特维特(Malachy Postlethwayt，1757，2:371)的结论是：“外国商品的进口，如果危及国产商品的消费、危及国家制造业的进步、危及这片土地上的文明，则必然招致该国的毁灭。”

在重商主义者眼里,制造业的优势不仅在于以高价加工品换取低价未加工品并因此盈利,而且在于制造业能创造更多就业。此外,他们相信,出口导向产业中员工的工资是“外国支付的报酬”。[①]克莱顿(1719:22)说过:“贸易的获利体现于或者雇用了我们的人手,或者在海外有利可图地销售由我方人手生产的产品。”金(King,1714,1:22)谈道:“某一国家的贸易,若能最大限度地增加我国国民的就业,提高国民生活水平,提高土地产出,便最具有价值。”理查德·坎蒂隆(Richard Cantillon)是该时期敏锐的经济思想家,他在贸易政策上的观点也不算与众不同。坎蒂隆([1755]1931:233—235)提出:“单独考察各商业部门的结果便知,可以对外贸进行有益的调节。大家总能看到……出口各种制成品都有利于国家,原因是,外国人在此情况下总在支付和支持那些对我国有用的工人。……国家若年复一年地向外输送大量原料,以换取外国制成品,那不是盈利之道。”帕克斯顿(1704:10)断言:“贸易之伟大在于雇佣我们的国民,其一大好处就是令其致富。”配第(1690:37)甚至明言,关税可以缓解失业。他说:“如果一国人民尚未充分就业,应通过劝说和征税的方式,促其参与外来进口货物的加工制造。我可以说,这样的税收也会增加国家的福祉。”[②]

因此,在重商主义者对贸易商品结构的关注中,隐含着一个根本目的,即期望通过鼓励制造业的扩张,促进经济发展,并由此创造更多就业。[③] 商业政策作为调控经济激励的重要机制,若能调控得当,便可刺激经济发展。约翰·阿斯吉尔(John Asgill,1719:10)写道,可利用政府政策去“保护并激发”国内产业,他也因此给贸易政策的讨论引入了“保护”这一术语。保护可以保障制造业中更多的就业和更大的产出,作为重商主义的标准论断,这是17世纪中叶以后自

---

① E. A. J. 约翰逊(E. A. J. Johnson,1932)阐述过这一点。

② 第十三章将考察约翰·梅纳德·凯恩斯在面临严重失业问题时提出的贸易保护论。

③ 正如理查德·威尔克斯(Richard Wilkes,1987:155)所指出:“查阅文献可见,其时简直没有哪本册子或著作没有在题目或内容上表达那种理想,即希望寻求‘增加’‘提升’‘完善’总体贸易以及经济体系的某些具体部门。也许作为一种必然结果,这样的册子或著作也一定会试图解释贸易衰败、下跌、停滞的一个或多个原因。”

由贸易理论必须跨越的门槛。[1] 对自由贸易理论而言，横亘在前的一个障碍是，保护主义关税政策在实现其促进产业发展这一目标时很可能是有效的，或者至少在扶植与进口相竞争的产业时，它给人以某种成功的样子。按此前的贸易差额学说，重商主义者尚难以确定，靠进口关税是否可以扭转贸易逆差趋势；他们至少还承认，关税不是一个始终有助于实现贸易顺差的最有效工具。然而，如今讲到在重点部门增加国内生产和国内就业时，关税作为抵制进口渗透的工具，几乎总能达到预想的效果。[2]

借助进口关税和出口补贴等贸易干预措施来促进经济发展，这种思想在詹姆斯·斯图尔特(James Steuart)所著的《政治经济学原理研究》(*An Inquiry into the Principles of Political Economy*)中达到了夸张的程度，须知，1767 年此书初版后仅隔九年，亚当·斯密就出版了《国富论》。斯图尔特的这部《政治经济学原理研究》是重商主义贸易学说走到极致的一个例证。斯图尔特首先假定，明智且仁厚的治国者实乃经济的看护人和指导者，治国者凭借精明审慎的管理和各种经济政策，可以得心应手地调控经济，在此地扶持某些活动，在彼地则约束某些活动。

斯图尔特([1767]1966,1:291)用以评判贸易的标准跟以前的作者并无根本差别：

> 如果进口货的价值高于出口货的价值，该国便获利；如果进口中所含劳动价值高于出口中所含劳动价值，该国便亏损。为什么呢？因为在第一种情况下，外国人必然已通过货物，支付了我所出口的超额部分的劳动；而在第二种情况下，我国必然已通过货物，向外国人支付了我所进口的超额部分的劳动。因此，一个基本的原理是，应阻止劳动成果的进口，并鼓励劳动成果的出口。

假如某一商品的进口开始增长，治国者必须予以回应，对进口施加税收。

---

① 从某种意义上说，重商主义的这个理念不是很新颖，16 世纪的托马斯·史密斯就曾表述过进口关税背后的就业理由，甚至更早的作者也有过这一看法。

② 正如瓦伊纳(1937:52)所言："在重商主义的全部推论中，[就业论]最成功地经受住了批评，作为保护主义学说中的一项重要内容，一直坚持到了 19 和 20 世纪。"

斯图尔特称："如果尚嫌不足，则应提高[税率]。如果这一强化措施引发舞弊且难以遏止，则须完全禁止有关商品进口。"(292)斯图尔特提醒道，政策方面任何猛烈的"急转弯"都是不明智的，但必须果断合理地管控恶性的贸易部门，以争取更合适的贸易商品结构。鉴于"最盈利的出口部门是那些出口劳动成果的行业，盈利较差的部门是那些出口纯天然物产的行业"，故此，"治国者关注的重点"在于"禁止进口所有劳动成果，甚至禁止进口那些助长奢靡之风的外国天然物产"。(295)

在农业领域，治国者"必须阻隔一切外来竞争……以保障国内消费必需的基本供应量。同时，他必须通过出口补贴，减少农民手中过多的存货，这种存货待价格大幅下跌后，会成为自己身上的负担"。斯图尔特其实建议执行广泛的出口补贴政策，其力度要远大于此前重商主义者会接受的范围。有一段文字值得细加引述：

> 假定有个国家历来每年出口100万英镑的鱼类，现却遭受某一外国同类产品的低价销售，因为该外国在其海岸边发现了十分富饶的渔场，能以降价20%的幅度销售。在此情况下，可让治国者把自己国民的所有鱼类都收购起来，并在每个海外市场上都以比竞争者更低的价格销售，当然，自己的亏损会高达25万英镑。结果如何呢？治国者收购鱼类所付的100万英镑留在国内，海外销售所得的75万英镑也收回国内，25万英镑的价差如何弥补呢？可以分摊至全体居民头上，最终的成本和收益终究都计入国库。假如不采取这一权宜之计，会有什么后果呢？捕渔业所雇佣的人员都会受穷挨饿，捕到的鱼要么留在自己手上，要么令其所有者在销售时发生极大的亏损。那样，渔民会破产，国家则在未来会损失每年本可获得的至少75万英镑。(256—257)

这段话等于说，出口补贴通过公共税收来筹集，这笔花费如同某种保险计划，借此可把国内生产商与外部波动隔离开来，那种波动可能缘于外国获得了贸易成本优势。

斯图尔特甚至排除了全世界范围内开展自由贸易的可取性，理由是："国家各不相同，各自必然有不同的利益。既然没有哪个治国者能统领这些各异的利益，也就谈不上所谓共同利益。既然不存在共同利益，各国的利益都应单独加以考虑。"一个世界政府，"以相同的法律来治理，按协调的计划来管理，是可以跟全球普遍的开放贸易相辅相成的"。然而，既然事实上存在着不同的国家政府，则"任何一国若将自己的港口向各种各样的外国进口开放，却同时不能保证得到其所有邻国的互惠许可，我以为，它会很快遭遇毁灭……故此，听凭贸易开放会产生一种后果，将至少首先摧毁一切精美技艺，随后便会减少消费，再则减少流动现金量，然后会引发囤积，最后便让全体欧洲国家陷入贫困"。(364—365)

斯图尔特的《政治经济学原理研究》可被视为重商主义外贸学说的登峰造极之作，它远比其他策论更为大力地阐述了实行高度干预性贸易政策的必要性。[①] 可是，斯图尔特著作展现的那种分析看来难以说服同时代人，更别谈说服后人了。哪怕在斯密《国富论》初版前，斯图尔特的专著也没有得到热情接纳。安德鲁·斯金纳(Andrew Skinner，1981:36)写道："当《政治经济学原理研究》1767 年问世时，《批评》(*Critical*)和《月刊》(*Monthly*)上的评论一致拒斥书中给治国者派定的角色。"即使在 18 世纪初，经济学作者们便已怀疑，贸易限制措施，无论如何精心设计，究竟是否有助于实现某个值得追求的经济目标？下一章将记录日益增多的此类怀疑。斯图尔特信奉让一位无所不能、天纵英明的治国者为了国家利益而慎思明断地干预贸易，哪怕在 1767 年也已显得古里古怪、陈旧过时了。

* * *

在结束对重商主义贸易文献的概述时，有一点让人印象深刻，那就是，在 16 世纪中叶托马斯·史密斯爵士的《关于英吉利王国福利的对话》与 18 世纪初查尔斯·金的《英国商人》，再甚至与 1767 年斯图尔特的《政治经济学原理研

---

① 亚当·斯密(1987:167)就在《国富论》出版前写道："我自诩，虽然一次也没有提到[斯图尔特的书]，但其中每一条不实原理都会在本人书中遭到义正词严的驳斥。"另参见加里·安德森和罗伯特·陶里森(Gary Anderson and Robert Tollison，1984)。

究》之间，关于商业政策的观念居然变化得如此之少。有关贸易的册页演变为篇幅更大的策论，再拓展成深究贸易问题的皇皇巨著，但用于真正贸易分析的篇幅还是少之又少。这里所说的是分析，而不是对英国与世界各地贸易事实的细节描述。事实上，虽可察觉到经济策论的完备性在17世纪与时俱进，但18世纪早期大多数贸易论作却出现了思辨质量的显著下降。分析或批评甚少见到，不过是在回归那种强调贸易差额的简单推论而已，同时，在当年的经济学作者中，可以感到一种沾沾自喜的情绪在蔓延开来。正是这种局面，使得亚当·斯密及古典学派能够轻而易举地对重商主义加以脸谱化并展开批判。

在约瑟夫·熊彼特(1954:348)看来，"尽管不时可见若干真正的分析性成果，更多时候还可看到一些力图分析的尝试，但大部分[重商主义]文献本质上缺少分析深度，而且，岂止如此，它们还颇为粗糙简陋"。单纯从大量涌现的作品中期待更高的成熟性，或许不近情理，因为恰如D. C.科尔曼(D. C. Coleman，1980:787)所言："多数重商主义内容不过杂糅了流行的行为准则和模糊的道理讲解，而让其凝聚起来的黏合剂中，逻辑和古典经济学及其现代传人所看重的理性却非常飘忽不定。"本章也许传达了一个引人误解的印象，好像重商主义文献的内容连贯一体，实际上，任何一本重商主义著作中的逻辑都比不上本综述所展示的逻辑。

重商主义者高调称颂国际贸易，因此，若将他们理解成一味闭关自守的保护主义者，显然是错误的。对于妨碍商人活动的限制措施，对于阻碍出口成长的商业政策，重商主义者都严词批判过。他们并不持有反贸易的偏见，实际情况也许恰恰相反，即便是其反进口的立场，也比较有节制，因为他们意识到，贸易本质上是国与国之间的物物交换，假如不购买外国货物，本国货物也难以在外国动销。就商业政策而言，我们从重商主义文献中最后获得的是简单明了的就业保护论。促进就业，加上经由制造业而促进经济发展，这种思想形同20世纪50年代向发展中国家提出的进口替代政策。

然而，一般公认的重商主义共识，即政府应当用关税政策扶植制造业、阻止原材料出口，却掩盖了一个事实，那就是同时有一批其他作者正在走上前台，他们已开始质疑上述普遍共识。重商主义者为管控贸易所设定的两条理由，即促进贸易顺差并扶持制造业生产，得自一个更宏大的贸易观。该贸易观认为，贸易活动中私人利益与公众利益互不协调，会导致经济资源错误配置，只有依靠恰当的政府干预才能纠正这种资源错配。而随后兴起的自由贸易思想，不仅质疑了重商主义者的具体目标和具体关注，且就更宏大的问题，即国家政权在指导一国经济事务（尤其在指导其国际商业活动）的过程中应当扮演何种角色，也起而挑战重商主义者。

第三章

自由贸易思想的兴起

上一章所描述的理念和主题主导了从 16 世纪末直到 18 世纪英国经济学文献中关于商业政策的讨论。然而，及至 17 世纪末，对国家管制贸易的怀疑态度已日渐显著，至少部分作者已开始意识到自由贸易的益处。

* * *

在 17 世纪，某些个人或许信奉自由贸易，但这种立场并未体现于当时的经济学文献中。对自由贸易的信仰尚且模糊不清，这可由托马斯·维奥莱特(Thomas Violet，1651：24)得以证实。他说："虽然某些人持有一种观点，希望贸易自由，即无所限制地进口一切商品并出口一切商品……但我不会这样去写。不过，有上层人士向我确证，这正是某些位高权重者的观点。"可是，他马上补充道："坦率而言，窃以为，如果追随这些人的原则，对本王国的破坏定将无以复加。"

重商主义者的重商态度往往使之在贸易问题上发表一些带有明显自由色彩的论断。他们敦促大张旗鼓地革新政府政策，特别是那些毫无必要地阻碍出口的政策，并且寻求让商业从封建的和中世纪的残余束缚中解放出来。他们经常强调自由稳定的国内环境对商人的重要性,也强调确立法治借以确保产权安全的重要性。重商主义者反复提到,在政治自由得到尊重的国家里贸易会如何兴旺,同时也谈到,此种自由会如何促进商业活动。在移民和宗教宽容问题上,他们也倾向于采取自由的立场,因为这些条件也能促进商贸发展。

正因为人们大量讨论了贸易如何才能兴旺、自由与贸易有何关系等问题,在此过程中,"自由贸易"作为国家的最优政策也被提了出来。例如,爱德华·米塞尔顿(1623:112)写道:"贸易在其交易过程和功用发挥中蕴含着天然的自由,无法容忍任何人的强制行为。"当然,按其上下文来解读,米塞尔顿无非在说买卖双方不能强买强卖,并不在说那些为某种目标而限制贸易的烦琐管制是不明智或不必要的,也不在说这些烦琐管制侵犯了个体的天赋自由。

"自由贸易"一词显然出现于16世纪末,当时议会就外贸垄断问题辩论时首先使用了该术语。在英国,某些选定的商人在获得皇家特许后,拥有了在世界某一特定地区从事贸易的专营特权,这一传统可上溯至13世纪。到17世纪初,尽管自由贸易概念已充分进入经济问题论述者的话语中,但该术语最初的意思还是有别于我们今天使用的含义。其时的"自由贸易"指称那种准入不受限制的商贸活动,即商人对贸易的参与自由不会受到排他性行会规则或政府垄断特许权的阻碍。在一场反对政府向内贸或外贸设限的反垄断运动中,出现了要求"贸易自由"、(或更准确地说)要求"自由从事贸易"的呼声。那场反垄断运动的目标完全是要让贸易摆脱中世纪的控制,并且确立不经官方许可或批准便可进行贸易的权利。毫无疑问,当时追求的自由贸易权并不涉及废除进口关税或其他贸易壁垒等问题。

英国人有关个人自由和天赋权利的观念也强化了反垄断的理由,因为按照英国的习惯法,个人有权把自己的劳动用于本人看来适合的任何活动。此外,经院学派反对各种垄断现象,这种观念也深深镌刻在当时的经济思想中,雷蒙德·德洛夫(1951)即已指出这一点。当时对贸易自由的呼吁中,无论是在言辞还是分析方面,确实新意不多,很少超越经院学派所论述的范围。事实上,垄断贸易公司已经引发普遍的厌恶情绪,所以,为其辩护的人只得否认它们是真正的垄断公司，或者只得挖掘其他理由来为特许专营权开脱。例如，米塞尔顿(1622:63)附和说，特许专营权减少了臣民随心所欲参与贸易的自由，但又辩称，摆脱竞争者后毕竟获得了安全感，会让贸易量超过原本可能达到的水平，故而他得出结论："由此给公众福利带来的效用，的确远远超过了对公众自由所施加的限制。"通常为外贸垄断给出的辩护则称，远距离贸易要求投资于某些公共产品，诸如领航或防御设施，借以保护船上人员和货物的安全，而政府设定准入限制时，可防止"搭便车者"危害这些公共产品的筹资建设，因此限制是必要的。比如，一家特许专营公司为了保证货物安全，会筹措所需资本来支付那些必要的花费，包括会动用自己的贸易盈利，而那些并未出资的无证经营者只会降低盈利标准，最终只会败坏所有这些贸易的基础。

塞缪尔·福尔特雷(1673:41)反对自由从事贸易，他提出的理由是，那会使得贸易条件对英国不利。贸易条件是指出口商品价格与进口商品价格的相对比值，反映了商品在世界市场上交换的比值关系。拥有专营贸易公司后，"我们自产的商品会向外国人卖得较贵，对外国的商品则会相当廉价地买进。而在自由从事贸易的过程中，买卖情况均会发生逆转，也即卖家会互相压价以求最大限度地卖出，买家则会不计价格地买进以图排挤他人"。其他讨论者援引的理由是，专营贸易公司给贸易注入了从业新手所缺乏的技能和经验，另外，秩序和稳定有利于公司的贸易，因此也有利于国家。约翰·惠勒(John Wheeler，1601:26)作为替公司辩护的重要人物曾写道，"管理不当的无序贸易"是"良好治理之大患……因为贸易中管理的缺失会留下漏洞，由此放进笨手笨脚、杂乱不堪的各色人等"。惠勒还说："我以为谁也不会怀疑……管控会让国家和公众收获更多的利润，这要优于听任大家在缺乏秩序和监控的情况下自由散漫、毫无章法地行事。"

虽然存在这些主张，但自由从事贸易的理由仍然逐渐地在英国政界占据上风。那些被摒除在贸易之外的富商也能影响政府决策，他们在主张贸易自由时指陈垄断公司管理不善，指出开放贸易将造就更强大的航运业，并且指责商业限制措施侵犯了自己的个人自由。然而，倡导"贸易自由"或"自由从事贸易"，往往不等于支持迥然有别的“自由贸易”观念，因为后者指的是不存在进口障碍和出口补贴。艾利·赫克歇尔(Eli Heckscher,1935,1:296)这样表示：“‘贸易自由’在重商主义者那里恰恰是指，一个人可以不受政府管制的阻挠或强迫，自由地做自己想做的事，但应当利用经济的奖惩措施来把该个体的活动引导到恰当的轨道上，这种经济奖惩是明智政府的武器。”所谓的奖惩武器显然包括关税、补贴甚至禁运等商业政策。无论一个人在贸易自由问题上持何立场，重商主义贸易政策的核心命题依然是：政府通过有关政策工具管控贸易，这是必需的，有助于总体上促进贸易扩张、防止贸易衰退，也有助于保证这样的贸易为整个国家创造利润和收益。R. 凯尔(R. Kayll,1615:51)提出，“应给予君王陛下的全体臣民去往所有地方的通行自由”，借以鼓励贸易，但同时他又坚持说：“我的[贸易自由]主张决不会太过激进，不会要求排除政府在贸易中的一切秩序和规范。”维奥莱特(1653:16ff)以类似方式预测，“贸易自由将使本国所有海港的进出口货物量增至过去的三倍”，不过他依然主张，应当对“不必要”的进口商品征税，并应当对某些制成品实施禁入，以便扶持同类产品在英国的生产制造。

自由贸易一般可定义为：不存在歧视外国货品的保护主义贸易政策。就这种自由贸易而言，当时已在几个方面出现支持的声音，它们针对的目标便是重商主义学说。依照新出现的观点，重商主义管制是不必要的，因为在商人利益与全社会利益之间并无背道而驰的现象。一批作者随同亨利·帕克(Henry Parker,1648:13)辩称，商人的行为总体上一定会给国家和社会带来利益。刘易斯·罗伯茨(1641:2)称赞了“精明的商人，他的工作固然是为自己谋利，但其所作所为也有益于国王、国家及其臣民”。乔赛亚·蔡尔德(1693:148—149,154)断言：“如果我们的贸易和航运得到增长，不管它们给私人带来的盈利是多么的微薄，国家总体上终究繁荣了，这一点确凿无疑。……如果贸易规模扩大较多并动用了大量的英国航运能力，则不论其对私营商人结果如何，对国家总体上总是有益的。”这些零散的论断完全没有详细展开，远不足以为自由贸易论创立哪怕是前提性条件。这些论断大多数很可能是临时发挥的附带意见，因为不仅这些作者经常自相矛盾，而且他们一定没有意识到，既然有了上述表态，自己便不能同时再说进口限制是有利的。这些关于公共利益与私人利益在经济领域和谐一致的零碎表述，到18世纪时已变为道德哲学家笔下的长篇大论，也被亚当·斯密用来支持其自由贸易论。

对重商主义的抨击固然十分强烈，但最初，此类反对意见还没有那么雄心勃勃，所以反对者并未攻击重商主义的思想基础，只是质疑了其贸易顺差和特定贸易商品结构这两个关联目标，以此来削弱其可信度。17世纪末的一个普遍关注点是，贸易顺差是否真能显示贸易的盈利性。越来越多的作者注意到，众多问题使人难以获取贸易差额的准确数据，而进出口方面的信息失真会导致关于贸易状况的虚假结论。例如，蔡尔德(1693:137)承认贸易差额论基本上准确无误，但基于实践中的困难性，又对之抱怀疑态度。他说："就我们的总体贸易而言，此论会显得疑点重重、难以确定，而就具体类别的贸易而言，则极易出错甚至谬误连连。"即使就贸易差额统计可达到某种近似准确的程度，批评家们也开始质疑，贸易"逆差"是否确能反映国家福利的某种下降。罗杰·科克(1670:[X])观察到以下矛盾现象："我们看到荷兰人什么都进口，可他们借着贸易照样繁荣兴盛，爱尔兰人的出口量比进口量高出八倍，可他们反而更趋贫困。"

在人们极度怀疑贸易差额的可靠性后好几十年，到18世纪中叶，出现了一个理论，该理论认为价格—铸币的流动机制可以保证贸易失衡的自我纠正。根据这一理论，任何一国如果在贸易中拥有最初的价格优势，便可能取得贸易顺差，但是随后贵金属的流入会抬高该国的价格，由此会削弱其价格优势，并最终消除贸易顺差。雅各布·范德林特(Jacob Vanderlint)早于大卫·休谟(David Hume)对这一机制做了著名的描述，协助瓦解了重商主义者追求长期贸易顺差的理论基础。范德林特(1734:46)坚持认为，与法国及其低成本制成品展开自由贸易，对英国是有利的："因此，假如我们开放与他们的贸易，对方就会带来各种各样十分廉价的货品，以致我们的制造业走向绝境。但他们借此从我处获得的货币又会大幅提高其物品价格，同时我方货币的匮乏将使我们的物价大幅走低，使得我们能像他们那样廉价地制造货品。于是，贸易将在外国与我国间保持某种平衡，就如同在我国与互通有无的其他国家之间那样。我认为这将扩大两国的海上贸易，包括扩大所有相关行业，也会进而创造条件增加两国劳动力的就业。最后，这将终结每个国家在各自货品生产方面拥有的特殊优势。”

大多数人将这一思想归功于休谟，在他那篇理当为人传诵的名篇《论贸易差额》(Of the Balance of Trade)中，休谟(1752:80)指出：“即使在熟谙商业的国度，人们在贸易差额问题上依然怀有某种强烈的猜忌，害怕已有的全部金银都离自己而去。在我看来，这几乎在每种情况下都是毫无根据的恐慌心理。”只要“我们保有自己的国民和自己的产业”，英国乃至其他任何国家都不必担忧此种铸币流失。休谟(1955:188—189)在1749年写给孟德斯鸠(Montesquieu)的信中，简明扼要地陈述了为何如此的理由：

> 假如英国一半的货币突然之间遭到灭失，劳动力和货品将突然变得极其便宜，随后便会突然出现大量的出口，这将给我们带来所有邻国的货币。假如英国一半的货币突然之间增加一倍，货品会突然变得极其昂贵，进口将大幅增加，同时出口将丧失优势，我们的货币将流向所有邻国。看来在那些开放贸易的地方，货币如同流水一样，并不能抬升或压低到明显偏离恰当水平的地方。货币上升和下降的幅度，必然只能与每一国家中所拥有的货品和劳动力相对应。

休谟(1752:84)在发表的论文中详细阐述了这一思想，并援引了西班牙这个例子。西班牙曾经束手无策，无法将新大陆滚滚涌入的贵金属留在自己国内。休谟写道：“西班牙的大帆船从西印度群岛运回了大量金银，不妨设想一下，是否真可能用什么法律，甚至用什么技术或产业，把所有钱财都留在西班牙？”

然而，即使重商主义政策中贸易差额论的理论基础已受到侵蚀，也丝毫未能削弱那个主张，即为了保护国内产业免遭国外竞争，有必要设置进口壁垒。(前一章已经论及，重商主义者实也不太相信单靠进口关税便可造就贸易顺差。)因此，虽然上述思想动向对于重商主义学说的货币探讨颇为重要，但价格—铸币流动机制并未在多大程度上化解有关自由贸易问题本身的争议。人们依然毫不含糊地支持那个主张，即对于进口货特别是制成品(想必不包括原材料)，应当施加特别的税收。新的货币理论尚不能动摇这一主张。

针对正统重商主义学说，当时还有另一种回应，人们怀疑政府是否真有能力去实施管制从而改善国民福利。他们并不质疑政府应在贸易中发挥主导作用这一想法，但断言政府做得还不够好；有时候他们声称，自己所属的商人群体才应该出面监管贸易。罗伯茨(1641:64,67)不相信治国者精通贸易问题，乃至能够监管贸易并借此促进国家利益。他说："我们普通的治国者既不会认真考虑，也不会真正权衡经由商品流通给王国和国民带来的切实好处。……治国者一般不去设想，为了公共利益和国家工商利益，哪些商品最应当加以限制，哪些商品最应当加以鼓励。"他建议，应由商人组成的理事会来制定商业政策，因为商人才精通相关事宜。约翰·卡里(1695:139—140)补充道："可是我们的议会一般而言非常粗糙地处理[贸易政策]，进行干预时往往得不偿失，人们可以想见其所作所为的不良后果……而之所以如此，是因为他们对贸易这种变幻莫测的东西仅有一些粗枝大叶的概念。"他倡议创建一个由"诚实持重者"组成的贸易委员会，其唯一业务就是研判国家的最佳商业利益。

相比之下，弗朗西斯·布鲁斯特(1695:38—39)只能接受政府的贸易委员会，他反对商人参与委员会的工作，因为那些人不过是"自讼自判的法官。……等需要裁决有争议的商贸问题时，亲身参与贸易过程的任何人都不可能公正而为、异于常人"。关于政府是否有能力在任何情况下都明智而为，其他人却不那么乐观。托马斯·约翰逊(Thomas Johnson，1646:i)嘲讽了全体行政官员，称其"堂而皇之地摆出一副为公共利益服务的样子"。

然而，那些攻击政府笨拙无能的人并未挑战重商主义框架的有效性，他们仅仅反对目前管理这一框架的方式。偶尔有人撰文建议降低进口税负，如约翰·布兰德(1659:60)，但他所关注的与其说是自由贸易，不如说是一种务实变通，即希望借此降低人们的走私冲动，争取增加国家的税收。此类建议往往仅得到选择性采纳，且往往引来对应的抵消行为，如呼吁在其他进口货上或在与其他国家的贸易中，保留甚或强化贸易限制措施。换句话说，这一时期几乎所有要求更自由贸易的陈述都出自一些孤立情形中的实际权衡，其涉及面和通行度较为狭窄，即使偶见表述过某种普遍原则，那也是贸然突兀之言，缺乏逻辑推演或理论支持。

不过，重商主义者还是充分意识到贸易能带来的收益，已有几种表述标志着某种看待贸易的新视角，它们后来也的确成了自由贸易论的一部分。当然，假如将自由贸易定义为消除一切保护性贸易壁垒，则早期的这些表述与自由贸易主张尚有一段距离。不妨了解一下塞缪尔·福尔特雷(1673:14)以下的表述，它已相当接近地抓住了古典比较优势理论的精髓：

> 因此，我们的关注点应该是，重在增加那些在国内卖得最便宜、在国外卖得最昂贵的东西。对我们而言，牛羊也许比谷物有着大得多的优势，可从中获得尽可能多的利润。由出口谷物获得利润会受到严重限制，因为我们的邻国拥有大量谷物，且其谷物的品质不亚于甚至好于我国的谷物。为此，我们可以把本国土地用于生产更有价值的东西，那样，即使我们不生产任何谷物，我们也不会缺少谷物。如果在本可生产谷物的土地上生产出口时价值更大的东西，将不仅给我们带来自己土地上本可出产的那么多谷物，而且还会赚得大量的钱财。

尼古拉斯·巴尔本(Nicholas Barbon,1690)写过一本明显带有自由主义论调的册子，他在书中斥责那些贸易策论家的矛盾性，批评他们一方面颂扬更自由贸易的好处，另一方面却支持那些偏袒自身经济利益的贸易限制措施。巴尔本主张人们应当从事那些对自己有利的生计，这会增加国家财富，此外，奢侈消费尽管对个体不是好事，对贸易却自有其益处。

巴尔本同意当时的看法，也认为进口是好是坏要看它对总体就业的影响。不过，巴尔本(1690:71ff)理解到贸易中以物易物的本质："所有外国商品都是用我们自产商品与之交换而获得，因此，对任何外国商品的禁入必然阻碍同样多的国产商品的制造与出口。"他也批评了保护主义措施，称"纵然压制或禁止某些商品对工商从业者是有利的，并会增加同类国产品的消费，但这也可能给国家造成损失”，体现于海关收益的损失和总体就业的损失。

然而，巴尔本有关贸易和商业政策的观点最后也未能免俗。他提到，所有国家都知道以制成品交换非制成品的好处；不过他又断言，假如大家都采取这一政策，则贸易将成无源之水，终究会危害到每个参与贸易的国家。可是，巴尔本这里所说的是禁入的情况，当转而讨论关税问题时，他的看法便为之一变：“假如外国商品的输入妨碍了国产商品的制造和消费（这当然很少会发生），不该用禁止外国商品的方式来纠正这一不利局面，而应当向其征收高额关税，使之总是比国产品昂贵，这种昂贵性将限制进口商品的消费。”（78）不用说，这一表述与自由贸易立场是不相容的。

达德利·诺思（Dudley North）在所著《贸易论》（*Discourses Upon Trade*，1691）中，同意巴尔本的看法，即众多作者都颂扬开放、自由、不断增长的贸易会带来总体收益，但到最后总会为了特定需要而赞成贸易限制措施。诺思的小册子与巴尔本的一样，按其所处年代而言显然不同凡响，但作为对自由贸易观点的早期表述却又被给予了过高的评价。诺思在不长的策论中集中批判了高利贷以及对铸币输出的限制，他认为铸币不过是与其他商品类似的一种商品。书中对商业政策的讨论十分简略，自由贸易结论的陈述也相当唐突，并无相应推论的支持。诺思（1691：2，[28]）将贸易视为国家间“富余产品的相互交换”，并且打比方说，一个国家在世界贸易中的角色，如同一个城市在一王国的贸易中，或者如同一个家庭在一城市的贸易中。他的结论是：“凡涉及货币或其他商品、用于阻碍贸易的法律，无论是外国的还是本国的，都不是让国民致富的要素。……没有一个民族是靠政策致富的，只有和平、勤劳、自由才能带来贸易和财富。”不无讽刺意味的是，多数重商主义者很可能基本同意这一论点，但仍会觉得关税能发挥某种进一步扩大贸易优势的保障作用。总而言之，诺思的分析论述太过粗线条，也太过简短，故而无法在自由贸易的分析史上占据重要位置。①

然而，巴尔本和诺思发表其策论后，很快便出现了一批重要著作，这一波就商业政策展开的新辩论为更加清晰地分析自由贸易的利益铺平了道路。这场辩论发生于17世纪90年代中期，直接动因是东印度公司开始从印度向英国大举输入软棉布。这些巨额进口对英国国内的棉纺织生产造成了负面影响，触发人们大声疾呼要限制东印度货物进口，并引发了英国首次真正的相关辩论。辩论的焦点不在于是否应当在废除垄断贸易公司的意义上保证"贸易自由"，而在于是否应当在允许制成品进口继续不受阻碍的意义上开展"自由贸易"。②

倡导保护的人士断言，进口正在摧毁国内制造业并在让国家陷于贫困。按照波利克芬(1697:18)的设想，如不限制进口，经济崩溃行将到来。他说："来自印度的那些[货物]本来必定价格最低，人人都愿投奔最低廉的市场，但这会影响土地租金，给我国劳动者带来贫困，迫使他们或者去往外国港口，或者只能由教区救济供养。"这就是反进口立场的核心观点，该立场的焦点是：廉价的进口货如何压低了国内生产并排挤了国内劳工。波利克芬也有所让步，即承认"只要国民保持勤俭的习惯，也不是绝对要靠法律去限制消费外国商品，去扩大并促进我们自己的制造业"。(47)不过，在迫切形势下，一项关税可以抬高竞争性进口货的价格，有助于国内企业在本国市场上增加销售，从而能防止制造业中就业的萎缩。

有位匿名作者担心，进口的结果"将很可能毁灭[我们的]制造业"，并警告："如此输出我国财富，大量输入制成品，如同从人体血管里抽取有活力的纯洁血

① 据威廉·莱特文(William Letwin,1951)考证，《贸易论》的序言似由诺思的兄弟撰成，这一序言更简明扼要地陈述了该小册子中的自由贸易观点："如今人们听到下列说法会感到奇怪：就贸易而言，整个世界不过像一个国家或民族一样，在这方面各个国家无异于各个个人。丧失了对一国的贸易，不仅从局部看对一国是一个问题，而且牵涉到世界贸易受到同等的削减和损失，因为一切贸易均关联在一起。任何贸易对公众不会没有好处，因为若有什么贸易证明对公众无益，人们即会抛弃那种贸易。不论在哪里，只要商人兴旺了，公众也就兴旺起来，因为商人是公众的一部分。"这一表述超前于自由贸易的倡导者日后提出的一些观点。

② P.J.托马斯(P.J.Thomas,1926)评述了这场辩论。

液，却用注水的液体去补充。”[①]通行的观点，即持续的进口渗透将造成就业流失和国民穷困，后由大卫·克莱顿(1719,9)加以精湛概括。克莱顿写道：“你要是能让我轻易相信黑就是白、暗就是亮，那就可以马上让我相信，闲置自己的双手可让我们走向繁荣、向国外输送钱财可让我们迈向富裕。”

然而，也有新的主张出来为进口作辩护。加德纳(Gardner，1697：3—4，9)简明阐述了正在兴起的自由贸易学说中的两个要点。其一，“如果拟议中的禁入令得以通过，它只会让一些丝织老板及其生产要素更加得益，同时却会削弱增进国家财富的手段”。其二，“如果以国产价一半的水平进口外国产品，而同时我们又能为自己的国民找到就业机会，则我们可借此节省大量钱财”。因此，加德纳阐明了一个观点，即很少有人会直接从进口限制中获益，需要为进口货支出更多的人将只得减少其他方面的花费；况且，被进口排挤的劳工实可在其他产业中寻得就业，国家则因为进口货物时支付了比原本更低的价格，从而可节省资源。

在其为人称道的《论东印度贸易》(*Essay on the East-India Trade*，1696)中，查尔斯·达维南特(Charles Davenant)针对有人声称进口棉织品扰乱了国内的毛织品和丝织品生产，专门讨论了这一指控。达维南特(1696：22)开宗明义道，为具体产业制定特殊的贸易政策是不明智的，因为一项贸易与其他所有贸易均互为依存：“一切贸易彼此依赖，一项贸易会引发另一项贸易，某项贸易亏损经常使其余贸易也亏损一半。”在讨论对毛织品制造商的负面影响时，达维南特以一段总括性陈述开场：

> 贸易是我国民众普遍关心的大事，不同的贸易皆有不同的利益。立法机关的才智在于，对各种贸易保持不偏不倚的态度，以此促进一切贸易的发展，特别是奖励那些能增加社会资产从而能增进整个王国财富的贸易。贸易就其本质而言是自由的，它自行寻找渠道，落实最佳途径。因此，为贸易制定规则和方向，且加以限

---

① 《论维护我国自有制造业的巨大必要性和有利性》(*The Great Necessity and Advantage of Preserving Our Own Manufactures*，1697：9)。

> 制和约束的一切法律，也许适用于私人的特定目的，但对社会缺少助益。针对贸易，政府总体上应像上帝那样予以仁慈的照管，但一般而言，其他一切则应听其自然；况且，有鉴于各种贸易无不紧密相连，或可断言，无论何种贸易，对国家基本上都是有利的。……迫使人们消费某些商品而禁用另一些商品的法律，在贸易原本强行扭曲的地方尚可实行……但在原本顺天而行、地理适于贸易的国家，这种法律纯属多此一举、有失天性，不会增进公共利益。(25ff)

达维南特坚信，促进毛织业发展的最佳方法，不是为了推动生产而动用法律，动用会抬高国内售价的进口关税，而应该是鼓励廉价的国内生产，借以降低产品价格。廉价的生产将使得国内生产商卖得比竞争者更便宜，也可遏制其他外国公司的进入；“假如人为地为国内毛织品规定非自然的价格，那我们就绝不会达到上述目的”。他得出结论：“毫无疑问，理应承认，东印度货物多少妨碍了我国的毛纺织业，可更应考虑的问题是，我国一般可用什么方法去得到低廉商品的供应？”(32ff)

有关丝织品，达维南特也有一段总括性陈述：

> 才智在妄想支配自然时，通常多半会陷入谬误。不同的土地和国家出产不同的产品，本是一种迹象，表明天意要它们彼此帮助，相互供应必需品。强使一个少年从事与其天赋和爱好均不适宜的学业，必是愚蠢之举，同理，试图把不合土壤的作物或有违国民性格的工业引入一国，也绝非明智之举。(34ff)

在难以自然成长或条件不宜的地方培植一个产业，终究有害无益。“以此方式强行扶植的行当不会带来自然利润，反倒会有害于社会。”达维南特断言，在国内生产丝绸便属人为打造、不合英国国情：“丝绸织造无论受到何种奖励，绝不会在我国兴旺发达”，它反而会减损原本盈利更高的就业机会。由进口竞争引发的扰乱并不严重，因为劳动力可以在不同职业之间流动。“当天下太平、就业充分时，这些人手可从一种工作转往另一种工作，不会给本人或公众带来任何重大危害。”既然外国能以廉价得多的方式生产丝绸，这就表明国内丝织业中的劳动力本可更好地雇佣于其他行业。哪怕丝织业适合英国，达维南特也怀疑那种幼稚产业政策的有利性，尽管他未能详加阐述。他说：“虽然通过对大自然施加影响，并依靠技艺和勤劳，我们能使这一产业臻于完善，然而根据另外某些原则，振兴该产业也许并不可取，也不符合国家利益。”此外，限制来自东印度的棉织品进口只会让其他竞争者发财，因为英国将被迫在其他地方以更高价格购买类似产品。

就为自由贸易论提供某种支撑性经济推论而言，达维南特能走的也就这么远了。他的观点申论既是对保护主义的批评，也是对自由贸易的正面辩护。尽管他雄辩地提出了这个观点，即商贸有其自然规律，政府不可能改进而只会损害这一规律，但达维南特(1696:37—38)从未走到倡导放任自流的地步。他说过：“我国的财富和资产固然可以自然而然地增加，但正是在这些方面，立法机构可以审慎而睿智地进行有效干预。……国家的明智在于，防止这种[贸易商和制造商的]劳动和资本从对全体人民有利的事业转移，转往对社会不利甚至可能有害的事业。”在其他地方，达维南特(1698:128)也显露出赞成政府干预的倾向：“如果众人关心的英国贸易由某一委员会来专门管理，该委员会的成员都精通贸易，且如果立法机构赋予该委员会足够的权力，那么，我们的贸易也许会以更符合全国利益和全民福祉的方式得到管理。”(133)这样的管理可能包括节俭法令，“比如会禁止使用来自某些国家的商品，假如我们与这些国家出现了贸易逆差，或假如与其贸易有害于我们”。[①] 然而，他(1698:139)也提道：“一国若与别国发生显著的贸易逆差，单靠课征高额关税不会有多大作用。”换言之，提

① 另一方面，达维南特(1696:49)写道：“各国无一例外都颁布了许多节俭法令，但几乎在所有国家，这些法令均未得到遵守，或未能产生公共福利。”

高关税阻止进口甚或采取措施鼓励出口，均不会有太大作用。[①]

提出这种自由贸易的陈述是一回事，为支持这种陈述而拿出扎实的分析性推论，则是另一回事。在这场具体辩论中，达维南特比至今任何人都更远地推进了自由贸易主张，而且他和加德纳曾简要提及（但未能进一步阐述）一个关键点：不应该把进口当作国家推动出口过程中的一种损失或成本，而应该视之为借助出口间接地获得某些物品的一种省钱方法。然而，人们还需要等待另一本小册子，来把这一思想阐发为支持自由贸易的严谨分析理论。第一个做到这一点且取得惊人成就者，当属亨利·马丁（Henry Martyn）初版于1701年的《关于东印度贸易的思考》（*Considerations upon the East India Trade*）。[②] 马丁的著作相对其问世时期，可谓极其罕见，他的论述详尽透彻、体系严密，最难得的是，具有深刻的分析性，对主题的探讨清晰明了、坚强有力。马丁干脆利落的经济学推论远远超越了同时代人，在对自由贸易理由的分析性贡献方面，说马丁甚至超越了亚当·斯密，谅非无理之词。与斯密一样，马丁也敏锐地洞察到争夺和竞争所带来的有益经济后果。

马丁在前言中提醒读者："这些文章的大多数内容与人们普遍接受的观点背道而驰。"他在书中支持了自由贸易，不论是在该术语的当时含义还是当今含义上皆如此，也即他既反对某些公司垄断东印度贸易，又反对限制来自印度的制成品。马丁希望向所有商人开放东印度贸易，不赞成把贸易只留给政府授权

---

① 韦德尔（Waddell，1958：281）等人坚称达维南特是一名重商主义者，因为他关注总的贸易差额。就本书论题而言，真正的问题不是某一作者是否在某些情况下表达了对贸易差额的关注，而是他们是否接纳进口限制手段。基于这一理由，纵然达维南特在稍显传统的贸易差额理论框架中发表意见，并对废除专营公司意义上的贸易自由持反对态度，但他大致而言还算当时的一名自由贸易论者，或者至少是一名反保护主义者。有一点可给这一解读以特别的说服力，即达维南特公布了一条财政建议，呼吁用消费税取代关税。在那个年代，政府岁入中一大部分要靠关税来筹集，所以上述建议体现了任何自由贸易立场中必有的一个关键特征。达维南特（1695：30—31）先提及这一计划，后（1698，230）又具体阐述，主张"构想某种降低关税的方法，并给予平等的鼓励，而可用的办法是在商品转入零售商手中时课征税收，也即不对进口环节征税，而是对消费环节征税"。然而，就在同一策论中，他又自相矛盾地主张，要征收"适中的税收，既使之不会阻碍其他国家与我们的交往，又可鼓励我国国民致力于那些个人财富经营会最有益于公共福利的领域"。不过，偶尔的立场后退并不反映他其他陈述的总思路。

② 长期以来人们一直怀疑马丁是否确为该书的作者，这一事实已经得到克里斯廷·麦克劳德（Christine Macleod，1983）的有力确证。应当指出，瓦伊纳（1937：104—105）和熊彼特（1954：373—374）加起来也仅用了十来个句子评述马丁那些令人印象深刻的推论。

的那些人，因为那会削弱竞争。他说："在开放贸易中，每个商人都会按恰当方式行事，总是担心有人在国内卖得比自己更便宜，总是尽力在海外寻找新市场；同时，在开放贸易中，从事贸易的成本会降低，这是相互竞争、彼此效仿的必然结果。所有这些都是独家公司垄断时不曾见到的现象。"(21)马丁解释明白了这种自由如何会减少既有商人得自东印度贸易的利润，毕竟开放的贸易会把利润率降低到其他可比商业活动的水平，不过，由于贸易总量有所扩大，整个国家却可从中获得更大的利益。有一种对立的意见认为，国家需要专营公司创造垄断利润，以此为贸易的保驾护航提供融通资金。对此，马丁指出，由政府出面提供有关设施可保障开放的贸易，但"必需的要塞和堡垒完全可以用公共资金设立并维护，得自开放贸易的更大收益能更好地承担这一融资任务"。(28)

马丁著作中最令人信服也最富有创见的一点是，他把劳动分工原理应用到国际贸易中。诚然，柏拉图和色诺芬早就谈及分工的好处，与马丁同时代的威廉·配第在某些段落也涉及这个问题，但还没有人在国际交换的框架下直接论及分工的好处。马丁把英国进口廉价的印度棉织品比作一种节省劳动的发明，或者比作一种生产制成品的新技术，英国通过出口其他商品，如今能用比以前更少的劳动换得更多的棉织品。他说："可以从印度进口那些利用比英国更少人手便可生产的东西，允许消费印度的制成品就等于在减少劳动的损失。……法律限定我们仅仅消费英国制成品，等于是强迫我们亲手生产它们，强迫我们消费本可由较少劳动而现在却由较多劳动提供的东西，强迫我们在较少劳动便已足够的情况下偏偏去耗费较多劳动。"(47—48)马丁这样进行类比："以前的工作由三人完成，如果同样的工作现由一人完成，其他两人被迫无所事事，那也说明王国以前并未从这两人的劳动中获得利益，也因此不会从其现今的闲置中遭受损失。"(24)

在国际贸易框架下，"如果九个劳动力在英国不过生产三蒲式耳小麦，而另一国家中九个劳动力能生产九蒲式耳小麦，那么把劳动力雇佣于英国的农业生产，不过就是雇用了九个劳动力从事外国三个劳动力便可完成的工作"。(55)可见贸易保护是浪费的，等于扔掉了有用的劳动力："它等于强行要求消费品应由包含更多人手的劳动提供，而本来完全可由较少的人手做到。这等于强行让很多人毫无用处地劳动，而不给王国创造利益。不，还是放弃他们的这种劳动吧，他们的劳动本可以有所益处的。”(57)“为生产本地制成品，雇用了超过必要数量的人手，以获得东印度地区生产的类似产品，这不但徒劳无益地雇用了这么多人手，实还损失了这么多本可雇用[到其他行当]为国王创利的人手。”(54)

马丁与达维南特相近，但与时代倾向完全格格不入，他毫不关心进口竞争会排挤本国劳动就业这种问题。他说：“从东印度获得制成品，依靠了比同类商品在英国生产时更少的劳动。假如有人因此无法从事其原先的营生，东印度贸易无非是让原本不能为王国谋利的这么多人丢了饭碗。即使失去这些人生产的制成品，失去了雇佣这些人的工作，社会公众也全无损失。”(59)“东印度贸易并未摧毁英国盈利的制造业，也没有剥夺我们希望保留的那些就业岗位。”(34)马丁为强调自己的理由，坚称开放的贸易“是最可能为所有人提供工作的一种方式”。劳动力可以有利可图地雇佣于其他部门，因为来自印度的竞争会降低同类英国制成品的价格，并因此增强其出口外销的能力。有人说，英国制成品价格的走低会压低劳动工资，马丁断然予以否定。他严格区分了支付给劳工的工资与生产中的劳动成本，再次把东印度贸易比作生产率的提升，这种提升会降低有效劳动成本，但不会减少劳工领取的工资。进口竞争也会迫使其他行业的生产率往上提升：“鉴于东印度贸易能以较少因而也是更低廉的劳动获得进口品，这种贸易是一种非常可能的方式，会迫使人们发明工艺和机器，这样，其他事情也可能因此以较少和较廉价的劳动完成，这会降低制成品价格，但不会降低人们的工资。”(66)

劳动生产率提高后将带来收益，这一点在他对普世经济的独特解释和援引中也有阐述。他说，上帝赐福于人类，创造了大海，于是，

> 我们的国内需求可借助与别国的航运交流而得到满足，所花费的劳动会最少、最易。借此，我们得以品尝阿拉伯的香料，又决不需要遭受香料产地灼热太阳的烘烤；我们穿着亮丽的丝绸衣服，可自己的双手从未织造过绸缎；我们喝着葡萄酒，但自己从未种植

> 过葡萄树；我们得到了矿山中的金银财宝，自己却从未挖过矿井。
> 我们不过扬帆远航在大海，借此收获着世界各国的物产。(58—59)

马丁的册子1720年重印，因此不可能遭到同代人的完全忽略。可是，他的主张似乎没有引发任何书面的讨论或批驳。马丁把读者的注意力聚焦于机会成本、效益、生产率这样一些基本经济观念，因此把国际贸易理论提高到了一个新水平。贸易并不像普世经济各种近似版本所暗示的那样，好像只是富余产品的互通有无。即使进口与国内生产直接竞争，也可发现贸易还是有益的，可以增加竞争并提高经济效率。按照最终能获得的产品来看，贸易提高了本国劳动的生产率，也是一个可令等量本国资源创造更多产品的手段。

在那个世纪之交英国就商业政策展开的辩论中，加德纳、达维南特、马丁的著述可谓涌现出的上佳作品。随着18世纪的推移，越来越多的作者愿意表达其赞成产品自由贸易的思想感情，哪怕其分析水平达不到马丁的标准，也哪怕没有人明显地追随马丁的有力分析。艾萨克·杰维斯(Isaac Gervaise)的一本小册子颇受推崇，因为它分析了国际收支的均衡机制，其对商业政策的探讨即使不那么出类拔萃，也仍富有洞察力。杰维斯(1720:22)应用机会成本(即其他可能性的牺牲)这一理念，表示怀疑政府有能力通过干预增加财富总量。他说："没有一个国家能在不影响其他产业部门的情况下，鼓励或扩大其任何私人的或自然的制造业所占的比例，因为不管一项补贴是给予制造商还是给予运输部门，该补贴的原定使命和实际效果就是要把劳工从其他制造业中吸引过来，受鼓励的制造业与其他制造业毕竟具有某种相似性。"

杰维斯将此洞见应用到贸易政策，写道：

> 当一个或多个制造业的自然比重虽然必要但不够强大，乃至无法满足居民的全部需求时，最佳也最安全的方法便是，自由地容许从世界其他地区进口。对进口货物征收关税，其影响面比禁入令要小得多，禁入令只会刺激国内相关制造业扩张过度，远远超出其本来的自然比例，而这势将危害其他自然成长的部门。那些自然成长的部门比较符合国情，假如原本超出了居民的全部需求而

> 在对外出口，则这种出口如今会受到打压或阻碍，其所受影响的程度与遭受扩张部门的危害成正比。那些扩张部门并不完全自然，毕竟海外相同部门所生产的产品已被禁止输入。有鉴于此，可以得出结论：只有在自然和自由的情况下，贸易才处于无以复加的最佳状态；凡用法律或税收方式强制贸易，总属危险之举，因为虽可体会那些设想的利益或优势，但终究难以体察相应的反戈一击，那种反击总会与设想的好处完全成正比。大自然固然不会立刻起效，但会积蓄反击的力量，通常会诱发一个巨大恶果，大到让设想的好处难以抵消的程度。(22—23)

这里的含义是，对一个部门的贸易促进就是对其他部门的贸易压制，可以意识不到这种成本，但它绝非无足轻重。如同达维南特所做的那样，这里再次诉诸某种生理平衡概念，用以说明经济生活，借以得出一个主张，即政府只会扰乱这种平衡，并搅乱自然的相互关系。

雅各布·范德林特(1734:26)为确定哪些贸易是有利的，曾有限度地接受了贸易差额标准，不过这并未阻止他断言："总体而言，不应该有任何种类的贸易限制措施，也不应该让税收超出无可避免的最低限度。这是因为，如果贸易受到税收或其他手段任何程度的限制，许多以此为生的人在本行当遭受限制后，将无法正常从业，那样，他们将不得不转而受雇于其他行当，或者被迫背井离乡迁出王国，或者要靠公共财政供养，这最后一种情形总是一个不合情理的大包袱。"范德林特把通常的就业理由颠倒了过来，强调贸易限制会带来失业，而不是进口竞争会造成失业。他说："因此，应该把世上所有国家都当作一个商人群体，大家为了共同的利益和相互的好处而在从事各种工作。……人类从未抱怨过贸易过多，相反，许多人总希望生意再大一点以能更好地谋生，所以，禁入令按其本质而言，的确会夺走很多人的就业，假如没有这些禁入令，就业机会自然会更多。(42—43)……不加限制的贸易不会造成任何不便，反而会带来巨大的好处。"(78)这里提示了一个"颠扑不破的主张，即应当支持不加限制的自由贸易。因为，如果有哪个国家为我们生产货品，那我们必定也要为该国或别国生产货品，如此互通互补的前提是，我们生产的货品价格足够低廉，足以维持这一商贸关系。……既然使用了那些比我们自己制造还要便宜的外国商品，谁也不可能因此变得更穷”。(99)[①]

范德林特也看到存在某种反戈一击机制，即一国的贸易限制会引发别国的报复，结果将是所有国家的就业都遭受损失。他说：“当某部分商业减损了一国的现金后，可以预料，该国会觉得有必要采用高关税甚至禁入的方式限制或打压进口。但我不揣冒昧要加以反对，因为这会让其他国家也觉得有必要实施同样的限制或禁入措施。但凡可能，外方是不会让我们的贸易有盈余的，因为我方的盈余就是对方的亏损。相互限制必然会(现在已经在)大幅减少海上商贸交流，在每个相关国家，很多人必定已因此丢了工作。”取消高关税的话，“可向其他国家展示，任何程度的贸易限制都愚不可及”。(79—80)故此，范德林特的重要论述补充了马丁的思想，马丁强调贸易如何能提高国内劳动生产率，范德林特则指出了贸易限制的就业成本。

这些理念已经呈现出思想上的可信度，当马修·戴克(Matthew Decker，1744:56)呼吁英国成为一个自由港时，更可见到这种可信度。戴克说：“所谓自由港，是指各种各样的商品任何时候都可进口和出口，不必缴付关税或其他费用。”尽管戴克对自由贸易的理据并无分析性贡献，但他还是当年反对高进口关税的一位改革闯将。[②] 为了争取人们支持自己的倡议，戴克(1743:27—28)提出了某种设想，类似于后人所知的补偿原则，即自由贸易的受益方可向自由贸易的受害方提供补偿，以此保证每个人的福利都有所改善。他说：

> 因为我愿意估算自己的设想给整个社会带来的好处，同时希望它尽量不要伤害任何个体成员，我希望议会能顾及所有由于本

---

① 范德林特依然承认：“不过我须坦承，我完全赞成要尽量阻止一切外国商品的进口，只是这不应该依靠议会的法律，因为这些法律永远不会有利于贸易，而应该依靠我们自己扶持这些商品的生产，使之价格低廉，以致其他国家无法再找到理由向我们输送这些东西。”(54)

② 但在其他地方，戴克(1743:29)又自相矛盾，他表示：“我非常清楚地认识到，当某些种类的进口产品妨碍我国自己的制造业时，我们必须设置某种监管。”鉴于这一例外性表述，约瑟夫·马西(Joseph Massie，1757:63)情绪激愤地斥责了戴克，称这一表态不仅削弱了戴克说过的一切，而且将其著述降格为“彻头彻尾、厚颜无耻的诡辩”。

设想而丢失手中饭碗的人们。还是要按目前水平继续给他们发工资,甚至终生均可如此。这样,或许可以引导他们更正面地看待我们的计划。

18世纪中期的其他几位作者也赞成戴克对低关税的呼吁,当然,他们的呼吁更多的是出于对高税负的反感,而不是出于理性的分析。人们就这样支持更自由的商业政策,这一点也反映在围绕英格兰、苏格兰、爱尔兰三方自由贸易有何好处而展开的辩论中,还反映在关于英伦三岛建立"自由港"以便免征进出口关税借以鼓励贸易这样的倡议中。这些具有改革倾向的观点往往针对具体问题而提出,并不是作为通行的理论而阐发,提出者本人在别处经常会降低调门甚至自相矛盾。大多数有关自由贸易立场的表述并无理论分析的支持,而且失之过简,因此不值得细加考察。①

有鉴于此,如果要问,早期某位作者是不是前后一贯的自由贸易论者,这样发问其实忽视了一个更有意义的问题:且不论其在自由贸易问题上立场是否前后一贯,究竟有哪些作者贡献了有关经济分析和理论推断,从而支持了此后的自由贸易论?按这一标准衡量,在亚当·斯密之前的作者中,亨利·马丁显然非比寻常、出类拔萃。其他经济作者如诺思、达维南特、戴克,也许宣称过自由贸易乃应当追求的最佳政策,或者描述过该政策应当如何加以落实,但他们的分析往往就此止步。马丁的分析是一个巨大进步,很长时期内都从未有人追随或引述他的观点,直到19世纪初,古典经济学家J. R. 麦卡洛克(J. R. McCulloch)才把马丁从历史尘封中拯救出来。然而,所有这些绝不意味着自由贸易

① 正如雅各布·瓦伊纳(1937:92)所言:"人们明显夸大了自由贸易观点在亚当·斯密以前英语文献中已经流行的程度。"这些作者中,许多人倡导自由贸易,并非把它当作一个原理问题,也不是纯粹基于经济推论,而是为了实现某种政治目的。亨利·马丁的推理在许多方面要比亚当·斯密更为深刻,自由贸易的逻辑由此得到阐述,可与此同时,马丁又是《英国商人》的撰稿人。须知,《英国商人》汇集了典型的重商主义学说,其出版发行正值英国1713—1714年就《乌特勒支条约》(Treaty of Utrecht)条款展开辩论之际,那个条约要求开放与法国的贸易,有关辩论随之而起。那么,马丁究竟是自相矛盾,还是在1701—1713年间改变了本人的想法?麦克劳德(1983)表示,这两种设想均不足取。实际情况是,马丁是一个政治上的活跃分子。他在世纪之交的东印度贸易辩论中,赞成借东印度公司自由地从印度进口;在1713—1714年对法贸易关系辩论中,他又转而反对放开与法国的贸易。其实,马丁前后不过采取了标准的辉格党派立场而已。当然,即使有关倡议背后存在着政治动机,那也丝毫不会减损马丁的分析性成就。

思想已得到广泛接受，正如亚瑟·扬(Arthur Young，1774：262)所言："普遍的自由贸易，由于历史上没有任何先例，与人类的理性竟是如此格格不入。"

* * *

就自由贸易背后的经济分析而言，其中诸多基本要素在亚当·斯密前就已存在。然而，尚无哪个作者能够推翻业已确立的贸易观念和商业政策，更无人能够创建一套新的理论设想，让大家相信自由贸易是值得追求的、最有益的一项政策。颇令人惊奇的是，斯密在创立有说服力的一套自由贸易理由时，并没有过多借鉴重商主义学说中那些五花八门的看法。相反，他从一个完全不同的角度来处理自由贸易问题，这个角度就是18世纪启蒙运动中兴起的道德哲学。这一处理方法，加上一番与马丁理论相类似的分析性较强的探讨，最终成功确立了一个赞成自由贸易的理论构想。

第四章

重农学派与道德哲学

雅各布·瓦伊纳(1937:91)曾经表示:"[亚当·]斯密放任自流和自由贸易观念的直接来源,应该主要从哲学文献(也许还可从重农学派的作品)中探寻,不要到早期英国经济文献中查找。"本章将简要考察法国的重农学派以及英格兰和苏格兰的道德哲学,不过也仅限于考察其可能派生了斯密自由贸易论的那些内容,以免过分偏离有关商业政策的思想述评。重农学派和道德哲学各以不同方式讨论了重商主义的、实也由来已久的一个论点,即国家政权必须引导商人从事那些能促进公共福祉的活动。重农主义者是在一个普遍放任自流的框架中倡导自由贸易的,该思想体系宣称,私人行为与公共福利可以和谐一致。道德哲学家的立场则稍有差异,他们相信天赋自由框架中的竞争能保证不同利益间的总体和谐,但这种和谐亦非完美无缺;国家通过创立法律体系而确立制度框架,借此促进不同利益的协调趋同,但国家不必具体指导个体活动。重农主义者和道德哲学家提供了一种看待社会与市场的哲学视角,这种视角对斯密至关重要。然而,这些先驱并没有给予斯密太多的指南,既没有为自由贸易提供有力的辩护理由,也没有完善可用来支持自由贸易的经济分析。

重农学派

17 世纪末，批评重商主义的人士在法国成倍增加，这一点与英国相同。工商业者要求贸易能摆脱政府干预，1685 年一份代表商人观点的报告写道："最大的秘诀在于，应当放任贸易获得完全自由，个体基于私利自会被吸引到贸易中。……[制造业]萧条前所未见，贸易也是如此，盖因我们总相信要动用行政权力促进工商业发展。"1686 年另一份报告说："只有当商人可在卖价最低处自由采购所需商品时，贸易才会兴旺并持续，每当我们强迫商人只能在某地、不得在他处采购时，商品便变得昂贵，贸易会因此陷于衰败。"①

在法国，也许比英国更甚，这一时期出现了关于经济自由的各种理念，后被概括为一句格言："自由放任，自由流通。"该传统的经济学背景主要归功于皮埃尔・德・布阿吉尔贝尔(Pierre de Boisguilbert)，此人写于 1690—1710 年前后的作品已表达了以后才由亚当・斯密进一步阐发的观点。② 根据布阿吉尔贝尔的看法，个体行为虽动机出于私利，无意中却为公众提供着服务，这是因为，个体在致力于较高回报的活动时，必须让自身努力得到他人看重，这样，他人才愿意支付高价，个体也才会为自己带来较高的回报。如他所言："大家日日夜夜念念不忘自身独特私利，但与此同时，他们在照应一己私利时，确实在为社会利益做出贡献，尽管他们对这一点考虑得最少。"布阿吉尔贝尔提供了出色的分析，揭示价格体系如何在市场上买卖双方之间联络协调并保障竞争。他认为，摆脱政府制约的市场在自我运作时，会自然而然地为市场参与者带来益处。他说："正是这种互惠的功利机制，造就了世界的和谐与国家的存续。每一个体仅考虑最大限度地、尽量轻易地获取本人利益，如果他走四里路去买一件商品，那是因为在三里路远的地方没有东西出售，或者是因为这样买到的东西价值更高，

---

① 引自莱昂内尔・罗斯克鲁格(Lionel Rothkrug，1965：231—232)。

② 关于布阿吉尔贝尔更详细的讨论，参见海泽・罗伯茨(Hazel Roberts，1935)、特伦斯・哈奇森(1988：107—115)。

值得多走一程。”[①]布阿吉尔贝尔主张，为保持这一繁荣的体系，除维护法治外，很少需要政府干预。

这些关于天赋自由和经济活动的哲理性观念得到了一个最早经济流派的采纳，该流派便是18世纪50年代由弗朗索瓦·魁奈(François Quesnay)领导的重农学派。重农主义者也参与到对自由商业的狂热呼唤中，不过他们对自由贸易的实际经济分析的贡献少之又少。事实上，重农学派倡导自由贸易更多的是某种权宜之计，而非一种理性结论。这种权宜之计立足于坚信的观念，即地球上的产出主要是农业产出，它构成了一切社会财富之源泉，自由贸易会使得这种产出得到自然的分配，因此(在他们看来)会倾向于提高粮食价格，从而会有利于法国农业。例如，魁奈([1758—1759]1972：4ff)的《经济表》(*Tableau Économicque*)开篇便对比了农业和原材料部门的“生产性”活动与制造业和服务业的“非生产性”行业。他认为，来自土地的产出在所有经济财产中占有最重要的地位，它是经济财富的最终源泉，其他所有活动都从中派生而来且终究有赖于它。重农主义者的目标是要实施重农政策，以增加对农业的投资，并把资源从其他“不正道的行业”转移出来。农业的扩张将增加出口，反过来也能促进更多地进口可供消费的“非生产性”货品。

重农主义者跟17世纪那些颂扬农业、反对商业的法国作者一样，在强调土地产出高于一切时，正好颠倒了重商主义者关于理想贸易商品结构的观点。在重农主义者看来，出口原材料和农产品、进口制成品，比起相反的情形要可取得多。恰如魁奈([1758—1759]1972：4)所言：“在那种从国外购入原材料、向国外出口制成品的相互贸易中，劣势往往留在制成品供应方这边，因为原材料销售会带来多得多的盈利。”事实上，魁奈([1757]1963：75)相信，专门从事制造业的国家面临着风险，“如果一个国家很少有原材料贸易，为了生存只能进行工业产品的贸易，则该国处于岌岌可危、前途未卜的境地”，因为新的竞争者能够轻而易举地起来取代你的出口地位。与重商主义的设想正好相反，任何想要压低原

① 引自哈奇森(1988：111)。

材料价格、以便促进制造业成长的政府政策，据称将引发一连串极端事件：“王国的力量被摧毁，其财富被消灭，民众头上的税收会不堪重负，君主的财政收入将日益减少。”最后的这种描述不禁让人想起重商主义的推论方式。

魁奈的门徒马奎斯·德·米拉波(Marquis de Mirabeau，1766：171－173)也抨击了制造业：“用于国内消费的制成品并不比奢侈品好多少，绝不是收入的来源，出口制成品也不能带来任何净收益。”其实他还敦促读者不要“将商人的盈利与属于整个国家的净产出或净收入”混淆，因为“商人的盈利对于国家而言，应被视为非生产性支出”。不过，他鼓励制成品的自由贸易，断言一国只有在拥有可供国内生产制成品的原材料时，才应该出口制成品，而且，能从中获取的利益仅仅体现为，那些制成品将直接或间接地改善土地产出的市场行情。

重商主义政策一般都把制造业的发展置于农业之上，而重农主义者呼吁消除一切政府干预，尤其是消除阻碍粮食贸易的国内障碍，还要消除对粮食的最高限价。这种呼吁与重农主义的哲学立场是一致的，目的在于促进农业利益。在放任自流原则面前，重农主义者不愿意破例，他们认识到，逻辑上的一致性意味着，也应把消除政府限制这一立场延伸到国际贸易领域。故此，他们得出结论称，自由贸易乃最佳政策。魁奈([1757]1963：79)主张：“一国应该牺牲某些不太重要的贸易领域，以照顾对国家更加有利、能增加并保障王国土地财产收益的其他领域。……然而，一切贸易都应该是自由的，因为这有利于商人致力于那些最安全可靠、最能盈利的外贸领域。”①这里对自由贸易的倡导纯粹是言不由衷的权宜之计，理由是，自由贸易在法国正好契合重农学派要增加农业产出这一目标。完全不清楚的是，假如法国的产业状况正好是另一番景象，重农主义者是否还会同样热情地支持自由贸易？可以毫不费力地设想，假如身处粮食进口国，这些重农主义者恐怕会采取更加保护主义的立场。

然而，除了偶尔发表一些赞成完全贸易自由的泛泛之论外，重农主义者没有太多关注国际贸易或商业政策，只有在讲到消除粮食出口障碍时才有所破

① 魁奈([1766]1961：163)说：“外贸永远应该是相当自由的，它应摆脱各种障碍并免于一切强制行为，因为只有通过贸易所维系的国际交往，我们才能确保一个地方的产品总能在国内贸易中争取到尽可能好的价格，并为君主和国家带来最高的岁入。”

例。对于国际贸易在经济中发挥的作用，他们经常不抱什么热情，往往宣称国内贸易才更重要。亚瑟·布龙菲尔德(Arthur Bloomfield, 1938: 731)注意到："重商主义强调对外贸易，作为一种逆反，重农主义者倾向于贬低外贸的重要性，会以鄙薄的态度看待外贸。"重农主义者远未"在国际专业化分工的基础上提出一套赞成自由贸易的全面理由"，他们"视[贸易]为无奈之举，应该尽可能加以避免"。因此，重农学派的放任自流观念在某种程度上固然得到斯密的采纳，但其关于自由贸易的观点并没有为斯密提供一套有说服力的总体思想推论。①

道德哲学

斯密著作的第二个更加重要的灵感来自哲学文献，这些论著部分地由托马斯·霍布斯(Thomas Hobbes)于1651年出版的《利维坦》(*Leviathan*)所触发。霍布斯断言，自我利益主宰着人的激情，这种私利本质上破坏成性、混乱不堪。然而，人们在经过理性权衡后，会把权威托付给一个强势的国家政权，由其来遏制人的有害天性，借以保护群体利益。霍布斯的著作在哲学家及其他人那里引发了一场广泛争论，大家纷纷批驳或支持霍布斯关于私利破坏成性的理论。

有一位反对者，即英国神学家理查德·坎伯兰(Richard Cumberland, [1672]1727)争辩说，一己私利受到良善和建设性物质追求的节制，如此才使得社会个体的自主行为能够促进公共福祉。② 18世纪初的其他反对者还包括博

---

① 有关重农学派与斯密、重农学派与古典经济学家之间思想关系的更多细节，可分别参见伊恩·罗斯(Ian Ross, 1984)、罗纳德·米克(Ronald Meek, 1951)。A. R. J. 杜尔阁(A. R. J. Turgot)是法国另一自由贸易倡导者，但不是重农主义者，他对于自由贸易背后的经济分析，并无多少实质性贡献。他的主要经济学著作《关于财富的形成与分配的考察》(*Reflections on the Formation and Distribution of Wealth*, 1766)几乎完全忽略了国际贸易。但杜尔阁撰写了呼吁粮食自由贸易的策论信件，包括一封致特雷尔(Terray)神父的著名信件，这封有关"铁的记号"的信反对向铁品制造商征收进口关税。在此信中，如在其他地方一样，杜尔阁([1773]1977: 182—188)呼唤商业中的完全自由，因为"这种对所有购买者强制性的价格抬升必然会减少生活享受的总量、可支配的财政收入量、有产者和君主的财富量，以及分配给民众的工资量"。彼得·格朗维根(Peter Groenewegen, 1969)探讨了杜尔阁与亚当·斯密的关系。

② 有关对坎伯兰思想的探讨，参见琳达·柯克(Linda Kirk, 1987)。

林布鲁克(Bolingbroke)勋爵、约瑟夫·巴特勒(Joseph Butler)、沙夫茨伯里(Shaftsbury)伯爵,按其设想,存在一种自我管理的秩序,宇宙的设计者通过安排,让社会互动中的各种因素都能和谐相处。在这场有关人性私利的争论中,这些思想家着手解决一个难题,即个体的经济私利如何能符合大的社会群体的最佳利益。这一求解过程不仅为我们贡献了丰富的思想交锋,有关交锋已由艾伯特·赫希曼(Albert Hirschman,1977)和米尔顿·迈耶斯(Milton Meyers,1983)详细论述,为我们揭示斯密思想的来源提供了一把钥匙。

18 世纪初的哲学家探讨了人的行为心理,他们询问,某些激情是否应当加以压制或给予自由释放,不过他们并未总是把这些问题与经济行为联系起来。在伯纳德·曼德维尔(Bernard Mandeville)颇有争议的《蜜蜂的寓言》(*Fable of the Bees*)中,这种联系变得清晰起来。此书初版于 1714 年,有一个反映题意的副标题,叫"私人的恶德、公众的利益"。曼德维尔指出,对奢侈和自爱的追求造就了勤勉的社会和繁荣的经济。虽然他以当时看来某种挑衅良知的方式描述了恶行和私利的经济好处,但尚不能算较早倡导放任自流的理论家,他也没有对自由贸易学说做出直接贡献。曼德维尔([1714]1924,1:111—112)雄辩地描绘了贸易的交换本质:"购买意味着以物易物,任何一个国家,如果拿不出自己的东西去交换,是不可能购买外国货物的。……如果我们继续拒绝接受外国商品,不让它们借此来支付我国的制成品,那么它们就再也无法与我们贸易,而只能满足于向别的国家购买所需货物,因为那些国家愿意接受我们拒绝的东西。"然而,曼德维尔关于商业政策的思想却十分的循规蹈矩:

> 每一个政府都应当彻底地熟谙并且坚定地追求本国利益。好的治国者对某些货物计征高额关税,或者完全禁止其输入,对另一些货物则降低其关税,借此依仗娴熟的管理,总可能随心所欲地改变贸易的流向。……故此,他们总会谨慎地避免与那些拒绝他国货物的国家进行贸易,并且在卖出自己的货物时尽量只收下货币而不是其他东西。

另一位哲学家进一步弥补了道德哲学与经济行为之间的缺失环节,而且与亚当·斯密过从甚密,他便是斯密的老师弗朗西斯·哈奇森。哈奇森借鉴格劳秀斯和普芬多夫的自然法传统,向学生斯密提供了一个可用于建立经济学体系的丰富思想背景。[①] 哈奇森批驳了曼德维尔所称"自爱"在人类动机中的核心位置,他断言,对他人的自然感情提供了一种可节制私利的道德感受。他以这种方式把18世纪的"美德"概念与商业活动联系起来,并将其置于自然法框架中。哈奇森(1755,1:293－294)认为:"自然在每人心中种下了一种自求幸福的欲念,以及种种对个人生活中亲近者所怀有的温情。……显然,每人为此都有天然的权利依照自己的判断和秉性,在一切工作、劳动、娱乐中发挥自身力量,只要这些活动不会危害他人的人身和财物,同时,公共利益也不应强制要求人们从事这些活动,或要求这些活动应在他人指导下进行。"他写道,"此种权利被称为'天赋自由'",不该加以剥夺,"人们冒失妄为地行使其天赋自由,固然会酿成苦难,但若因其冒失妄为而剥夺其天赋自由,却往往会制造更大的苦难"。

哈奇森为经济自由做了非常基本却又极其有力的辩护,可他全然没有利用这一逻辑去赞成自由贸易。一定程度上因为一个赢得贸易顺差的国家"必然会增加其财富和力量",所以哈奇森(1755,2:318－319)争辩说:"对于外国的制成品和消费品,假如我们不能彻底禁止其在国内的消费,则应通过高关税让消费者觉得其价格高昂。"对于出口,则应消除各种障碍,除非本国在外国市场上拥有可加利用的市场支配力:"当一国在某方面独家拥有某些材料时,则出口此类材料时可以放心地加征出口关税;当然也要掌握好分寸,免得造成外国人不再消费这些材料。"在经济领域,斯密显然受到了哈奇森有关天赋自由思想的影响,但斯密并没有追捧哈奇森有关商业政策的那些传统观点。

法学家兼苏格兰启蒙运动的哲学家凯姆斯(Kames)勋爵[亨利·霍姆(Henry Home)](1774,1:496)也赞成政府对贸易的管制,他警告说:"我们决不应该纯粹依赖我们[贸易中]的天然优势,因为毕竟不容易预见那些会出来抵消我们优势的东西。"凯姆斯在讲完"所有国家都会从商业中获利,就如从阳光中受益一样"之后,即提出了一套出口补贴和进口限制的体制,部分原因是,"贸易

① 理查德·泰奇格莱布(Richard Taichgraeber,1986)最近探讨了这些联系。

逆差要求人们管制进口，没有比逆差更迫切的理由了。”(81,498)对于保护国内制造业，凯姆斯也持欢迎态度。他说：“为照顾我们自己的新兴制造业，向进口的同类外国制成品征收关税是理所当然的。”不过，凯姆斯也提出警告，“政府措施应该尽量少加动用，因为需要担心外国的报复”，同时，政府的鼓励措施“应该极其谨慎地加以采用，以免适得其反、害了自己”。(498—499)

多产的经济和宗教作者乔赛亚·塔克(Josiah Tucker)也较多阐述了经济领域中私利与公益的和谐关系，并在这方面发挥了重要作用。在一份书稿中，塔克(1755:4ff)叙述了本人经济学说的哲学原理，“提出了人类对商贸活动的天然倾向或本能天性”。塔克将“自爱”视为“人类本性的更大推动力”，并断言它本质上是自私的：“自爱的关注范围是狭隘的、有局限的，它不会容忍‘分享者’或‘竞争者’。”塔克承认，“‘仁爱’的社会本能就是要抑制这一自私的‘独占’天性，可是这种抑制力太过虚弱，假如没有更强大的遏制力实施控制，要想防范由过度自爱所生发的各种危害会无果而终。理由是，自我之爱远比对他人之爱更深刻地植根于人类天性中。”

然而，也不应该努力削弱自爱的力量，因为自爱提供了不断完善和奋发有为的动力。因此，“应当瞄准的关键点是，既不要消灭也不要削弱自爱，而是要给它某种引导，使之在自我追求的过程中也能促进公共利益，那样，独占的动力将为全体人的福利发挥作用”。可见，国家和社会的公共智慧能“让自爱的追求避开邪恶不当的目标，转向那些值得称道、善良有德的目标；不要把特权给予懒惰和无知，不要协助独占分子的垄断计划，而要在各行各业中培养一种竞相顾及公共利益的风气”。做到了这一点，“国家将可富庶，商业才会发达”。塔克并未倡导放任自流，在他看来，政府的恰当角色既不是压制私利，也不是无视私利，而应该因势利导、善加利用，使之服务于社会所期望的目标。① 这一信念，加上哈奇森的观点，即天赋自由应当允许一切不危及他人的行为，很大程度上预设了斯密的思想框架。

---

① “摩西，作为一位接受天启的立法者，提出过了不起的观点，似乎要把自爱的动力引导到某个渠道，令其总是为公共利益服务。事实上，如果期待良好的道德或国家的繁荣，这就应该是每个政府的唯一目标。”参见塔克(1753:37n)。

在商业政策方面，塔克强烈反对垄断贸易公司，因此提出了赞成“贸易自由”的有力理由。但当涉及进口关税时，塔克又坚持通行的重商主义思维，以下一段话可资说明：

> 假定国家是一个有血有肉的人，站在某个大港的要冲查验装卸的货物。第一种情况下，如果要出口的货物全部是制成品，它们经由国民的充分加工和劳作，那么，他不应该对这些制成品设置任何禁入令，而应尽量照顾出口商，保护他们及其有益的工作。另一方面，如果货物只是半制成品，或更糟的话，如果它们纯粹是原材料，那么，他应该向其征税，以便限制和阻挠其输往王国之外，具体做法要视其未制成或原材料的状态而相应决定。换言之，如果出口货物纯粹是原材料，应当征收最高的关税，甚至在某些情况下，也许要禁止输出。但如果是半制成品半原材料，则应当降低关税，具体幅度应随原材料向完全制成品的层层提升而相应递减。就进口货物而言，他的行为应该与第一种情况正好相反。也即，他应当向外国的完全制成品征收最高的、最具限制性的关税，借以避免在本王国内人们会穿着或使用它们；对其他不完全制成品，则应征收不太具有限制性的关税；而对那些接近原材料状态的进口，则应更少征收限制性关税。至于原材料本身，应当允许其免税进入王国的每个港口，除非有极特殊情况需要为此而破例。总而言之，所有这一切推论的理由或出发点都是国家的工业和劳工，因为这些才是王国的唯一财富。(1758:58—59)[①]

塔克(1749:63—64)反对马修·戴克的自由贸易建议，认为其太过有害。塔克说：“假如我们取消对法国货物的一切关税，他们也取消对英国货物的一切关税……后果将是，法国的丝绸、花边、葡萄酒、白兰地、衣服、料子、缎带、扇子、

① 塔克(1755:96)也曾声明：“但在所有税收中，就后果而言最糟糕、最有害的税种有：对我们自己制成品所征收的出口税，因为这是对我们自己工业和劳工所征收的一种税；对原材料所征收的进口税，因为这种方法活像把人的双手绑缚在身后，免得他们为自己和国家效劳。此类税收中唯一合理的一个税就是东印度公司对茶叶收的税，另还有其他一些物产和外国制成品，这些应税商品本不会在我国促进我们的工业发展。”

玩具等会在英国泛滥，而法国人将很少甚至不会买回什么东西。”

至此，我们简要考察了一个问题，即18世纪后期对私利问题的争论所包含的经济学含义如何影响对商业政策的主流看法？得出的答案是：影响甚少。哈奇森、塔克等人描述了一个天赋自由的体系，个人私利在其中能照应好公共利益。可是，他们并不认为私利可在国际贸易中完全促进公共利益，故而他们从未倡导过自由贸易。然而，一个前后一贯的思想框架在此清晰可见：天赋自由这一观点必然意味着，自由应当在经济生活中占据广泛的主导地位；进而言之，虽然商业是由自私的参与者所推动，但它终究履行着公共服务的职能。亚当·斯密正是利用这一思想框架推进自由贸易论，并填补了框架中存在的空白。之前，这一空白与整个思想框架不相协调，但斯密的前辈终究未能填补这一空白。

另一个稍有差别的思想传统也出现在18世纪中期的法国和英国，它也推导出了有关贸易问题的普遍自由观点。欧洲的启蒙运动尽管更多涉及政治学说而非经济学说，但它作为一场思想运动，也赋予人们更宽广的世界主义视野。[①] 大卫·休谟是著名哲学家，也是斯密的好友，他在一系列有关经济问题的论文中雄辩地表述了这一观念。休谟（1752：15—16）在《论商业》（Of Commerce）中称颂了外贸（这一点如同之前的重商主义者），称其“不仅增加了国民的财富和福祉，也增强了国家的力量。……一个拥有大量进出口的王国必然产业更发达，拥有更多的精制品和奢华品，会优于一个只满足于本地商品的王国。因此，外贸发达的王国更加富有、幸福，也更加强大。”[②]

休谟的世界主义视野在《论贸易差额》一文中表达得更加直白，此文犀利反击了由国别对抗酿成的贸易限制措施。所有这一切看来会指向一个倾向于自由贸易的结论，可是，休谟（1752：98）把关税称为筹集国家岁入的一个便利手段，也说出了态度骑墙、模棱两可的话：“但不要把向外国商品征收的关税都视为有害或无用，只有那些基于国际猜忌的关税才是这样。对德国麻织品征收关

---

① 托马斯·施莱瑞斯（Thomas Schlereth，1977）考察了启蒙运动的世界主义视野。

② 休谟补充道，“也许……与外国发展商贸会带来的主要好处”是“能让人们摆脱懒散状态”。众人将“体会到奢华品的舒适和商业的利润；灵巧和勤勉一旦被唤醒，将使他们在外贸和内贸的每个行业中都得到进一步完善”。

税可鼓励我国的制造业，并可因此大大增加我们的人口和产业。对白兰地征税会增加朗姆酒的销量，从而可支持我们的南方殖民地。”无论休谟在视野上具有何等的世界主义色彩，当他以赞赏的口吻谈论关税将鼓励国内制造业时，这个休谟不会是在贸易政策上影响了斯密的那个休谟。

然而，大约五年后，休谟在一定程度上收回或调整了上述观点。在1758年前后发表的《论贸易的猜忌》(Of the Jealousy of Trade)一文中，休谟(1955：78—82)反对带着嫉妒心看待邻国的经济成就，称之为“狭隘和恶毒的观点”。如果外国产品起而与国产商品相竞争，那该怎么办呢？“我的回答是，当任何一种商品被称为某王国的大宗产品时，可以设想，该王国谅必拥有生产这一商品的某些特有天然优势。假如虽拥有这些优势但居然丧失该制造业，那只能怪他们自己懒惰或政府糟糕，而不能怪罪于邻国的产业。”若本国某产业的确萎缩下去，机会总可以在其他部门获得：“如果工业的精神得以维持，可轻而易举地把它从一个领域转到另一个领域。例如，可以把羊毛加工者雇用到麻织、丝织、铁器及其他商品生产领域，只要看起来对该商品存在需求。”没有哪个国家需要担心被锁定在国际市场之外：“大自然向不同国家赐予了各色各样的人才、气候、土壤，因而只要大家都勤劳文明，便可保障彼此的交流和贸易。”

这段话与亚当·斯密后来的著作更合拍了，实际上这段话可能是因与塔克辩论(后面第十章会有描述)才写下的。可是，休谟固然写了这样表述清晰的论文，赞成用自由的眼光看待贸易，他的自由贸易理由毕竟更反映出一种道德和哲学的气质，还算不上一种犀利或新颖的经济学分析。[①]

* * *

以上十分简要地概述了重农学派和道德哲学家的思想贡献及其对商业政策的影响，这一回顾印证了雅各布·瓦伊纳(1937：92)的结论：“在《国富论》出版前，某些倾向于自由贸易观点的思想内容已经比较普遍地流行。”在法国和英国的知识界，人们已在呼唤更大的商业自由，以这种呼唤为形式的自由贸易舆

---

① 休谟构想的价格—铸币自行流动机制，就如前一章所介绍，极大地削弱了重商主义者对贸易差额的追捧，但如前所述，这些观点从概念上讲与自由贸易理念尚有差别。

论可谓此起彼伏。然而,这种舆论并无特别强有力的经济学基础,有时不过建立在一个没有多少经济学内容的模糊的世界主义基础之上,也因此很容易遭到摒弃。最值得注意的是,纵然有些人断言,适当加以节制的私利会促进公共利益,但他们也未能得出自由贸易乃天经地义这样的结论。亚当·斯密的巨大成就在于,他提供了一套更站得住脚的经济逻辑,用来补充从哲学派生的关于私利与公益兼容和谐的思想。一旦把这两种理念结合到一起,斯密就能在自由贸易问题上以更令人信服的方式发表自己的观点。

第五章

亚当·斯密的自由贸易论

1776 年,亚当·斯密发表《国富论》。如果比较此前数十年与此后阶段的经济文献,可以发现,在关于商业政策的观念上,前后存在一个泾渭分明的断裂。虽然“斯密自由贸易学说中所有重要内容在《国富论》前都已存在”,但雅各布·瓦伊纳(1937:108)正确地指出:“那些内容却仅见于孤立的片段,与其上下文阐述的观点不完全一致。”斯密一方面借鉴了他人的论著,另一方面又创建了一套很有说服力的、完整的自由贸易理由,以致之后人们若要认真探讨商业政策,都必须重视他的观点,斯密对经济学最首要的贡献之一即体现于此。诚如约瑟夫·熊彼特(1954:184)所言,“《国富论》中包含的分析思想、分析原理或分析方法,没有一个在 1776 年是全新的”。可是,比这一点更重要的是安德鲁·斯金纳(1990:157)的说法:“出现了一个体系,即斯密赋予政治经济学一个独特的分析框架,从而向前跨出了一大步。”斯密成就了前人未成之事,他为思考与贸易政策相关的经济问题提供了一个系统自洽的框架。[①]

---

① 如需简要了解斯密对贸易理论的总体贡献,包括这里未能涉及的许多话题,比如把贸易描述为“剩余资源出路”,参见亚瑟·布龙菲尔德(1975)。

* * *

斯密支持自由贸易,较早的证据见于汇编成册的18世纪60年代他在格拉斯哥大学的讲座录。斯密(1978:391－392)宣称,参与贸易的所有国家均可从这种交易中获益,他重复了当时在知识界流行的世界主义观点。他说:"国家间的所有这些猜忌会使大家相互怨恨,不愿得到别国货物的供应并借此提高自身生活便利,结果便会减少商品交换、损害劳动分工、缩水双方财富。"斯密毫不含糊地支持自由贸易,他得出结论:"看来应尽力让英国成为一个自由港,这样就不会以任何方式干扰对外贸易;假如能通过其他途径筹措政府经费,就应当废除一切税收、关税、货物税;而且,无论涉及什么国家,无论涉及什么货物,都应该允许自由商贸和自由交换。"(268)[①]

但这些讲座对贸易的讨论尚比较粗略,与此后的论述相比还处于草创阶段。随着《国民财富性质和原因的研究》[(*An Inquiry into the Nature and Causes of the Wealth of Nations*),简称《国富论》]于1776年3月9日出版,商业政策的经济分析发生了根本变化。斯密对贸易政策的讨论集中于第四篇"论政治经济学体系"。[②] 斯密首先描述了重商主义政策的"巨大目的",即"尽量减少供国内消费的外国商品的输入,尽量增加国内产业所生产商品的输出。因此,使国家致富的两大手段就是限制输入和奖励输出"(IV. i. 35,45)。斯密然后着手"主要考察这些手段的每一种对于国家产业的年产物会有什么影响",因为"这些手段既然会增加或减少国家年产物的价值,显然也一定会增加或减少国家的实际财富和收入"。换句话说,斯密建立了一个前后一贯地衡量各种商业政策所带来效果的具体标准。在评估这些政策时,斯密主张,必须考察某一政策对总体经济的影响,即对一国国民收入(或产出)的实际价值或他所谓社会

---

① 斯密(1978:534－535)也断言,出口关税比进口关税更加有害,因为前者会"消磨勤奋劳作的动力",这一论点并未在《国富论》中重复。

② 所有征引均据R. H. 坎贝尔和A. S. 斯金纳(R. H. Campbell and A. S. Skinner)编辑的收录亚当·斯密著作与通信的格拉斯哥版本,引文的注释采用格拉斯哥引证惯例,依次为《国富论》篇、章、段数字。

实际年岁入(或产物)的影响。[①] 仅仅通过陈述并随后一以贯之地应用这一标准,斯密便为商业政策理论做出了一项重大贡献。原先,人们会下结论说,进口关税是有利的,因为在接受此类保护的部门中,就业和产出会有所增加,而今,这样的推论已不再充分。

斯密首先考察了保护国内产业免遭外国竞争的问题,即所谓"应当限制从国外进口那些本国能生产的商品"。他强调,对进口商品征收高关税或禁止输入,这会减少竞争,给国内生产商以国内市场的垄断权,使之开出较高的价格,并且导致懈怠懒惰和管理不善。斯密同意重商主义者的看法,即关税会在与进口相竞争的部门中增加国内产量,但他提出了一个更有穿透力的思想,而以前的作者很少提及这一点:

> 毫无疑问,这种对国内市场的独占,往往会给予那个享有独占权的特定产业以很大的鼓励,并往往会向这一用途转移比原本要更多的社会劳动和社会资财。但这个办法会不会促进社会的全部产业、会不会引导全部产业走上最有利的方向,也许并不是显而易见的。(IV.ii.2)

为了评估贸易限制对实际收入的影响,人们需要一个如何确定实际收入的思考方法。为解决这一问题,斯密澄清了自己有关商业、有关个体在市场上经济互动这些观点的哲学基础。斯密一开始便提出一个想法,即个人总会把自身劳动用到对自己最佳的利益点上,也即他"会努力让自己把个人劳动用于支持这样一个产业,即该产业的产出物可能具有最大价值,或能交换到最大数量的货币或其他货物"(IV.ii.8)。"每个人都不断地努力为他自己所能支配的任何资本找到最有利的用途。固然,他所考虑的不是社会的利益,而是他自身的利

---

① 因此,斯密的自由贸易论立足于它对国民经济的利益,而非某种世界主义理想或其他东西,不过,后来弗里德里希·李斯特(Friedrich List)指控斯密信奉世界主义(参见第八章)。其实斯密([1759]1976:229)在《道德情操论》(*Theory of Moral Sentiments*)中有言:"对我们自己国家的爱似乎不能从对人类的爱中派生出来。……法国也许拥有将近三倍于英国的居民数,故在人类大社会中,法国的繁荣应当看起来是一个比英国的繁荣更为重要的目标。然而,假如有英国人因为这一理由而在任何时候都将法国的繁荣置于英国之上,那就不能认为他是一位英国好公民。我们并不单纯因为自己国家是人类大社会的一部分而爱国,我们因为本国自身的缘故而爱国,并不会考虑人类大社会这个问题。"

益,但他对自身利益的研究自然会或者毋宁说必然会引导他选定最有利于社会的用途”(IV. ii. 4)。这便导出了斯密的经典陈述:

> 所以,由于每个人都努力把他的资本尽可能用来支持国内产业,都努力管理国内产业,使其生产物的价值能最大化,他就必然竭力使社会的年收入尽量增大起来。确实,他通常既不打算促进公共的利益,也不知道他自己是在什么程度上促进那种利益。由于宁愿投资支持国内产业而不支持国外产业,他只是盘算他自己的安全;由于他管理产业的方式目的在于使其生产物的价值能最大化,他所盘算的也只是他自己的利益。在这种场合,像在其他许多场合一样,他受着一只看不见的手的指导,去尽力达到一个并非他本意想要达到的目的。也并不因为事非出于本意,就总是对社会有害。他追求自己的利益,往往使他能比切实有意的情况下更有效地促进社会的利益。我从来没有听说过,那些假装为公众幸福而经营贸易的人做了多少好事。(IV. ii. 9)

当然,古希腊人和经院哲学家很早便注意到,自私的个体却为社会提供着某种有益的服务,他们早已提出,逐利的商人把粮食从低价地区运至高价地区时,其实也在从余粮地运至缺粮地,而这正好促进了普遍的利益。另如前一章所示,斯密的同时代人也注意到了这一点,而斯密把这一论点打造为自己经济学框架的一块基石。他以充分的清晰度和说服力强调,个体拥有天赋自由,在经济领域中与他人自由交往,每人出于自我改善的动机而向他人提供商品和服务,这些从社会的角度看,会导致资源的有效配置;如果有利可图的话,个体的需求和欲望会得到满足,同时社会年收入(实际国民收入)将可提升到最高的水平。有鉴于此,也因为出于尊重公民的天赋自由权这一需要,竞争市场而非政府才是确定各项活动是否有利可图的最佳机制,也才是向有关目标分配资源的最佳机制。

斯密并没有设想政府在指导市场过程或决定市场结果时应当发挥较大的作用,然而,他远不是放任自流学说的倾心信奉者。斯密相信,政府在支持市场机制这一社会制度方面确有必要发挥重要作用。[①] 他列举了不少领域，如某些公共产品的提供、法律和司法体系的确立等，用以说明政府政策可让市场这一“看不见的手”发挥得更有效些。因此，与某些批评家以后的指控有所不同，斯密的自由贸易论并没有立足于放任自流那一套理由。与此同时，政府政策固然可以在某些情况下发挥有益作用，但并不因此证明，应当或必须背弃自由的国际贸易。

在这一大框架下，斯密颇有说服力地断言，评估经济政策时的一个关键概念是机会成本，即资源约束条件下各种可替代方案之间的取舍。简单地说，在任一特定时间点上，一个经济中的资本量和劳动量总是固定的，要增加某一部门的产量，必然意味着要多占用经济其他部门已在使用的资源。对于旨在扶持某些产业或部门的政策而言，上述理念会产生明确而直接的影响。斯密写道，“任何商业管制都不能使任何社会的产业量增加到超出社会资本所能维持的限度。它只能使本来不纳入某一方向的部分产业转到这个方向来。至于这个人为的方向是否比自然的方向更有利于社会，却不能确定”(IV. ii. 3)。斯密著作中的这一基本原则已完全拉开了跟重商主义学说的距离。重商主义曾视若当然地相信，政府干预或能带来比自由市场更可取的产量组合，或能带来更大规模的产出量，或者干脆能同时做到这两点。

到此为止，斯密的推论并没有建立在有关贸易的任何特别新颖的观点上，只不过脱胎于一种不同的观念，即对于促进国家财富增长过程中社会的经济组织方式和天赋自由的作用有了一个不同的观念。到最后，斯密将这些思想与商业政策挂起钩来：

> 如果外国能以比我们自己制造还便宜的商品供应我们，我们最好就用我们有利地使用自己的产业生产出来的物品的一部分向他们购买。……要是把劳动用来生产那些向外购买比自己制造还便宜的商品，那一定不是用得最为有利。如此不把劳动用于显然

---

① 有关这一主题，参见雅各布·瓦伊纳(1927)、内森·罗森伯格(Nathan Rosenberg，1960)撰写的两篇经典论文。

> 比这更有价值的商品的生产，那一定或多或少会减损其年产物的价值。按照假设，向国外购买这种商品，所费比国内制造来得便宜。所以，如果听其自然，仅以等量资本配置给产业，以其在国内所生产商品的一部分或其价格的一部分，就可把该商品购买进来。所以，上述管制的结果，国家的产业由较有利的用途改到较不利的用途，其年产物的交换价值，不但没有随立法者的意志增加，反而一定会减少下去。(IV. ii. 12)

这是一个有力且大胆的结论。斯密利用按国民收入计算的机会成本概念，带着不可动摇的信心宣称，自由贸易会允许社会资源的最佳配置，而保护性关税干预了这一配置过程，因此会减少国民收入。(不过，请注意，亨利·马丁比起这一段中的斯密，把自由贸易的效益讲解得更清楚。)况且，这一表述得到了一个系统的经济推论框架的支持。无论该推论多么有漏洞或受限制，毫不奇怪的是，比起诸多重商主义文献中那些不太严谨的表述，它终究有着强大得多的说服力。有关贸易政策的这一具体结论实际上把斯密的逻辑又往前推进了一步，超过了他之前表述所达到的程度。此前他曾写道，“根本不能肯定”，政府干预“比起顺其自然，很可能对社会更加有利”。但在贸易政策的背景下，他提出年产物“一定会因为每一种此类管制而减少下去”。这一信念也许得自可以见到的事实，即某些商品通过进口比起通过国内制造可以更便宜地得到。

确立这种静态的经济效益观念显然能令人信服，但在斯密看来，静态经济效益绝不是可从贸易中获得的唯一或主要利益。“在彼此贸易的任何两个地方，它们都可从中获得两个好处。”第一，交换富余产品，这可“部分地满足其需求，并增加其享受”。第二，“由于给国内消费不了的那部分劳动成果开拓了一个比较广阔的市场，这就可以鼓励他们去提高劳动生产率，竭力增加他们的年产物，从而增加社会的实际收入和财富”(IV. i. 31)。第二点是一股更强大的力量。斯密在第一篇论及“劳动生产率提高的原因”时强调了分工，分工激发了生产率的提升，使得一定数量的资本和劳动能创造更大的产量。而这股力量在国际贸易的背景下会发挥更大的作用。由于“分工受制于市场的范围”，自由贸易显然可扩大市场的范围,使得更精细的分工成为可能。此外,自由贸易促进了知识的交流,人们可相互传播新的生产方法和新的商业做法。斯密说:“这股力量的平等性看来最明显地体现于相互的知识交流及各种各样的改善中,所有国家与所有国家之间的广泛商业交往自然会或称必定会同时带来这一局面”(IV. viii. c. 80)。由国际贸易带来的世界范围的分工刺激了额外的生产改善,促进着国内劳动和资本的生产率提升,从而增加个人的福利。

斯密就自由贸易的静态收益,以及就分工和技术转让的动态效应如此加以阐述,按其著作年代而言,是鹤立鸡群的。然而,批评者指出,关税能够改变激励,从而有助于积累新资本,并因此带来更高的产量。当然,如要让这一论点更具说服力,批评者尚须精确地说明产生这一结果的机制。对于通过实施保护政策而促进增长的可能性,斯密进行了驳斥:

> 社会的产业活动,只能随社会资本的增加而相应增加;社会资本增加多少,又只能相应取决于社会能从其收入中逐渐节省多少。而上述那种管制的直接结果,是减少社会的收入,凡是减少社会收入的措施,一定不会迅速地增加社会的资本;要是听任资本和产业寻找自然的用途,社会的资本自会迅速地增加。(IV. ii. 13)

斯密也攻击了政府干预贸易背后的贸易差额动机:

> 在欧洲各商业国内,自命的这种学说的学者常常预告:贸易逆差将使国家濒临灭亡。这激起了各商业国不少的忧虑,几乎各商业国都试图改变贸易差额,使之对本国有利而对邻国不利。但在这一切忧虑以后,在这一切无效的尝试以后,似乎没有一个欧洲国家曾由上述原因而变得贫困。和重商主义者的预料相反,实行开放门户并允许自由贸易的都市与国家,不但没有因为这种自由贸易而灭亡,反而因此致富了。(IV. iii. c. 14)

斯密承认,在他看来,有两种情况可证明进口关税是合理的。他写道,“第一,特定产业,为国防所必需”(IV. ii. 23)。理由很简单,是“由于国防比国富重要得多”。这一表述等于承认,只有通过实质性地牺牲想要的其他货物,才能购买到国家安全。斯密接受了这一取舍原则，故而相信，为保护国防相关产业，完全应当利用关税保护来抵抗进口竞争。这实际上构成了赞成关税的一个非经济理由，但不是一个基于经济分析的理由。

第二种例外情形是，国内产品被征收了某种税负，而同类国外产品却无此税负。对此类国外产品征收同等税负意味着可拉平内外产品的税收待遇，斯密是这样说的：

> 这一办法不会给国内产业以国内市场的独占权，亦不会使流入某特殊用途的资财与劳动比自然会流入的多。课税的结果，仅使本来要流入该用途的任何一部分资财与劳动，不流入较不自然的用途，而本国产业与外国产业在课税后，仍能在和课税前大约相同的条件下互相竞争。（IV. ii. 31）

斯密也提到了其他两个务实的考虑，"有时成为要考虑的问题"，涉及应当如何废除进口关税事宜。第一个涉及互惠对等问题，即当"某一外国以高关税或禁入令的方法，限制我国某些制成品输入那个国家的时候。在这个场合，复仇心自然要驱使我们报复，我们对他们某些或一切制成品，课以同样的关税或禁止其输入我国"。斯密补充强调，"各国通常都是如此报复的"(IV. ii. 38)。但是，斯密的忠告也是一如既往地务实：

> 为了要撤废大家所斥责的高关税或禁入令而采用的报复政策，如果能达到撤废的目的，就可说是良好的政策。一般来说，大的外国市场的恢复，可以抵消由于某些物品价格暂时昂贵而蒙受的暂时的困难而有余。要判断这种报复能否产生那种效果，与其说需要有立法家的知识，不如说需要有所谓政治家或政客的技巧，因为立法家的考虑，应受不变的一般原则的指导，而狡猾的动物即世俗所谓政治家或政客的考虑，则受事件暂时的变动的支配。在不可能撤销这种禁入令时，为了要赔偿我国某些阶级人民所受的损害，再由我们自己来伤害我们的利益，不仅伤害那些阶级的利益而且伤害几乎一切其他阶级的利益，似乎不是一个好办法。（IV.

ii. 39)[①]

斯密本质上在说,互惠对等(为阻止外国贸易限制而暂时进行报复)是一个非经济问题。如果贸易政策是相互依存的,即一国的政策会影响另一国的政策,那么,当引入某种策略性手段时,基本的自由贸易会趋于复杂化。经济分析本身没有什么指导意义,理由是它不能表明,在何种情况下,某一给定的报复行为究竟是会消除还是不会消除外国所设的贸易壁垒?斯密显然将报复视为一个战术问题,而不是一个战略问题。根本的原则还是清楚的:一国应当独立地追求自由贸易,而不必太在乎其他国家的政策。

第二个"要考虑的问题"涉及引入自由贸易的速度。假如更低的关税展示出一种前景,将造成国内劳动和资本的严重混乱(当然,"这种混乱也许比一般所想象的要小得多"),那么,"人道主义也许要求,只能一步一步地、小心翼翼地恢复自由贸易"(IV. ii. 40)。

斯密然后转而简要地讨论了奖励或补贴之类的出口政策,他嘲讽了这些用来增加出口的人为努力:

> 对外国人,我们不能像对本国人那样,强迫他们购买我们工人生产的货物。于是,想出了一个次优办法,即付钱给外国人购买。这个以贸易差额富国富民的办法,乃重商学说所提倡的。……如果没有奖励金来补偿商人货物售价上的损失,他自身的利害关系不久也会使他改变资本用途……。像重商主义所提倡的其他各种办法的结果一样,发给奖励金的结果,只不过迫使一国商业不向自然方面发展,而向大大不利的方面发展。(IV. v. a. 1,3)[②]

斯密在《国富论》第四篇结束贸易政策讨论时,提出了一个充分展示自己理

---

① 斯密同时还说:"在我们邻国禁止我国某种制成品时,我们通常不但禁止他们同类制成品,而且禁止他们其他几种制成品,因为仅仅前者,很少能给他们以显著的影响。这无疑可给我国某些部门的工人以鼓励,替他们排除一些竞争者,使他们能在国内市场上抬高他们的价格。不过,因邻国禁入令而蒙受损害的那些我国工人,决不会从我国的禁入令中得到利益。"

② 斯密还说:"对任何国产商品输出给予奖励金,都不免惹人反对。第一,对重商主义的一切办法,一般都可提出反对,因为这些办法违反自然趋势,迫使国内一部分产业流入一个比起顺其自然情况下利益较少的用途。第二,奖励金特别会遭人反对,因为它不仅迫使国内一部分产业流入利益较少的用途,而且迫使其流入实际上绝对不利的用途。无奖励金即不能经营的生意,必然是一种亏损生意。"(IV. v. a. 24)

由的总体陈述。他宣告:“这一切[重商主义]规定可称道的动机,在于推广我国制造业。但推广的方法,不是改良自己的制造业,而是阻抑我们邻国的制造业,并尽可能消灭一切可恶竞争者的捣乱性竞争。”重商主义的问题不在于其鼓励经济进步的那个可称道的动机,而在于实现那个目标的方法。特殊的工商利益最终会扭曲该动机,从而危及国家福祉。斯密相信:

> 消费是一切生产的唯一目的,而生产者的利益只在能促进消费者的利益时,才应当加以注意。……但在重商主义下,消费者的利益几乎都是因为生产者的利益而被牺牲了;这种主义似乎不把消费当作一切工商业的终极目的,而把生产看作工商业的终极目的。对于凡能与本国产物或制成品竞争的一切外国商品,在输入时加以限制,就显然是为了生产者的利益而牺牲国内消费者的利益了。为了生产者的利益,消费者不得不支付此种垄断几乎总会抬高的价格。(IV. viii. 48—50)

在随后的一章中,斯密总结了他关于商贸中天赋自由的理由:

> 这样看来,任何一种学说,如要特别鼓励特定产业,违反自然趋势,把社会上过大一部分的资本拉入这种产业,或要特别限制特定产业,违反自然趋势,强迫一部分原来要投在这种产业上的资本离开这种产业,那实际上都和它所要促进的大目的背道而驰。那只能阻碍,而不能促进社会走向富强;只能减少,而不能增加其土地和劳动的年产物的价值。一切特惠或限制的制度,一经完全废除,最明白、最单纯的天然自由制度就会树立起来。每一个人,在他不违反正义的法律时,都应听其完全自由,让他采用自己的方法,追求自己的利益,以其产业和资本跟任何其他人或其他阶级相竞争。这样,君主们就被完全解除了监督私人产业、指导私人产业、使之最适合于社会利益的义务。要履行这种义务,君主们极易陷于错误;要行之得当,恐不是人间智慧或知识所能做到的。(IV. ix. 50—51)

斯密的思想方法与重商主义的思维已截然不同，要想理解这一点，还需要分析什么是斯密著作中“没有”的东西。斯密没有夸大贸易在国内经济中的重要性。[①] 他没有像重商主义者那样视奢侈品为洪水猛兽，倒是嘲笑他人对奢侈品进口设置障碍。[②] 最引人注目的是，斯密没有表述直截了当的判断，告诉人们何种特定的贸易商品结构较为可取。一国外贸的商品结构反映了该国的经济发展阶段及作为其经济运行环境的自然条件（如要素禀赋）。[③] 与不管是重商主义者还是重农主义者相比，斯密采取了一个更为平衡的立场，因为其他人要么放大制造业的重要性，要么抬高农业的重要性。国内经济中市镇与乡村之间互相交换制成品与农产品，斯密在讨论它们的关系时，否认“市镇之所得便是乡村之所失”：

> 双方的获利都是共同和相互的。这里，分工的结果，像其他方面的分工一样，对双方从事各种职业的居民都有利益。乡民和市民是互相服务的。市镇是乡民不断前往把农产品交换制成品的集市或市场。就是凭借这种交换，双方的居民才取得了工作材料和生活资料的供给。市民售给乡民的制成品的数量，必然调节着市民所购的材料及食料的数量。所以，他们的材料及食料的增加，只能按照乡民对制成品需要增加的比例而增加，而这种需要，又只能按照耕作及改良事业发展的比例而发展。（III. i. 1，4）

不同的国家，如同市镇和乡村一样，专门出口各不相同的产品，这些不同产品缘于不同要素禀赋和经济发展阶段赋予的不同天然优势。出口原材料的国家这样出口时，对自己是有利的，但也并非注定要永远延续这种状态。关键是

---

① 在《国富论》的几个地方，斯密把国内贸易排到了比国际贸易更有用的地位，但正如乔治·斯蒂格勒（George Stigler，1976）所指出，这是斯密“彻底的失误”之一。

② 斯密说过：“王公大臣不自反省，而颁布节俭法令，甚至禁止外国奢侈品输入，倡言要监督私人经济，节制铺张浪费，此乃最放肆、最专横的行为。他们自己永远而且毫无例外是社会中最大的挥霍浪费者。他们好好注意自己的费用就行了，人民的费用，可以任凭人民自己去管。如果他们自己的浪费不会招致国家灭亡，那么何谈人民的浪费呢？”（II. iii. 36）

③ 赫拉·明特（Hla Myint，1977：240）研究了斯密有关经济发展的观点，用明特的话说，对斯密而言，发展中国家中的自由贸易是“一种更充分地发挥这些国家长期生产潜力的办法，这种生产潜力是由日益加深的分工、资本积累、不断变化的生产要素供应所赋予”。

国家的治理要有利于自由、商业、积累，从而能让社会成员投资于物质资本和人力资本。要实现这一点，其手段不是去人为设计商业政策，因为那不过是把资源从一个部门转移到另一个部门，在斯密看来，那就是扭曲激励，不可能成功地增加国家财富。相反，个体社会成员要想改善个人境况，就应当自然地从事有关工商活动和进步事业，只要政府有智慧不去抑制这一进程，如此作为便可让经济富裕起来。[①] 故此，斯密的自由贸易政策适用于所有国家，而不论其经济发展的现状。

* * *

其他作者在亚当·斯密之前已表述过自由贸易结论，但可能除亨利·马丁外，没有哪位作者提供过一个坚实的理论框架来支撑其结论。斯密则为自由贸易结论提供了理论框架，从而重创了重商主义学说，并且不可逆转地改变了有关商业政策的经济分析。

---

① 根据斯密的看法，"每个人为改善自身境况而一致地、经常地、不断地努力是社会财富、国民财富、私人财富赖以产生的重大因素。这种始终如一的努力，常常强大到足以战胜政府的浪费，足以挽救行政的大错误，使得事情日趋改良"。英国的成功在于允许这一过程不受阻挠地延续下去："因此，如果我们比较同一国民的前代和后代，发觉那里的土地和劳动的年产物，后代比前代明显增长了，其土地耕作状况进步了，工业扩大并繁荣了，贸易更加推广了，我们就可断言，在这两个时代间，该国的资本必定增加了不少。……一方面虽有政府的索取，但另一方面，却有无数个人在那里普遍地、持续地、不断地努力改进自己的境况，他们克勤克俭、谨言慎行，默默无闻地、一点一滴地把资本累积起来。正是这种努力，受到法律的保障，能在最有利情况下自由发展，使英格兰几乎在过去一切时代，都能日趋富裕、日趋改良。"(II. iii. 31－32,36)

第六章

古典经济学中的自由贸易

19 世纪头 25 年里，关于经济学尤其是贸易的著作层出不穷，撰写这些著作的那批知识人士后来被称为古典经济学家。这些经济学家以其理论细节发展了斯密的思想，并通过比较优势理论巩固了自由贸易论。这一时期的努力打消了经济政策的理论分析家们心中尚存的疑虑，确立了一个理论假定，即自由贸易能使一国获得比非自由贸易状态下更多的产品。

* * *

《国富论》出版后反响尚好，但不是一炮走红，当然，迅速风靡也未必就是衡量一本书重要与否的有用指标。《国富论》出版后大约过了 25 年，才开始出现清晰的证据，表明这部书在一流经济思想家那里树立起了权威。①

然而，18 世纪 80 年代撰写的数部著作显示，亚当・斯密的分析已经开始

---

① 如理查德・泰奇格莱布(1987:365)所指出："有关斯密著作被神化的过程，我们的了解依然少得可怜。1793 年，杜格尔德・斯图尔特(Dugald Stewart)表达过某种希望，即希望'到一定时候'，政治经济学的其他学人将追随斯密的脚步。可仅仅过了十年，斯图尔特的学生兼《爱丁堡评论》(*Edinburgh Review*)创办人弗朗西斯・豪纳(Francis Horner)便谈到，围绕斯密存在着一种'迷信般崇拜'。"《国富论》问世之初与时代尚不合拍，但之后它的确得益于日渐增长的、赞成自由贸易政策的那种情绪。参见柯克・威利斯(Kirk Willis，1979)、萨利姆・拉希德(Salim Rashid，1982)。

重塑有关贸易和商业政策的基本理念。有一本匿名发表的小册子，题为《关于保护性关税之效应的思考》(*Considerations on the Effects of Protecting Duties*,1783:18ff)，它提出："无论何地，只要实施保护性关税，随后定会在所涉'特定制造业'中出现增长。但我不承认'整个社会'的财富因此会增长。"该小册子的作者指陈，保护措施迫使消费者在购买同类货物时要么出价更高，要么价格相同时货物品质下降，造成消费者"如同被带到一个没有原住地那么风调雨顺、水土肥美的地方。……保护等于向该国每个消费者征税，税收最后落到部分制造商的口袋"。对商业政策而言，这里的含义绝不含糊："每个立法机构的政策理应帮助人民用尽量少的劳动，换取尽量多的各种消费品"，也即要靠自由贸易来达到目的。

1788年，有一本篇幅不大、论辩十分严密的书，书名一目了然，叫《新旧贸易原理比较》(*New and Old Principles of Trade Compared*)。该书对"垄断贸易论"予以全面而有力的攻击，最清晰地阐述了在国际分工基础上的贸易优势。作者本杰明·沃恩(Benjamin Vaughan,1788,2:25—26)很有说服力地描述了一国如何通过贸易获得更多货物："自由贸易体系……倾向于带来富裕但不是铺张，它会影响产业的配置。简言之，假如一国能最成功地种植亚麻，另一国能最有效地供应羊毛，当每个国家都各尽所能时，世界上这两种商品必定会有增加，而且，通过相互交换这两种商品，各国都同时得到更多的商品，多于自己在国内种植或养殖可能得到的结果。"与此相对照，保护会导致净社会损失："在实施限制以照顾生产商群体的地方，直接的效应是消费者群体受到伤害，而本来这两个群体可共同兴旺。令情况更加不幸、更不平等的是，各种情况下，消费者群体的人数往往最多，消费者遭受的损失一般'远远超过'生产商肯定能获得的收益。"沃恩通过重申地域分工的优势，有力地强化了这一思想，即自由贸易是最可取的政策。

18世纪90年代，欧洲各地发生政治动乱，这种局势不利于平静地反思贸易政策问题，这一点至少适用于追随或挑战斯密观点的诸多著作。到1807年，威廉·斯彭斯(William Spence)推出了《英国不依赖贸易》(*Britain Independ-*

ent of Commerce)这本小册子,再次触发争辩。此书借用重农学派的推论,断言交战时期英国外贸中断不会对英国经济产生负面影响,因为农业和内贸构成了全部财富的基础。此论引发詹姆斯·穆勒(James Mill,1808:36—37)和罗伯特·托伦斯(Robert Torrens,1808:53)的回应,这两位作者阐述了贸易带来的生产率和效率方面的好处,其思路与亨利·马丁在1701年的论述颇相类似。例如,穆勒(1808:38—39)重申了斯密关于国际分工的论述:

> 一国与另一国的贸易实际上只是分工的一种延伸,人类可借此得到诸多益处。同一国家内,一省与另一省的贸易可使国家更加富裕,因为国内的分工因此得以不断深化,劳动比原本状况要更有生产效率,商品互通有无后各自得到的供应会大幅增加商品总量,国家由此会以一种了不起的程度变得更加富庶和幸福。在世界范围内也可观察到同样的美好进程,只需把大帝国下的不同王国和不同族群视作一个个省份。在这一巨大帝国内,某个地区也会更适于生产某种产品,另一地区则更适于生产别种产品。通过相互商贸交往,大家依照某一特定地点的天然禀赋,能够差异化地配置其劳动。人类的劳动因此变得更有效率,各种货物也会变得丰富很多。

人们在18世纪偶尔会用到这个理念,即因为海外的绝对生产成本比国内要低,所以可从海外比较廉价地获得进口货,这一理念后被称为"18世纪规则"。然而,亚当·斯密之后,这一"18世纪规则"已成为自由贸易论不可或缺的一部分;相比之下,斯密以前,可能除亨利·马丁等人外,一般人们有时用到这一规则时,不过是想说明,除非通过征收进口税来提高价格,否则很难把廉价的进口货排除在国内市场外。就如穆勒上引陈词所示,国家间的分工可成为一个机制,让货物在生产成本最低的地方生产。

但是,詹姆斯·穆勒和托伦斯正处于一个更重大理论突破的边缘。他们提出的问题是如何选择,即为获得一定数量的货物,比如说谷物,到底是利用劳动和资本在国内直接生产谷物,还是利用同样的劳动和资本来生产其他产品,比如说制成品，然后用制成品去换取谷物。穆勒和托伦斯指出，更有效的办法还是让自由贸易来确定，应当如何利用一定数量的资源创造可供消费的最大数量的谷物。关于贸易的这种思路其实提出了生产某些消费品的一个间接方法，穆勒对此有过陈述，因其表达清晰，这里再予引用：

> 如果我们要进口产品，我们必然需要支付，支付靠的是我们出口了自己的部分劳动产出。但为什么不用那部分劳动在国内来生产进口产品呢？回答是，因为通过在国内生产其他产品再去海外交换谷物，我们便可获得更多的谷物，数量会多于在国内自己生产所得。……因此，阻止谷物进口的法律只能产生一个效果，那就是，为生产社会所需食物，将需要投入更大比例的社会劳动。

这种思考贸易的间接方法，导致古典经济学在自由贸易学说领域迎来了一个最重大的分析性贡献，即提出了比较成本理论，或称比较优势理论。[1] 该理论表明，即使国内在生产产品方面拥有绝对的成本优势，从国外进口某些产品依然有利可图。罗伯特·托伦斯（1815：263－264）首先领悟到比较优势论的要点，他写道：

> 不妨假定，在英国有一些未开垦地区，那里种植谷物所花费的劳动和资本很少，就像波兰肥沃的平原一样。有鉴于此，在所有其他条件相同的情况下，那个耕作我们未开垦地区的人，能够按波兰耕作者一样的低价去销售其产出。看来可得出一个颇为自然的结论，如果任由产业追逐其最有利可图的用途，则资本会用来在国内生产谷物，而不会按同样低的成本，再加高得多的交通费，从波兰进口谷物。然而，这个结论，无论第一眼看起来是多么显而易见和理所当然，都可能在仔细考察下被发现是完全错误的。假如英国已经在制造业中获得了高度的技能，她以自己资本中给定的一部分，能生产出一定数量的布匹，而波兰耕作者要交换该数量的布匹时，需要拿出较多的谷物，即谷物数量要多于英国以等量资本可从

---

① 有关古典经济学的贸易思想概要，参见丹尼斯·P. 奥布赖恩(Denis P. O'Brien，1975：170－205)。

自己土地上生产出的谷物量。在此情况下，英国的那些地区，虽然跟波兰的土地一样好，不，哪怕是更好，也仍会被抛荒，英国的一部分谷物供应仍会从那个外国进口过来。

正如莱昂内尔·罗宾斯(Lionel Robbins)等人所指出，与完整的比较成本理论相比，上述构想仅仅没有比较两个国家(即英国和波兰)各自内部的成本。这一最后的点睛之笔尚待大卫·李嘉图(David Ricardo,[1817]1951,1:128)和詹姆斯·穆勒(1824)完成。李嘉图1817年发表了《政治经济学及赋税原理》(*On the Principles of Political Economy and Taxation*)，穆勒1817年撰写了一篇有关殖民地的文章，但此文发表于1818年初。

为什么比较成本理论比"18世纪规则"往前跨进了一大步呢?"18世纪规则"说明，不同国家在生产不同产品时展示出不同的能力，在此情况下，专业化和贸易可以带来获利。但假如一个国家在生产所有产品时都更有优势，那将如何呢?换句话说，如果一国能够比外国投入更少的资本和劳动但仍能生产同样的谷物，那它还应该进口谷物吗?(反过来说，假如一国在生产所有产品时都有劣势，那么它如何仍然从贸易中获利呢?)比较成本理论告诉世人，即使在这些情况下，依然可从专业化和贸易中获得共同利益。每个国家都可专业化于有关产品的生产，只要在这里它的机会成本最低(这里不是讲绝对成本，而是讲它进行目前生产时必然需要放弃的其他产品)。古典经济学家利用一些简单的数字例证向人表明，两个国家如何可能借助自由贸易，消费到更多的两种商品。

大卫·李嘉图可能是古典学派中最风光的一员，传统上人们几乎把阐述比较成本理论的所有功劳都归于他。其《政治经济学及赋税原理》第七章列举了那个葡萄牙和英国交换酒与布的著名例子，据说葡萄牙在两种商品的生产中都有绝对成本优势，但在酒这里拥有比较成本优势。可是，李嘉图区区三段的讨论文字表述较差，在章节中摆放的位置不很自然，且未能说到理论的点子上。约翰·奇普曼(John Chipman,1965:480)甚至说，李嘉图"对有关法则的表述相当欠缺，不免让人生疑，他自己是否真懂所谈问题"。威廉·斯维特(William Thweatt,1976)提示，其实詹姆斯·穆勒才是李嘉图那个三段文字例子的构想者，理由是，穆勒读过托伦斯的有关章节并认识到其中的价值，或者穆勒在自己那篇关于殖民地的文章中阐述“18世纪规则”时提出过这一理论。[①] 事实上，穆勒(1821:87)在自己《政治经济学原理》(*Elements of Political Economy*)中极为清晰地提出了比较成本例子，甚至只用两个并不复杂的句子就传达了对该理论的直觉把握：

> 当一个国家可以或者进口某个商品，或者在国内自己生产某个商品时，它会比较在国内生产的成本和从国外进口的成本；如果进口成本低于国内生产成本，该国便会进口。一国从国外进口的成本并不取决于外国生产该商品的成本，而取决于该国自己两种成本的比较：一是该国用以交换的商品的成本，二是假如不进口而自己生产该商品时必然发生的成本。

穆勒坚定地支持自由贸易，他有力地指出：“一个商品与另一个商品交换，其中的益处在所有情况下都来自‘所接受’的商品，而不是拿出去的商品。”由于一个国家“交出本国商品即有所失”，以出口形式拿出去的东西便是获得进口的“成本”。此种国际贸易观念可谓古典经济学思想的标志性特征，它与重商主义学说格格不入，即使重商主义也曾意识到贸易是某种形式的以物易物。

然而，当大多数经济学家在政策辩论中主张自由贸易时，他们并未诉诸抽象的比较优势理论，而是依赖更加简单直观、与绝对优势相关联的效益论，绝对优势讲的是，比如，波兰是粮食成本最低的国家。比较优势理论，不管其多么令人耳目一新，并没有立即成为古典学说中的首要内容，一直要到约翰·斯图尔特·穆勒(詹姆斯·穆勒才华横溢的儿子)出版《政治经济学原理》后，该理论才占据突出地位。小穆勒的著作初版于1848年，教育了几代学生，此书简明而深刻地阐述了贸易的益处和保护的成本。他明确解释了静态的论点，向人们展示

---

① 斯维特的说法是可信的，因为当李嘉图撰写《政治经济学及赋税原理》时，穆勒与其密切合作，并大量评论了草稿。也有不很确凿的证据与斯维特的说法相抵触，穆勒在致李嘉图的一封信中曾说：“一国从另一国进口商品，即使后者比进口国生产同样商品时成本更高，也可能是好的；一国制造技能的改变会造成一种新的贵金属分配格局，这些都是最重要的新主张，也是你所充分证明了的。”参见大卫·李嘉图(1952,7:99)。而且，在穆勒论述殖民地的文章里，他也将这一理论归于李嘉图名下。

国际专业化和国际贸易如何能增加世界的总产量和各国的消费量。穆勒([1848]1909:581)也考虑到了贸易的“多种间接效应,这是必须提及的重大好处”,其中一个主要效应是,“市场每次扩张都趋于改善生产流程”。市场通过贸易而扩张,会导致生产的进一步改进、技术和生产率的提高。根据小穆勒的论述,这些进步会溢出到世界各国,因为“任何东西,只要它能促使同一个地方更大量地生产某样东西,往往就会带来世界生产力的普遍提高”。但是,穆勒与古希腊和古罗马人直接唱反调,他进一步宣称:

> 贸易也会产生思想道德方面的效应,这些好处比贸易的经济好处还要重大。有些东西让人们接触到与己不同的人,接触到与周围熟人不同的思想和行为方式,这些东西的价值再高估都不为过。……不可避免的是,人们会把自身观念和习俗与不同环境中其他人的经验和榜样不断比较。……没有一个民族不需要向他人学习借鉴。(581—582)

约翰·斯图尔特·穆勒强烈反对保护国内生产商,因为此类政策“会降低本国劳动和资本的生产效益,使其低于原可达到的水平从而造成浪费。……这一切纯粹就是损失,对消费者和国家都是损失”。他也抨击了就业保护论,称“不是在雇佣本国人与外国人之间选择,而是在雇佣国内这部分人与那部分人之间选择”,因为“进口商品总是直接或间接地用我国产业的产品去支付”。

古典经济学家虽然一致颂扬自由贸易的好处,但还是深切意识到,自由贸易政策会损害某些社会集团,所以也没有完全忽略这些利益群体。他们几乎都同意亚当·斯密的看法,即应当逐步地解除保护,以便允许生产要素适应并转移到其他行当,从而为完全的自由贸易做好准备。约翰·斯图尔特·穆勒甚至建议,对那些因关税撤销而受到不利影响的人们,必要时应予补偿。19 世纪上半叶英国贸易政策辩论的焦点是《谷物法》,正如 17 世纪 90 年代来自印度的软棉布曾是辩论焦点一样。针对农业保护问题,穆勒(1825:399ff)争辩道:“假如在整个过程中只有转移而无其他增益,假如消费者和资本家损失的东西都成为地主的获利,则无异于抢劫。当然,也不会有耗费,国民财富的分配固然变差了，但不会出现总财富的绝对损失。”可是，保护主义税收“所有情况下都会招致某种绝对损失，大大超过租金获得者从中得到的收益。相对于进入地主口袋的每一镑钱，社会却会被抢走好几镑钱”。如果地主要求得到此类公共转移支付，穆勒指出，用直接税也会比间接税成本更低，且照样可向地主支付经济补偿。“然而，废除《谷物法》，哪怕附加某种补偿，都比保留这个法要好。假如这是我们的唯一选项，谁也不应抱怨这种变革，毕竟可借此防止大量恶果，而不会使任何人遭受损失。”

不过，贸易被认为总体上有利于整个经济生产率的提高，自由贸易起步时固然会伤害一部分人，但对这些人的关注决不应该延误或放弃自由贸易政策的实施。纳索·西尼尔(Nassaw Senior，1828:59－60)问道：“有人要禁止使用或借税收限制使用一台改良的蒸汽机，理由是机器必定会有害于挖煤的雇工。若我们认为此乃愚不可及之举，那有什么道理声称进口将有害于英国丝织工，并因此禁止绸带和丝绒或向其征税呢?”在他看来，“禁止每一种对部分人有害的变革，即意味着禁止了每一种可能的改良”。

19 世纪上半叶所有一流经济学家中，仅就最著名者如詹姆斯·穆勒、大卫·李嘉图、罗伯特·托伦斯、约翰·斯图尔特·穆勒、约翰·拉姆齐·麦卡洛克、纳索·西尼尔而言，虽然其著述的深奥程度各不相同，但无不赞成自由贸易，他们几乎众口一词地反对保护主义进口关税。古典经济学家们尤其敌视《谷物法》，在其炮轰贸易保护的流行作品中，首要的靶子就是这部限制粮食输入英国的法律。然而，李嘉图在著作、策论，甚至在议会大厅(他曾短暂当过议员)固然用了绝对成本以及(仅有一次)用了比较成本的推论，他有关农产品自由贸易的理由却有某种独特的理论风格。《谷物法》通过提高粮食价格并促使粮食耕种扩大到较贫瘠的土地，抬高了地租，对土地所有者是有利的。在李嘉图的思想中，由于粮食是普通劳工的主要消费品，故而《谷物法》在提高粮价时，实也造成了各行各业工资的上涨。一般人们认为，工资按实价算短期内是固定的，如今名义工资的上涨则负面影响了制造商，会压低利润率。因此，李嘉图的自由贸易论建立在工资与利润逆相关的基础上。李嘉图([1815]1951，4:25)这样说：

> 一个国家从贸易中获益可以有两种方式：一是靠总利润率的上升，而这在我看来只有在食品价格走低的情况下才会发生，食品价格走低只会有益于那些从资本使用中获取收入的人，包括贷出资本收取利息的获利者，不管其身份是农民、工厂主、商人还是资本家；二是靠各种商品的丰富及其可交换价值的下降，全社会都与此相关。在第一种情况下，国家的收入得到了增加，在第二种情况下，同样的收入能有效地获取更大数量的生活必需品和奢侈品。

在李嘉图看来，除静态效益外，另一个也许更重要的贸易好处是，较低的食品价格增加了利润，刺激着积累和经济增长。李嘉图（[1822]1951，4：237－238）重申了这一论点并指出了《谷物法》的另一问题：

> 该立法的弊病在于，会造成向粮食生产投入比正常情况下更大一部分的劳动，从而降低利润，也因此降低我们的享受及积蓄能力。此外，我们会向资本家提供一种要离开本国的巨大诱惑，即迫使他们带上自己的资本去往工资低、利润高的地方。假如地主可以肯定，谷物的价格将持续走高，利益就会使他们走到社会其他阶级的对立面，幸运的是，他们还无法肯定谷物价格将持续走高。……当把一定的好处给予某一阶级时，必然会增加所有其他阶级沉重的负担。

虽然大家与李嘉图一起反对《谷物法》，也认同他关于该法律对收入分配之后果的看法，但较少有经济学家明确赞同或跟着发挥李嘉图的这一套理论。例如，约翰·拉姆齐·麦卡洛克的主要论点是，粮食的自由贸易会减少价格波动，但不会增加利润并促进资本积累。[①]

在这片反对《谷物法》的声浪中，当时经济学家中最令人瞩目的例外当属托马斯·马尔萨斯（Thomas Malthus）牧师。马尔萨斯原已因其人口理论而引起巨大争议，1815 年他又以两本小册子加入了围绕《谷物法》展开的辩论。他的

---

① 参见奥布赖恩（O'Brien，1970：191－203，217－228，378－395）。

第一本册子仅仅列出了《谷物法》的优点和缺点,第二本册子则提出理由,说明为了确保独立的粮食供应,应当在正常年份限制粮食进口。马尔萨斯(1815:10)先前也承认:“是应该看到,谷物的自由贸易在所有正常情况下,将保障更廉价且更稳定的粮食供应。”但假如出现大面积的歉收,其他粮食出口国(如法国)会按自身利益行事,会设置出口限制。那将使得英国无法从国外大量购得粮食,从而加剧有害的价格波动,危及国家的食品供应,原因在于,我们很不明智地指望别国政府对外也施仁政。因此,如果出口国不承担在歉收年份依然自由出口的义务,那么,在马尔萨斯看来,粮食进口国有必要为自由贸易的普遍规则打一个特别的折扣。[①] “在此情况下,开放我国港口时不该着眼于寻求谷物的自由贸易,”马尔萨斯指出,“粮食方面的这种贸易会动摇国本,也会完全改变自由贸易普遍原则的立论基础。”(15)

或许更重要的是,假如英国在其他国家尚未开展谷物自由贸易的情况下自行单方面推行自由贸易,英国的农业资本和土地将遭受重大损失,会酿成极其痛苦的国内调整(“财富和人口[从农业]的转移将是缓慢、痛苦、损害幸福的”),并产生深远的宏观经济影响。自由进口将会急剧减少土地为地主带来的地租,就地主而言,“确实可以说,尽管他们没有像前述两个阶级[劳工和资本家]那么积极地为创造财富做出贡献,但社会中没有哪个阶级的利益跟国家的繁荣联系得如此紧密”(34),理由是,地主的收入和兴旺支持着其他许多人的生活。一旦地主收入减少,就“有理由担心,会同时出现国内需求的实际下降”,在此情况下,“全部的国内贸易必然会严重受损,国家的财富和享受肯定会减少”。(33)制造业将特别会感受到这些不利影响,因为地主的消费“为国家制成品消费提供了最稳定的国内需求,提供了最有效的资金支持,也为陆军和海军提供了可支配的最大力量”。(35)马尔萨斯拒不接受萨伊定律(即供给会自动创造自己的需求,经济会保持充分就业的状态),按照他的设想,有可能出现总需求的塌陷,

① 实际上,亚当·斯密也曾就粮食贸易提出过类似问题,毕竟很少有国家在搞谷物的自由贸易。万一大的邻国遇到作物歉收,毗邻的小国就会限制出口以防止本国短缺。“一个国家采用这种最坏政策后,往往会使另一个国家认为,采用本该最好的政策在一定程度上反倒是危险的、不慎重的举动。”(*WN*,IV. v. b. 39)

乃至使得经济陷入急剧萧条。[①]

自不必说，马尔萨斯的策论在经济学界引发轩然大波。有人批评他的小册子，称其论点“不足信”，并坚持认为，在农产品贸易国之间的相互依存关系中，“没有担忧的理由”，还指陈那种认为英国依附于法国的想法“异想天开”，因为波兰和美国大有发展农业的空间。[②] 1819 年，李嘉图（1952，8：142）谈到了马尔萨斯“在《谷物法》问题上危险的异端邪说”。马尔萨斯的声誉受到了相当大的损害，他的传记作者帕特丽夏·詹姆斯（Patricia James，1979：269）写道：“在马尔萨斯支持《谷物法》后，人们比以前更容易把他打扮成一个吃人妖魔，一个要让大批家庭的孩子饿死的恶魔。”由于马尔萨斯本人也无法坚信自己的立场肯定正确，他的痛苦显然更增加了一层。在他刚离世之际，友人威廉·恩普森（William Empson，1837：496—497）提到，马尔萨斯著文反对谷物自由贸易时，“他此时此刻不像往常那样，能对本人判断的正确性持肯定态度。……他总体上赞成贸易自由，且这一原则绝不可动摇，所以，有时他自己都会怀疑，是否应当容许任何例外”。

虽然马尔萨斯在农业保护上持不同的观点，但他一般而言仍倡导自由贸易，他后来再也没有像在 1815 年那样如此公开地倡言农业保护。在所著《人口原理》（*Essay on the Principle of Population*）的第五（1817 年）和第六（1826 年）版中，他添加了讨论谷物进口限制的有关章节，并调整了其中表述的观点。马尔萨斯（1826，2：185—186）在这里试图保持某种平衡，他提出：“对于限制国外谷物的输入，我们固然可以合情合理地加以反对，援引的理由是，限制措施往往会使国内资本和产业无法得到最有利的使用，还会遏制人口增长、阻碍我国制成品出口。可是，我们不能否认，这些限制措施也会趋于鼓励国内的谷物增长，并可促使我们争取并维持独立的谷物供应。”马尔萨斯探讨了农业在经济中的特殊地位、与制造业相关联的“邪恶”、与谷物价格波动相关联的问题，但似乎承认，贸易保护是低效的，尽管从其他角度看也许可取。他说：“问题不在于所

---

① 另一套有关贸易保护的宏观经济理由系由约翰·梅纳德·凯恩斯构想，将在第十三章加以讨论。

② 《谷物法》（1815：498—499）。

提措施是有效还是无效，而在于它究竟是明智还是不明智……限制外国谷物的输入，努力让农业跟上制造业的步伐，以此来人为地维持农业阶级和工商阶级之间更均等的平衡，这一切看来并非没有道理。”(191)在所著《政治经济学原理》(*Principles of Political Economy*)中，马尔萨斯(1820:225)重申了他对地主和农业另眼相看的态度，他宣称，与社会中其他生产商的情况有所不同，“国家利益有时未必与地主利益一致”。

然而，马尔萨斯最终的政策结论在《人口原理》中是不明确的：

> 我肯定地认为，就某一特定国家的利益而言，对外国谷物输入的限制有时候会是有利的。但我感觉更加肯定的是，就欧洲总体利益而言，谷物方面最彻底的自由贸易，当然也包括其他各种商品的自由贸易，将是最为有利的。……彻底的自由贸易……在总体原则上应当加以考虑。当人们提出偏离这一原则的任何建议时，他们显然有义务阐明例外情形究竟有何道理(1826,2:209—210)。

在为限制粮食输入辩护时，马尔萨斯无疑已热情大减，其个人通信中有证据表明，他后来已撤回自己对《谷物法》的支持，哪怕在公开出版的著作中他从未撤回过。[①] 无论如何，马尔萨斯的论点并未对古典经济学家产生支配性影响，当然，他针对依赖外国供应而怀有的忧虑在以后的贸易保护论中还是保留了下来。

* * *

卡尔·马克思把19世纪最初25年称为“古典经济学”时代，在此时代，亚当·斯密颇具说服力的自由贸易学说简直风靡了整个英国经济学界，它作为一种正统信条也已牢固树立在英国经济学家的心中，并从此往后守住了其正统地位，只有在19世纪后期渐遭削弱。正如克里夫·莱斯利(Cliffe Leslie，1888:140)所言：“在联合王国，学术圈内只有一位教授，即一度担任都柏林大学政治经济学首席教职的艾萨克·巴特(Issac Butt)，显示出倾向保护的态度。”(巴特

---

① 有关证据由塞缪尔·霍兰德(Samuel Hollander，1992)整理，但也引发争议。参见J. M. 普伦(J. M. Pullen，1995)与霍兰德(1995)之间的讨论。

倡导保护是为了将收入再分配给穷人。[①])但撇开这个小小的例外，19 世纪中几乎所有一流经济学家都同意亚当·斯密有关商业政策和自由贸易的结论。当然，他们也绝非亚当·斯密的盲从信徒，例如，李嘉图关于奖励金和殖民地贸易的论述就有别于斯密的看法。因为存在这一广泛的共识，古典经济学家们都非常看重自由贸易问题。西尼尔(1828:88)便极其严肃地说过："自由贸易问题，仅次于宗教改革，仅次于自由宗教，可谓付诸人类决策的最重大问题。"

然而，即使在这一时期的英国，支撑自由贸易论的经济分析也非无人质疑，读者将在本书下一部分看到这一点。而在英国之外，则远未达成赞同自由贸易的共识，知名经济学家，如德国的弗里德里希·李斯特(Friedrich List)、法国的奥古斯丁·古诺(Augustine Cournot)、美国的亨利·凯里(Henry Carey)，都向自由贸易学说提出过反对意见。不过，19 世纪中叶的思想舞台已经全然有别于 18 世纪中叶，摒弃自由贸易的人此时已不能单靠重申重商主义的老套思想展开辩论了。针对自由贸易有益这一普遍主张，怀疑者只能在局部提出新的赞成保护的正面理由，当然，其中某些理由甚至被认为反击得颇为成功。就如约翰·斯图尔特·穆勒([1848]1909:920)所论："保护主义学说尽管作为一个整体理论已被打倒，但它从某些具体的理由中寻得了支撑点。"本书下一部分便转而讨论这些具体的理由，及其针对自由贸易论的普遍适用性所提出的挑战。

---

① 巴特(1846)将本人的贸易保护理由立足于一个事实，即爱尔兰出口了粮食，但仍然受困于贫穷和失业。如果向主要由富人消费的进口制成品征收关税，爱尔兰的外贸将收缩，食品价格将下降，穷人将更可能去干活。巴特说："保护性关税，当控制了富人的开支时，能成为一个手段，让我们的劳工阶级更多地分享国家的收益，多于没有保护性关税时会得到的份额。任何时候放松保护性关税的话……我们就可能严重损害穷人的利益。"(41)关税不会减少粮食生产，因为制造业靠利用失业劳动力就可增加产出。"使用爱尔兰制成品而非进口制成品，其效果一点也不会改变目前向劳工支付工资的能力，因此不会影响我们的产出量，而只会让我们的产出从原先的出口转变为供养本国人民。"(43)巴特指出，自己的论点"若与政治经济学界一般教授作品中的观点相比，毫无疑问远非那么不赞成国内产业保护制度"。当然，他又补充道："但本人观点的初衷并非要为保护性关税全面辩护。"(14—15)

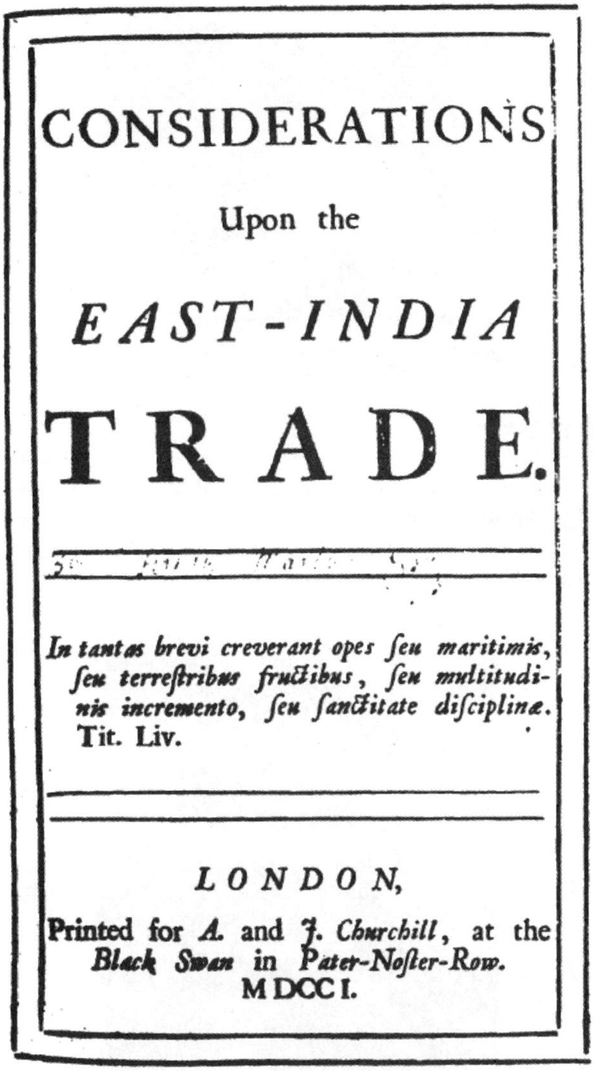

CONSIDERATIONS

Upon the

EAST-INDIA

TRADE.

In tantas brevi creverant opes ſeu maritimis, ſeu terreſtribus fructibus, ſeu multitudinis incremento, ſeu ſanctitate diſciplinæ. Tit. Liv.

LONDON,

Printed for *A.* and *J. Churchill*, at the *Black Swan* in *Pater-Noſter-Row.* MDCCI.

亨利·马丁《关于东印度贸易的思考》之扉页(蒙伦敦大学戈德史密斯经济文献图书馆许可)

亨利·马丁这一光辉著作初版于1701年,再版于1720年。马丁在书中强烈主张,应当允许印度的纺织品自由输入英国。他指出,贸易是获得产品的一种间接手段,人们通过出口去换取产品,而不必在国内直接生产。马丁通过天才般的推理得出结论,自由贸易将使一国用同等劳动获取更多货物,因此,等于提高了该国的生产率。

亚当·斯密(作者收藏)

斯密的《国民财富的性质和原因的研究》(简称《国富论》)出版于1776年,是为自由贸易思想辩护的一个里程碑。斯密尖锐地批评某些政策让国内生产商免受进口产品的竞争,认为这将导致资源从其他更有利的用途中转出,从而会减少国民收入。《国富论》最终获得了巨大的影响力,简直是单枪匹马地改变了经济思想家们的理念,使之倾向于赞同自由贸易、反对贸易保护。

詹姆斯·穆勒(作者收藏)

老穆勒思想敏锐,得以为古典经济学派有关国际贸易的早期学说提供逻辑的严谨性。有人提示,是老穆勒比李嘉图更早构想了比较优势理论。至少可以说,他比其他任何人都更深刻地认识到比较优势理论的重要性,这一重大思想成果为自由贸易提供了坚实的分析基础。

大卫·李嘉图(作者收藏)

李嘉图是由伦敦投资家改行的经济学家,假期中阅读《国富论》后,李嘉图在所著《政治经济学及赋税原理》(1817 年)的第七章宣讲了比较优势理论。

罗伯特·托伦斯(作者收藏)

托伦斯是由军官改行的经济学家,此君值得世人称颂,因为他于 1815 年最早表述了比较优势理论的精髓。托伦斯在 19 世纪 40 年代初引发了一场激烈辩论,他虽然持有自由贸易观点,但构想了一套可违背自由贸易的最强大理由,即贸易条件论。根据此论,一国可利用关税增加其出口购买力,该购买力按照出口可换得的进口来衡量。托伦斯也提出了后来被称作澳大利亚保护论的观点。

约翰·斯图尔特·穆勒(作者收藏)

小穆勒是詹姆斯·穆勒才华横溢的儿子,他为自由贸易论添加了"补偿原则"。据其提议,自由贸易的得益者可以为损失者提供"补偿",结果可让每个人都能改善福利。然而,令同代人大惊失色的是,穆勒声援了那个源远流长又聚讼纷纭的"幼稚产业"保护论,此论认为,关税可能有助于促进新产业的成长。穆勒也是构想贸易条件保护论的第一人,但他那部推论谨慎的作品面世时,托伦斯已吸引了人们对这一保护理由的注意。

约瑟夫·希尔德·尼科尔森(蒙爱丁堡大学图书馆许可)

尼科尔森是爱丁堡大学的教授,他在19世纪末指出了自由贸易论中两个潜在的关键弱点。尼科尔森认识到,如果一个产业是在收益递增的情况下运作,或者如果产业之间存在无效率的工资差别,则某种保护的理由就可能成立。尼科尔森的真知灼见并未受到关注,直到弗兰克·格雷厄姆和米哈伊尔·曼努列斯库以后更详细地分析了这两个理由并赢得声望后,尼科尔森的观点才为世人重视。

亨利·西奇维克(作者收藏)

西奇维克是剑桥大学的经济学家和哲学家,他体现了19世纪末英国的一种逆反,逆反的对象就是人们察觉到的此前古典经济学家们的“自由贸易教条主义”。西奇维克那本影响甚大的教科书接受了各种推理不够严谨的保护理由,并未对保护问题进行太多批判性审视。

弗里德里希·李斯特(作者收藏)

李斯特是德国政治活动家,著有《政治经济学的国民体系》(1841年)。他摒弃了古典经济学分析,称其太过世界主义,并断言,中等收入国家应通过高进口关税来扶持工业化。李斯特基于其“政治-历史”的视角得出了自己的结论,因此其保护理由从经济理论的角度看不免薄弱。然而,李斯特成了保护主义者的崇拜偶像,其思想在美国及其他地方赢得了广泛的认可和支持。

米哈伊尔·曼努列斯库[蒙安卡·E. 朱雷斯库(Anca E. Giurescu)许可]

曼努列斯库是罗马尼亚政府官员兼学者,他在初版于1929年的书中颇有说服力地提出,保护可以矫正市场经济的失灵,使足够的劳动力雇佣于高工资和高生产率部门。以后的经济学家认为,不同部门间的工资差别未必就是市场失灵,可以用工会、劳工技能或城市生活成本差异解释。但对于真正的市场失灵,批评者表明,就业补贴或生产补贴比起进口保护,更能实现跨部门最佳配置劳动力的目标。

弗兰克·格雷厄姆(蒙普林斯顿大学图书馆珍稀图书和特种收藏部、大学档案部许可)

格雷厄姆是普林斯顿大学的经济学家,他于1923年发表了一篇产生重要影响的论文,他在文中指出,当某些产业服从收益递增规律时,自由贸易的可取性便应受到质疑。按格雷厄姆的观点,专业化于收益递增产业,将可提高一国的生产率并因此提高其国民收入,而专业化于收益递减行业的国家将在自由贸易中遭受损失。批评者表明,假如收益递增属于厂商内部型,则格雷厄姆的理由不能成立,但对于某些类型的外部经济性,人们提出了一种有所争议的保护理由。

詹姆斯·布利斯多克·布利格登(蒙澳大利亚国立图书馆许可)

布利格登是澳大利亚经济学家兼政府官员,他为托伦斯和西奇维克先前的论点恢复了名誉,重申保护可能有助于一国避免专业化于收益递减产业,如自然资源采掘业。保护因此可以避免不可取的工资下降,并避免同样不可取的向外移民的增加。然而,除非伴之以贸易条件的改善,否则,这样的政策不会增加国民收入。以后的研究表明,纵然一国有能力影响贸易条件,保护实际上仍可能降低工资水平。

约翰·梅纳德·凯恩斯(作者收藏)

凯恩斯可能是20世纪最杰出的经济学家,曾在20世纪30年代初引发一场大辩论,因为他提出为缓解失业,当其他补救办法(如货币贬值)不可行并遭排除后,可动用关税手段。凯恩斯也指出,如果不同部门之间劳动力的流动性较差,而且名义工资的灵活性也较差,则实行自由贸易便存在困难。

詹姆斯·布兰德、芭芭拉·斯潘塞[蒙罗伯特·塞米纽克(Robert Semeniuk)/"启明"(First Light)许可]

此二位是不列颠哥伦比亚大学的经济学家,他们在20世纪80年代考察了战略性地利用政府贸易政策(如出口扶持),以在竞争者较少的国际市场攫取垄断经济利润的可能性。进一步研究却发现,他们为积极贸易政策提出的新鲜理由十分关键地依赖于关于市场结构与行为的多个假定。因此,除非政府对一个产业的成本、需求结构、竞争状态拥有非常全面的信息,否则就难以确定最优政府干预方案。既然围绕战略贸易政策的制定存在诸多不确定性,许多经济学家便怀疑任何类型的干预究竟是否明智。

第二部分

关于自由贸易学说的争论

第七章

托伦斯与贸易条件论

虽然罗伯特·托伦斯与大卫·李嘉图一起创立了比较优势概念,但在古典经济学派中,托伦斯仍然是一位被相对忽视的经济学家。他一方面有力地倡导自由贸易,另一方面又为征收关税提出了最具普遍合理性的理由。托伦斯描述了在某种条件下关税能给国家带来益处,他认为,一国通过调节本国与外国交换产品的比价(或称贸易条件),可在本国出口产品换取进口产品时拥有更强大的购买力。19 世纪 40 年代,他对单方面自由贸易提出了争议很大的猛烈批评,呼吁在国家间实行互惠对等的贸易安排,这些言论引发了经济学界激烈的观点交锋。在当时多数经济学家的头脑里,跟自由贸易唱反调纯属异端邪说,托伦斯由于越出了那些框框,在随后近百年里便成了众人羞与为伍的异类。[①] 然而,贸易条件保护论在理论上却最难驳倒,至今依然是针对自由贸易所构想

---

① 最早的《帕尔格雷夫经济学词典》(*Palgrave Dictionary of Economics*)对托伦斯的著作不屑一顾,称其"缺乏恒久价值",几十年后的新版词典则改口说,托伦斯"假如不能跻身一流古典经济学家的行列,比如若不能与李嘉图、西尼尔、约翰·斯图尔特·穆勒齐名,也至少会因为其原创性、理论推理,以及所思考经济命题的范围而能跻身第二行列,与詹姆斯·穆勒、麦卡洛克比肩而立甚至超过他们。"参见 R. H. I. 帕尔格雷夫(Palgrave,1913,3:550)、B. A. 考里(Corry,1987,4:659)。有关托伦斯著述的精辟述评,参见莱昂内尔·罗宾斯(1958),尤见其第七章。

出的最持久、最重要的一种例外情形。

* * *

托伦斯早期的经济学著作坚定地支持自由贸易，在1808年的《经济学家批判》(*The Economists Refuted*)一书中，他引入“地域分工”这一术语，批驳了重农主义关于只有农业(而非国际贸易)才能致富的理念。1815年，正如第六章已述，他攻击了对农业的保护，称鉴于英国制造业优势巨大，即使其土地生产率比别国土地更高，英国也仍能有利可图地进口谷物。托伦斯的这一表述显然早于李嘉图的《政治经济学及赋税原理》，提出了比较优势概念。托伦斯也强烈呼吁自由贸易，并拒斥对等互惠论。其时经常有人说：“当邻国继续实施限制性[进口保护]制度时，任何一国若放弃同样的制度，都是极其失策的。”对此，托伦斯(1821:268ff)回应：“没有什么比这一点更加错误和可笑的了。”他写道：“法国的错误政策并不能证明，英国应该效仿法国的荒诞榜样。”他还补充说，外国的贸易保护不会迫使一个自由贸易国家付出任何经济成本或钱财，须知，他在以后著作中将提出一项明确相反的主张。

虽然托伦斯与其他古典经济学家都相信，产品的国际自由交换有利于交易各方，但究竟是什么决定着产品在国家之间交换的比价，他们对此都缺乏深刻的见解。早期对比较成本例子的说明都假定，交换比价正好定于孤立状态下双方各自成本比价之中线，从而使两国平均分享交易带来的获利。[①] 托伦斯(1821:260)指出：“外贸的获利是相互的，会在从事贸易的国家间平均分享。”但人们清楚地意识到，为换取一定数量的进口产品，出口时最好拿出去较少的产品而不是较多的产品，也即，出口产品的价格应当高于进口产品。当然，至于贸易条件该如何来精确地确定，大家几乎一无所知。1820年前后，李嘉图(1951,2:146)写道：“有一点肯定无疑，如果一国为了购买外国的必需品和享受品而按货币价格支付，让本国商品售价较高而不是较低当然更有利些；一定数量的国内商品如能换回较多而不是较少的外国商品，当然是可取的。但一国如何采用

---

① 就确定国家之间如何分配贸易利益，早期曾存在若干谬误，有关情况参见威廉·斯维特(1987)。

力所能及的方式操控局面并实现这一目标，我自己完全没有概念。”[①]

贸易条件究竟由何决定，托伦斯也不甚了了，然而，他逐渐发现，一国能通过设置一项关税让贸易条件变得对自己有利。他依照这一理论而断言，不应当单方面减让关税，因为这会负面影响贸易条件；一国应当在对等互惠的政策下，与其他国家一起采取类似的减让行动。托伦斯理论的基本内容是在一系列信札中提出的，1832 年，部分地为了入选议会，他给《博尔顿大事记》(*Bolton Chronicle*)撰写了这些信函。[②] 托伦斯借鉴了李嘉图和纳索·西尼尔较早时候有关贵金属国际分布的思想，认定关税会影响贵金属的国际流动。他特别指出，设置关税的国家最初将取得贸易顺差，为自己聚敛较大份额的世界贵金属，并因此会提升国内的价格、工资、利润，以及国内劳工按黄金计算的购买力。

托伦斯(1833:6)相信自己的理论直接契合英国的形势需要。他坚持认为，英国的繁荣所依靠的贸易政策应当立足于对等互惠，而非自由贸易。商业政策的指导原则应该是:“当其他国家同意按照同等优惠条件接纳英国产品时，那就降低这些国家输入英国产品的关税；当其他国家对英国产品实施禁入令或征收高关税时，那就对这些国家生产的输英产品也实施禁入令或征收高关税，只有最基本的必需品除外。”托伦斯指责英国政府偏离了这些原则，招致英国产品在海外市场上售价下跌，英国制造业的优势受到削弱。

托伦斯最初不太完整的理论阐述并未强调，改善贸易条件(即一国出口之国际购买力)可获得收益，他只是强调，单方面自由贸易会对国内价格产生通货紧缩效应。然而，托伦斯理论的异端性是显而易见的，所以他的思想遭到大范围的抵制。佩罗内特·汤普森(Perronet Thompson，1833a)未能理解托伦斯怎么会提出，私营商人自由并盈利的贸易反而可能让整个国家的福利遭受损失，但他还是坚称，铸币的出口等同于其他任何有利可图的商品出口。托伦斯

---

① 李嘉图(1951，4:71)坚决支持单方面自由贸易:“如果外国尚未开化到采纳这一自由体制，继续对我输出的商品和制成品设置禁入令和高关税，那就让英国用自己的获利给他们树立一个好榜样吧。英国不要以类似的排斥方法来应对他人的禁入令，还是尽快将如此荒谬有害的政策清除个精光吧。”

② 这些信件结集并再版于托伦斯(1833)。

(1833:58)对汤普森不屑一顾，称其“没有抓住问题的要害”。[①] J. L. 马利特(J. L. Mallet)的日记透露，在 1835 年一次“政治经济学俱乐部”会议上，托伦斯的观点遭遇了怀疑和敌视：“讨论的第一个议题就是托伦斯问题，大家就此一致投票，称其理由不能成立。托伦斯声称有权通过抽象的理论探讨确立某种原理，但此议被驳回，因为有关探讨不仅不能‘确立’某种原理，反而依据完全假想的东西会‘扰乱’一个原理，即自由贸易原理。”(Political Economy Club，1921：270)

在 19 世纪 40 年代初的关税辩论中，托伦斯向主要政治人物写了一系列小册子，这些策论后结集成书《预算：论商业政策与殖民政策》(*The Budget：On Commercial and Colonial Policy*)，出版于 1844 年，他在书中进一步阐发了个人观点。托伦斯坚持认为，单方面减让关税危害英国的国民福利，他成了这一观点的首要阐述者。他的分析围绕李嘉图的两个概念而展开：第一，在决定贸易条件的过程中，国际需求(而非单纯的生产成本)发挥着作用；[②]第二，商业政策通过价格-铸币流动机制，影响贵金属的国际分布。

从这些概念出发，托伦斯(1844：28)论辩道：“假如某特定国家向别国产品征收进口关税，而别国却继续免税接受该国产品，则该国能为自己聚敛到较大比例的贵金属，会比其邻国维持更高的价格总水平，而且，在用自己定量劳动的产出对外交换时，会获得外国更大量劳动的产出。”这最后一个表述，涉及一国劳动可在国际市场上换取的产品量，强调了贸易限制措施可能有效地让一国获得较大数量的产品。他写道：“邻国可借助报复性关税收回这些贵金属，这种关税将可恢复原先的交换比价。”

为说明自己的理论，托伦斯举了一个古巴(代表世界其他国家)与英国间贸

---

① 这个尚算温和的回应见于汤普森(1933b)。此后的意见交流却变了味，托伦斯(1833：57)称汤普森的著作“凡不独创的地方便正确，凡独创的地方便不正确”。汤普森(1833b：423)则痛斥托伦斯如此攻击自己的作品，乃“缺乏诚意，实应绳之以法”。

② 正如李嘉图([1817]1951，1：133)所指出：“管控一国国内商品相对价值的规则，并不适用于两个或多个国家间所交换商品的相对价值。”蒙蒂福特·朗菲尔德(Montiford Longfield，1835：99－101)更明确提出，需求是决定国际交换条件的一个因素，不过他的论述不完整，未能引起较多关注。

易与关税的数字例子。假如古巴放弃原本彻底的自由贸易，开始对进口加征关税，英国即会发现自己仍然进口与过去同样数量的产品，但出口的量会减少。为弥补由此产生的贸易差额，铸币将从英国流向古巴，这会降低英国的价格并提高古巴的价格。为保证贸易平衡，贸易量也将出现调整，英国的出口量会增加，而古巴的出口量会减少。最后，较大量的英国出口只能换取较少量的古巴进口，从英国的角度看，这是一种不利的交换比价。诚然，托伦斯所提出的数字例子是有特定前提假定的，如英国对古巴产品的名义花费恒定不变（这涉及单位弹性需求问题）。但以后的情况表明，他提出的主张本质上具有较大的普适性。托伦斯（1844：36—37）断定，他的例子证明："对英国产品征收的关税最终要落到英国的生产商身上，英国的财富将随关税量而减少，古巴的财富则将随关税量而增加。"不过，托伦斯相信，这一贸易条件效应"将是前述的变化给英国带来的恶果中最小的一部分"，更加铺天盖地的将是通货紧缩的后果，"很可能引发……国家的破产和革命"。

托伦斯的政策建言在经济学家中激起争议，甚至蔓延到议会辩论中。托伦斯（1844：47—48）坚持认为，从自己所描述的原理，可"直接而必然地推导出"下列有关商业政策的务实规则：

> 第一，在与所有外国列强的贸易关系中，应采取对等互惠原则；第二，对于按同等优惠条件接纳英国产品的国家，应降低其产品的进口关税；第三，对于向英国产品征收高额甚至禁入性关税的国家，也应向其产品或其他物产征收高额甚至禁入性关税；第四，对于再加工环节中用到的一切原材料，均应免税输入。

这些规则不大可能是一个世界主义自由贸易论者的商业政策建议。托伦斯其实也深切意识到国家福利与世界福利之间的区别，因为隔了两段他又写道："不同国家间不加限制的商品交换会增加世界的财富。"这一表述隐含了一种认识，即贸易条件对英国的改善意味着对其他国家相应的恶化，会给别国带来损失，且这些损失将超过英国因贸易量缩小而得到的获利。但是，因为这里牵涉英国的国家福利，所以托伦斯斥责政府"剥夺了这个国家本可获得的利益，英国的制造业优势本来能保障这些利益”,另外“降低了英国产品在外国市场上的售价”。此外,对等互惠将“向[外国]提供一个有力的诱惑,诱使它们按照互惠自由的原则行动,或许会导致世界范围的自由贸易”。总之,托伦斯相信,“对等互惠应当是普遍的规则”,即“商业政策的妥善原则是,以报复性税收反对外国的关税,用降低进口关税的方法来回报那些愿意按对等互惠原则跟我们贸易的国家”。(50)

许多经济学家认为托伦斯的观点不负责任,因此义愤填膺,将其全部分析斥为不着边际。一位匿名评审者就说过,托伦斯的分析“连道理的影子都没有”。[①] 纳索·西尼尔(1843)发表过长篇批评,因而成了托伦斯最突出也是最知名的反对者。从西尼尔事业的角度看,很可惜,他那篇支持单方面自由贸易的文章论辩无力、回应杂乱。[②] 尽管如此,论文中仍有一些合理的论点。西尼尔首先指控托伦斯在复活重商主义那些谬误学说,然后他(1843:12,14)说托伦斯在展示关税减让对贸易条件的负面影响时,忽视了贸易限制措施所蕴含的成本:

> 托伦斯首先假定,一国能排除外国的商品,而同时又不会降低自身劳动的效率。……认为一国可以放弃地域分工,认为不进口商品改由自己生产所带来的危害仅仅是商品更贵一些,这是一个极大的错误。进一步(很多情况下)也更大的危害在于,自身的产业效率会普遍降低,这是由资本的错误配置和分工的不充分造成的。

西尼尔承认但又拒斥了托伦斯那个关税影响贸易条件的例子,他说:“我们相信道理是正确的,但也相信这属于那些只开花不结果的真理,无法从中得出任何务实的推断。……总之,当他[托伦斯]一本正经地敦促我们行动起来,好像他的推测代表了实际情况时,我们彻底不同意且拒不接受他的理论。”(36—

---

① 《托伦斯上校论自由贸易》(Colonel Torrens on Free Trade,1843:2)。

② 即使是那些认同西尼尔、鄙弃托伦斯观点的人也持有这一看法。当时的一位货币理论家S. J. 劳埃德[S. J. Lloyd,即奥弗斯顿(Overstone)勋爵]表示:“西尼尔的文章包含了诸多公正的看法,但他还没有费心去彻底理解托伦斯,就急忙坐下来答辩,因此,他的回应不全面、不能令人满意。”参见致乔治·瓦德·诺曼(George Wade Norman)的信件(1843年12月13日),见录于丹尼斯·P. 奥布赖恩(1971:345)。

37)他还责备托伦斯佯称英国是外国关税的无辜受害者,实际上,英国自己的关税也相当高。

托伦斯准确地注意到西尼尔在回应关键问题时闪烁其词,他不失时机地抓住对方承认“道理是正确的”这句话。托伦斯(1844:350—351)回击道:“你彻底不同意且拒不接受的态度与你自己确立的事实和原则完全自相矛盾……你自己也承认那套道理是正确的。”西尼尔的评述也受到一位匿名作者的猛烈攻击,他在阐述托伦斯的观点时做得比托伦斯本人还要好。[①] 该匿名作者严厉斥责西尼尔指控托伦斯在复活重商主义,他提醒读者,贵金属流动之所以出现,不过是为了更方便地让贸易回归其以物易物的本质,关税能给国家带来收益,不是因为获得了贵金属本身,而是因为能使英国的劳动更有效地通过国际贸易获得产品。该作者轻易地展示,正是供求关系,而不是西尼尔继续强调的生产成本,如何在调节着国际价值;同时也展示,托伦斯的例子如何在原则上可以引申到许多国家和许多商品。

赫尔曼·梅利维尔(Herman Merivale,1842,2:305—311)作为最尖锐的批评者之一,干脆改用以物易物的套路重新叙述了托伦斯的古巴例子,他这样做,不仅聚焦于关税本质和贸易条件论,而且向人表明,即使摒弃了铸币流动之类的内容,推理的结果同样站得住脚。梅利维尔然后引入了第二个国家,即巴西,该国以比古巴稍高的成本向英国供应糖。如果古巴对从英国进口的产品征收关税,并因而抬高了其糖的相对价格,英国可以将进口源转移到“生产与古巴同类商品的下一个最廉价的国家”。最终结果是,英国被伤害的程度将仅限于古巴原来糖价与巴西糖价之间的差额,古巴的贸易将被毁弃,巴西将成为古巴关税的真正受益方。梅利维尔通过引入英国进口货源国间的竞争因素而证明,假如并非所有其他国家都提高关税,一国提高关税后将产生的影响实际上被托伦斯夸大了。

托伦斯(1844:358)不很情愿地承认了这一点,并且确认如果梅利维尔的“设想与实际情况接近的话,古巴关税只会非常轻微地造成国际交换条件不利

---

① 《对等互惠自由贸易》(Reciprocal Free Trade,1843)。

于英国”。托伦斯最后只得宣称，若举出所有外国一起提高关税的例子，就更符合自己的论点。

乔治·瓦德·诺曼有一部篇幅较大的著作，写于1845年前后，小范围内出版是在1860年。诺曼在该书中称，托伦斯的理由只说对了一半。施加报复性或对等性关税的负担一部分也会落到外国人头上，但负担中的某些部分将落到英国的生产商和消费者头上。纵然负担将很可能平均分摊到两个国家，诺曼(1860:36)还是断言，贸易量的减少和贸易天然优势的萎缩意味着，任何收益都注定“简直微不足道”。他还表示，在贸易实务中，报复永远不会在托伦斯所设想的情况下发生，因为托伦斯的对等互惠政策没有包括向原材料征收关税，而诺曼指出，英国进口中数量最大的部分恰恰是原材料。

托伦斯的分析还经受了其他理论家们的攻击。詹姆斯·安东尼·劳森(James Anthony Lawson，1843：133－147)认为，贵金属在国家间的分布仅仅受到出口部门中劳动生产率的支配，他还试图拿出一个古巴关税反而改善英国贸易条件的数字例证。托伦斯(1844：lii－lvii)回击说，前一观点与李嘉图学说直接矛盾；同时又与劳森著作的一位匿名评审者一起证明，劳森的那个数字例证具有致命的内在矛盾。[①] J. R. 麦卡洛克(1849：166)不言而喻地假定，贸易条件从一国的角度看应该是固定和给定的，因此他认为这样的关税是“徒劳”的，因为进口关税的负担总是落在课征此类关税的国家身上。不过，麦卡洛克充分接受托伦斯描述的一种情况，即当一国在出口市场上拥有垄断实力时，该国能够操控其出口产品的国际售价。

这场争论持续展开，直到约翰·斯图尔特·穆勒也参与进来并且有限度地支持托伦斯。此前在1843年，穆勒已匿名评审过托伦斯的一篇策论，他也同意托伦斯的担忧，即外国的关税会加速英国世界工厂地位的衰落。穆勒(1843：85－86)没有直接讨论关税的贸易条件效应，但他把外国关税称为“真正的忧虑之源”，毕竟它们会阻塞英国的出口，可能会降低英国劳工相对于外国竞争者所享有的高工资。穆勒敦促英国的治国者们把自由贸易推广到其他国家。

---

① 《劳森教授的政治经济学讲座》(Professor Lawson's Lectures on Political Economy，1844)。

但穆勒关于贸易条件由何决定的精辟论述终于让托伦斯的论点一锤定音，从根本上终结了经济学界的争辩。在其1844年著作《论政治经济学中若干未决问题》(*Essays on Some Unsettled Questions of Political Economy*)中，穆勒发表了论文《关于国家间交换的法则以及商业世界中贸易利益的国际分配》(Of the Laws of Interchange between Nations; and the Distribution of the Gains of Commerce among the Countries of the Commercial World)。该论文据作者本人所言，最初写于1829—1830年，论文描述了世界的供求如何决定国家间的贸易条件。穆勒(1844:v—vi)在论文集的序言中写道，公开出版这些论文是因为，"感觉由托伦斯上校的《预算:论商业政策与殖民政策》所激发的辩论再次让经济学家们关注对抽象科学的探讨。……由本论文集可见，本作者在超过15年的时间里，一直持有与托伦斯上校所提观点原则上相同的意见。当然，就有关论点的实际应用而言，相互间很可能会有不小的差异"。

《关于国家间交换的法则以及商业世界中贸易利益的国际分配》是一篇著名论文，文中提出了相互需求理论，认为相互需求决定了贸易条件的均衡。穆勒(1844:21)发出的疑问是:"任何一个国家是否能够借助自身立法政策，获取外贸中更大份额的利益，使之大于自然或自发贸易过程中原本可得的份额?"他对此予以肯定的回答，并且比托伦斯更加清楚地解释，假如外国对我国的出口需求不是完全有弹性，贸易税收可以为我国带来收益。在此情况下，一项关税的征收会减少进口量和出口量，而出口供应的减少将推高世界市场上相关出口产品的价格。随着价格的升高，同等数量的出口会换回比之前更多的进口货。

穆勒提醒道，尽管进口关税在此类情况下可以带来利益，但"影响因素本质上完全难以弄清楚，所以，即使在关税施行之后，要想明确判定我们究竟是该关税的赢家还是输家，必定几无可能"。(25)况且，如果外国人可从其他渠道购买，征收关税恐怕会消灭一国的相关贸易。有鉴于此，穆勒断言:"因此，即使按最自私的原则来说，这样一种关税也是极其不可靠的。"①

① 穆勒列举自己的例子时，用了以物易物和货币交换两种方式来说明。在论及货币交换方式时，穆勒(1844:40—41)提到了托伦斯曾强调的一点，即关税减让可能会产生通缩效应，但补充说，这会"像价格总水平下降总会引发的那样，导致普遍性不景气的出现，尽管该不景气是暂时和虚幻的"。

穆勒也基本赞同以对等互惠为基础的贸易政策，他区分了保护性关税与财政收入型关税。保护性关税鼓励特定的国内产业部门，将劳动和资本吸引到该部门的生产中，而财政收入型关税则向那些不在国内生产的货物征税。“保护性关税永远不会带来收益，而总是并且必然会给设置此项税收的国家带来损失。”不过，就财政收入型关税，穆勒陈述道：

> 对等互惠问题，虽然在讨论保护性关税时不必加以考虑，但在讨论废除另一类[即财政收入型]关税时却十分重要。不可能期望一国放弃其向外国人征税的权利，除非外国人对等放弃同样的征税权。面对别国向我方商品征税的局面，一国要想避免成为输家，唯一的方式就是向对方的商品征收相应的关税。(28—29)

穆勒注意到，一国改善自身贸易条件必然是以其他贸易伙伴国为代价的，而且其他国家之所失会超过征收关税国家之所得。因此，“每个国家都应避免采用任何会减少商业世界总财富的措施，哪怕它借此能使自己获取缩水后总财富中更大的份额，也应放弃这种措施。这样做显然符合所有国家的共同利益”。然而，“这有待各国经一致同意，撤销一切贸易限制措施，否则，不能要求一国废止那些自己能从中获得真实利益的限制措施，除非外国给予相应的对等安排”。(31—32)穆勒还是相信，进口关税将给所有国家带来伤害，他不相信能够恰当地设定关税从而让某一国获利。他颇为忧心地观察到，法国、荷兰、美国都在采取严重保护主义的政策，据此断言，这些政策“虽然主要危害了实施政策的本国，但也极其有害于英国”。(38)

由上可见，穆勒接受了该论点(更准确地说，尽管托伦斯做了宣传，但正是穆勒首创了这一论点)，即关税能够改善一国的贸易条件。穆勒强调，此类关税对全世界而言是一种“负和游戏”(这一点托伦斯也认识到了，只是他对此轻描淡写，因为他关注本国收益)。有鉴于此，在依据这一理论拟定具体政策建议时，穆勒表现出了极大的克制。穆勒(1843:85)告诫人们，托伦斯“像他惯常的那样，似乎夸大了自己学说中某一部分应用于国家实际工作的重要性和紧迫性”。托伦斯理论上是正确的，有关争论促使穆勒公开发表自己在这方面的旧作，等于已经确认了这一点。然而，当涉及政策建议时，虽然托伦斯认为从自己的分析中有关政策建议已水到渠成，但穆勒还是犹豫再三，不愿给予支持，而其他经济学家则完全拒斥那些政策建议。

托伦斯和穆勒构建的理论包括两个部分：第一，在某些情况下，关税减让会导致贸易条件的恶化（或者反过来说，关税的提高会改善贸易条件）；第二，实施此关税减让的国家最终可能会遭受净经济损失。穆勒和托伦斯毫无悬念地证明了第一个主张。第二个主张则依然具有较大的猜想性：关税减让会否造成不利的贸易条件效应？这种不利效应是否超过了由更高的专业化国际分工程度导致的贸易扩张所带来的收益？托伦斯和穆勒认定，贸易条件的改善本身必然意味着更大的经济财富，但这忽视了同样重要的一点，即贸易规模也会给贸易收益做出类似贡献，因此，其成本效益分析是不充分的。正如 F. Y. 埃奇沃思（F. Y. Edgeworth，1894：40）后来所言，"穆勒没有澄清问题，因为他用来衡量贸易收益的尺度是出口与进口交换比价的变动，而不是更真切的收益尺度"，即现代用来衡量经济福利的消费者剩余和生产者剩余。

直到 19 世纪晚期，埃奇沃思这位在牛津大学任职的经济学家和统计学家才依据更严密的分析，证明了第二个主张的有效性。埃奇沃思采用由阿尔弗雷德·马歇尔（Alfred Marshall）于 19 世纪 70 年代初提出的"供给曲线"构想，力图说明一国愿与别国贸易交换时出口量和进口量的不同组合，借此形象地再现穆勒的相互需求理论。[①] 埃奇沃思（1894：433ff）富有创造性地把这些供给曲线与一国总体经济福利的图示结合起来，以便通过效用无差异曲线，描述一国对各类产品的偏好。埃奇沃思因此能够大致证明，如果所有外国的供给曲线绝对缺乏完全弹性（此即贸易条件由世界市场决定），则我国有可能用关税改善贸易条件并增加国家福利。这种能够利用贸易条件促进国家经济福利最大化的关税，后来人们用术语"最优关税"加以指称。埃奇沃思也确认了穆勒和托伦斯的观点，即这种收益完全是在给别国带来更大损失的情况下才能取得。埃奇沃思

---

① 马歇尔 1879 年在小范围内分发了自己描述这些曲线的文稿，但他最初没有将该工具用于商业政策领域。后来，他部分重印了这些曲线并讨论了商业政策，参见马歇尔（1923）附录 J。

似乎没有当即认识到本人结论所包含的意义，但他确实为贸易条件论赢得了克敌制胜的最终裁决。对于一定条件下通过关税获得更大经济福利的理论可能性，原先还存在挥之不去的各种怀疑，从此这些怀疑被一扫而光。

埃奇沃思的工作以后却促使阿尔弗雷德·马歇尔这位剑桥大学的大经济学家拒绝使用自己所开发的分析工具。1904 年马歇尔(1925:449)在致友人的信中写道："最近几年里，我逐渐背离了供给曲线所立足的基本假设，那些曲线导致一个结果，即认为进口关税的大部分很可能落到出口国头上。我现在相信，当老一辈自由贸易论者说进口关税几乎完全由消费者承担时，虽然他们为这一观点给出的理由是错的，但他们所说的结果基本上是对的。"马歇尔固然多有顾虑，但他的供给曲线构想在人们对关税进行理论分析时，还是成了一个标准工具。埃奇沃思的分析在 20 世纪 40 年代得到了尼古拉斯·卡尔德(Nicholas Kaldor，1940)及其他人的重新使用和进一步发挥。这一分析方法到 20 世纪 50 年代初终于大功告成，哈利·约翰逊(1950－1951)基于外国供给曲线的弹性，为"最优"关税演绎了一个精确的数学方程式。

除了这些高级的分析探讨外，涉及托伦斯和穆勒理论的另一部分辩论集中于一个密切相关的税负承担者问题，即当一国在出口或进口市场上拥有市场支配力，从而不接受现成世界价格时，"谁在支付关税?"某些古典经济学家，如前已提及的 J. R. 麦卡洛克(1849:166)，不言而喻地认定，一国不能影响其进口产品的价格，这是由世界市场确定的，他因此得出结论，国内消费者全部承担着关税负担。既然如此，认为可从外国供应商那里索取关税收入的想法便"纯属异想天开，进口关税总是由进口方支付，从来不会由出口方支付"。当然，关税倡导者则持有截然相反的立场，他们声称进口关税的负担可以通过压低的进口价转嫁到外国人头上。

穆勒走了一条恰当的中间道路。有鉴于自己的相互需求理论，穆勒(1844:27)指出："所以可确定这样一个原则，即对进口商品的税收，当它确实发挥着税收功能，而不是起到全部或部分禁入的作用时，总会部分地落到消费我们产品的外国人头上。正是通过这种方法，一国可以以外国人为代价，让自己从世界劳动和资本总体生产率提高中获取比原本更大的利益份额，世界总生产率的提高是由国家之间的商品交换带来的。”

然而，在19世纪大多数时间里，对于税负承担者问题，人们掌握的知识一直不很确切。亨利·西奇维克(Henry Sidgwick，1883：492—493)断言，“没有理论方法可以确定”一项关税对国内消费者或生产商的影响，但是，“除非外国产品完全被进口关税拒于国门之外，否则这些关税将部分地产生一种向外国生产商索取钱财的效果，索取钱财的数额和持续时间某些情况下也许相当可观”。之所以出现这种情况，或者是因为随着外国出口量的减少，外国的生产成本(随之还有其价格)也会下降；或者是因为可从外国垄断者和卡特尔那里索取利润。在出口方面，埃奇沃思(1894：42—43)重申了穆勒的论点，即如果外国对我国产品的需求大致上没有弹性，出口限制措施将有助于提高我国出口价格。他说：“人们经常陈述那个多此一举的限制条件，即出口国必须对那个出口商品拥有绝对的垄断。”实际上，“该国只要在全部供应量中占到相当一部分，可能就足以施加影响力了”。后来有人指出，如果国内生产商们在出口市场上并不像完全竞争者那样行事，而且认识到它们合在一起将拥有市场支配力，则这些生产商会串通起来限制其出口，就此便可模拟一种最优出口税，况且还免去了政府干预的必要。

然而，勾画出这种结果的可能性是一回事，为这个目的而实际提出关税是另一回事。约瑟夫·希尔德·尼科尔森(Joseph Shield Nicholson，1891：465)在19世纪末总结了许多经济学家的观点，他写道：

> 向外国人征税等于“从狼身上剪毛”。确实，“理论上讲”，某些情况下，一国通过出口或进口关税，可从别国那里获得相当一部分收入。但同样确实的是，这种情况极难出现，而且，即使这些情况真的出现，治国者是否能够足智多谋地利用这些机会，还是大有疑问的。应当看到，可以接受这些理论上的例外情形，但无法接受其实际的应用，因为试图将广义上的“自由贸易原理”降格为某种虚构的简单化的东西，其对自由贸易原理造成的伤害简直无以复加。

> 声称每一项进口关税“必然”落在国内消费者头上是错误的，声称每一项出口关税“必然”落在外国消费者头上也是错误的。同样错误的是说，进口关税“必然”落在外国生产商头上，出口关税“必然”落在国内生产商头上。事实上，出口和进口关税的承担者问题，尤其是把间接效应也考虑进去后，可谓经济学中最为复杂和困难的问题。[①]

此类“复杂和困难的问题”，即确定谁是关税的承担者以及是否可能把关税负担转嫁给外国人，很快便遇到一个分析上的突破。查尔斯·F.别克戴科(Charles F. Bickerdike，1906：529ff)利用马歇尔的供求表来说明部分均衡状态下某一进口产品的市场。他提出了这个问题：“一个国家是否能够通过税收手段，在与外国人的交易中获得更有利的条件？而且，在剔除因生产偏离原‘自然’轨道而造成的不利后，这种有利的交易条件是否会带来净收益？”别克戴科的回答是肯定的：“单纯从理论上说，不管是对进口还是对出口征税，当征税幅度足够小的时候，正常情况下总可能从中获利。”只要外国的出口供给曲线向上倾斜，由关税带来的收入中的某些部分便可从外国供应商的生产者剩余中索取得到。况且，这是“一个普遍的获利可能性，不限于例外性情形”。别克戴科用简明的马歇尔式几何证明，若采用小的或称“萌芽性”关税，会得到净收益。消费者所付的较高国内价格大体上是向政府财政的一种转移，但是，从全部进口货品较低的外国价格中所获得的收益超过了消费者剩余的小额无谓损失，价格的降低及收取的关税收入均由外国生产商承担。

别克戴科后来将这些结论加以延伸，从而依据出口和进口的供求弹性，推导出一个数学方程式。按此方程式，别克戴科(1907：101)指出：“假如可带来最大利益的税率低于10%，必须就外国供求的弹性给出相当充分的假定。”埃奇沃思(1908：392)在评估这一理论时，赞扬别克戴科“成就了一项伟业”，说出了“关于保护问题的新东西”，并且强调一个观点，即别克戴科在理论上是正确的。

---

① 尼科尔森(1901：306)后来写道：“在某些例外情形中，通过精明地操纵关税，理论上是可能从外国人那里索取一定数量的收入。”不过，“在实际应用中，这些情形无足轻重”。

不过，对他结论的实际应用，埃奇沃思持深刻的怀疑态度。埃奇沃思承认，别克戴科的结果似乎具有相当的普适性，仅仅需要有关供求弹性的信息。埃奇沃思(1908:554)表示，该理论似乎证明：

> 向大量物品征收小额关税(如 2.5%—5%)是合理的。有反对意见说，如此征税后产业将被引导到不太有利的领域，这是不值得考虑的，因为，根据这一理论，生产中的不利将被财政获得的收益所抵消。且不论我们会碰到的实际操作问题，单是在纯粹的理论平台上，自由贸易论者必须放弃针对关税保护论所说的唬人话，因为这个关税是一项小税种。

但埃奇沃思接下来提到了"重量级的反对意见"，它们使得理论的"应用性相当有限"。除了许多小税种在实践中必定会有的摩擦外，最大的障碍是外国报复的威胁。别克戴科新颖而高超的构思也许意味着能用税收有力地打击外国人，因为贸易中"没有特别垄断优势的国家也可实施"这一手段，"但这也同等地增加了外国人回击的力量"。基于这些理由，埃奇沃思(1908:555—556)继续说：

> 这一理论的直接用处可能是不大的，可是，对该理论的滥用恐怕会相当严重。它会给予无所顾忌地倡导庸俗保护的人某个特别似是而非的借口，为了财政目的而乱开口子。可以将别克戴科先生比作一个科学家，他经过新的分析发现，使用小剂量士的宁，可在一两种以前不知道的病例中取得疗效。这一发现的结果可能让这种中枢兴奋药更容易被人获取，而这些人的用途或至少他们的行为却不是医疗性的。……我们姑且为分析家的技巧而赞叹，但仍应给他所研究的对象贴上标签——"毒药"。

正如人们在 20 世纪 40 年代复兴了那个外国相互需求方法一样，有关最优关税的部分均衡"弹性"方法也得到了重新关注。在复兴旧理论的人中，理查德·卡恩(Richard Kahn，1947—1948)支持别克戴科的论点，即由于相信弹性的广泛性，因而相信最优关税会有很大的潜力。

由此可见，虽然贸易条件论继续经历不断的修正，但它作为一个理论上有效的主张并没有受到多少削弱。最常见的一个保留意见是,外国的报复可能瓦解一国最优关税带来的正面贸易条件效应。因为一国贸易条件的改善只能以别国为代价,所以,这样做的任何企图都可能激发其他国家为维护自身地位而以牙还牙。而且,假如所有国家都用关税寻求改善自己的贸易条件,结局只会是贸易总量的萎缩,没有谁会如愿以偿。针对这种论点,哈利·约翰逊(1953—1954)提出了理论异议,他发现,即使在报复之后,有关国家中至少有一国可能会比在自由贸易状态下处境更好些。不过,约翰逊仅仅是展示了某种可能性,而不是一种现实趋势,因此,人们仍往往把外国报复的威胁当作一种实际理由,用来反对出于贸易条件动机而对贸易进行干预。①

从贸易条件争论中可以得出的结论是,自由贸易并非不可取,只是在某些情况下,"单方面"自由贸易确实不可取。于是,为避免一种情形(即各国都设置最优关税,以邻为壑地谋取私利,由此减少全世界的贸易获利),各国可建立某种承诺机制,如达成一项协议,借此大家都同意放弃为了上述目的而动用关税手段。在此情况下,协议性的多边自由贸易可望避免因若干国家试图操弄其贸易条件而引发的某些问题。毫无疑问,世界主义的自由贸易论这样依然不受影响。正如约翰·斯图尔特·穆勒(1844:44)所言:"故此,假如国际道义得到适当理解和遵从,如此这般的税收,因其有违普世福祉,将不复存在。"

* * *

托伦斯的推测,即关税可能有利于一国改善其贸易条件,经过一段短暂而激烈的争论后,逐渐地在穆勒手上变成一个正统观念。穆勒证明,支撑有关推测的经济分析是合理的,所以这一推测站得住脚。把贸易收益转给一国将给别国带来更大的损失,从全球角度看,此等做法甚不足取,然而,以一项理论主张而言,并无多少后续批评可以减损它的有效性。事实上,在所有反对自由贸易的经济理由中,贸易条件说最为有力、漏洞最少,作为对自由贸易的限定,它依然是经济理论所承认的认同面最广、得到普遍接受的一项非议。

---

① 卡洛斯·罗德里格斯(Carlos Rodriguez,1974)表明,如果发生报复时用的是进口配额方式,而不是进口关税方式,两个国家的福利必定都会更加糟糕。

第八章

穆勒与幼稚产业论

约翰·斯图尔特·穆勒是19世纪中叶经济学领域的卓越人物，所著《政治经济学原理》(1848年)成为几代学生的标准经济学教材。然而，穆勒影响深广的著作中有个段落引起了持久争议，并令他遭受诸多同代人的鄙视。穆勒在一段不长的文字中，有保留地支持对"幼稚产业"的临时保护。所谓"幼稚产业"，是指有些产业初期无法在进口竞争面前幸存，随着时间推移和经验积累，却可能成长起来并在世界市场上展开竞争。由于认同这一保护论调，穆勒在经济学界引发一片哗然，即使他最终悄然撤回了自己对关税作为产业扶持手段的赞同，情况也未有根本改变。幼稚产业论的理论构想不免模糊，但还是顶住了众多批评，继续在商业政策理论中占有一个令人不安的位置。

* * *

幼稚产业论或许是最源远流长的一个独特的保护理论，至少可一直上溯至伊丽莎白时代。对该学说的精确表述，包括为扶植某个产业而实行临时保护，出现于重商主义时期。瓦伊纳(1937:71)找到1645年的一篇文字，其中讲到，某一特定行业中的垄断特权已不再必要，因为国内的厂商已经成熟，再也不是处在幼稚状态。更常见的情形是，有人呼吁政府支持那些羽翼未丰的制造行业，以对抗外国竞争。例如，安德鲁·亚兰顿(Andrew Yarranton，1677：62)倡言：

> 应当动用公共法律在这里鼓励亚麻和铁器制造，这样我们可将这些行业完全引导到我们一边，目前这些行业的益处都由外国获得。首先应当设置一种至少每镑四先令的税收或者关税，施加于一切输入英国的亚麻纱、线、带、绳……该法律应当延续七年。通过此项关税课征，可给予尚处幼稚状态的亚麻制造业一定优势，借此该产业可望扎下深根、打好基础。

威廉·伍德(1718：224—225)逐字重复了西奥多·詹森(1713：9)的论述，即“所有明智的国家都重视鼓励幼稚状态中的制造业，它们不仅用高税收制约同类外国制成品，而且经常彻底没收并禁止消费这些产品”。亚瑟·道布斯(Arthur Dobbs，1729，2：65ff)的论点与此类似：“总体而言，奖励金的给予是为了鼓励处于幼稚状态的制造业或其他改良事业，希望把它们引进来，给予鼓励后开始把产品销往海外。假如这些制造业在提升之后依然不能取得进展，有关产品制造虽已廉价但仍无法与外国同类产品相媲美，则强行激发这种制造业也徒劳无益。”

重商主义者希望促进国内就业和产业，其部分考虑(尽管绝非全部考虑)就基于这一幼稚产业理由。上述几则早期的论述充分传达了幼稚产业保护学说的主旨，即当新产业尚不能与外国成熟的对手相竞争时，需要政府给予援手，以帮助它们克服某些启动障碍并成熟起来。“幼稚”这个比方吸引眼球并形象直观，使得大多数18世纪的经济作者未加认真思考便接受了这个幼稚产业保护论。甚至是亚当·斯密的老师弗朗西斯·哈奇森(1753：308)似乎也接受这一学说，他写道：“一切机械性工艺，不管是简单的还是复杂的，都应加以鼓励，否则我们的财富会消耗于购买外国的制成品。”

幼稚产业论得到了广泛接受，乃至但凡有作者指出该理论的缺点便可获得名声。例如，乔赛亚·塔克(1758：50—51)提醒，保护应该是临时性的，否则幼稚产业可能永远不会成熟：

> 同样显而易见，这些幼稚制造业或原材料加工业，因显示出以后会有普遍的用途和重要性，理当在其弱小、困难的幼稚阶段，借助公共鼓励措施和国家奖励金加以扶持和照护。不过，扶持和照护不该“永远延续下去”，这一点绝非一清二楚。似乎更可自然地得出结论，经过合理的若干年后，应设法渐进地为这个工商婴儿断奶，而不要让它染上懒惰的习惯，持续地依赖辅助措施。……凡扶植后永远不能自我支撑的行业，均不值得拥有。

其他人断言，用来扶持幼稚产业的关税率不应定得太高。根据马尔基·波斯特维特(1757，2:397)的观点：

> 当输入关税定在15%时，即使是幼稚状态的制造业似乎也没有理由害怕外国竞争，因为交通、佣金及其他费用加起来要超过4%或5%。如果相加后的18%或20%，再加外国制造商的利润，都还不能令国内制造商满足，则可立刻得出结论，要么这一国内制造业希望获取过高的利润，要么其经营活动管理恶劣，要么简言之，国内存在过多障碍，不排除这些障碍便无望取得成功。

另一方面，詹姆斯·斯图尔特([1767]1966:262—263)以极大热情无所保留地阐述着幼稚产业论，他说：“因此，治国者要想促进并改善其国民的幼稚产业，应当遵循一条主导原则，即通过拓展国内消费、排除一切外国竞争、允许利润上升，鼓励每个自然生产领域的加工制造，以便提高劳工技能熟练水平及对发明和改进的效仿水平。……在能够有盈利地出口之前，不妨先由公共资金加以补贴，进行亏本出口。”至于保护或许不能带来改善反而会培养懒惰，斯图尔特并不担心，因为“只要王国的国门是关闭的，并且不允许一切对外交流，大量的利润就不会有什么危害，反倒会促进技能熟练和工艺完善”。

经济学作者对幼稚产业政策的支持程度或有差异，但在亚当·斯密之前，很难找到哪个人实际上反对这一基本主张，连斯密之外的其他苏格兰哲学家(例如凯姆斯勋爵)都支持该主张。故此，斯密确实凭借个人思想独立性，才起而反对政府扶持幼稚产业。也许是为了回应斯图尔特那种无保留支持的论调，斯密强烈批评了幼稚产业学说，与前辈不同的是，他简直一口否认这种保护能带来好处：

> 诚然，由于有了这种管制，特定制造业有时能比没有这种管制时更加迅速地发展起来，而且过了一些时候，能在国内以同样低廉或更低廉的费用制造该特定商品。不过，社会的产业要素，由于有了这种管制，虽可更迅速地流入有利的特定用途，但社会的产业要素或者其收入总额，却不可能因这种管制而增加。社会的产业活动，只能随社会资本的增加而相应增加；社会资本增加多少，又只能相应取决于社会能从其收入中逐渐节省多少。而上述那种管制的直接结果，是减少社会的收入，凡是减少社会收入的措施，一定不会迅速地增加社会的资本；要是听任资本和产业寻找自然的用途，社会的资本自会迅速增加。如果没有那种管制，特定制造业就不能在这社会上确立起来，但社会在其发展的任何时期内，并不因此而更贫乏。在这社会发展的一切时期内，其全部资本及其他产业要素，虽使用的对象不相同，但仍可能使用于当时最有利的用途。在一切时期内，其收入可能是资本所能提供的最大的收入，而资本与收入也许以可能有的最大速度增加着。(*WN*，IV. ii：13—14)

在斯密看来，外国产业优势的深层原因是一个不相关的问题："至于一国比另一国优势的地位，是固有的，或是后来获得的，在这方面无关紧要。只要甲国有此优势，乙国无此优势，乙国向甲国购买，总是比自己制造有利。"(*WN*，IV. ii：15)事实上，斯密深深地怀疑幼稚产业保护论，以致他几乎完全不认可该主张。一国借助此等保护固然得到一个产业，但并不因此意味着该国应当这样做，或者该国这样做后福利情况会更好。即使一国最终能比外国生产商更低廉地制造该行业的产品，这一政策依然可能是不利的，因为保护会扭曲资源配置、减少国民收入，并因此减少供资本积累的可投资储蓄总量。斯密也含蓄地强调了这一政策之成本与收益的跨时段平衡问题，也即短期的成本必然要由某种长远的确切收益来加以弥补，但这个问题以后几十年里都被忽略了。然而，由于斯密对幼稚产业秉持颇为静态的观点，他很容易受到批评者的责难，他们指责斯密未能研判其中所牵涉的本质上动态的问题。

其他古典经济学家在幼稚产业论上追随斯密，要么并不正面看待此论，要么对之不屑一顾。让-夏尔-莱奥纳德·西蒙德·德·西斯蒙第(Jean-Charles-Léonard Simonde de Sismondi，1815：70)集中关注了机会成本问题，即当采用人为手段把稀缺资源转移到受照顾的部门时，会损害其他部门的利益。他说："应当记住，每个商人都比政府更了解自己的生意；整个国家的生产力是有限的，在某一特定时候，它只拥有定量的人手、定量的资本。当迫使国家进入某个此前未曾经营的行业时，我们几乎一定同时在迫使国家放弃它原来经营的其他行业。这种改变最可能的结果是，为了一个不那么赚钱的制造行业，却放弃了一个更赚钱的制造行业，须知，那个不赚钱的行业本来就是商人有意忽略的行业。"①

其他人也怀疑幼稚产业论，理由是保护只会创立低效的产业。J. R. 麦卡洛克觉得国内产业不可能成功地把价格降到最低进口价之下，但 D. P. 奥布赖恩(1970：221)认为，麦卡洛克在这个问题上前后立场也显然并不一致。乔治·斯克罗普(George Scrope，1833：369)相信，进口禁令能"在条件并不适宜的一国内，扶持某种仿效外国制造业的生产"，但"为此番努力而花费的精力和钱财都会付诸东流……在立法强制的病态和抑制气氛中，[产业]会失去健康活力，不断退化并不久报废。"让-巴蒂斯特·萨伊(Jean-Baptiste Say，1834：131)总体上接受斯密的权威意见，但随后也承认会存在某种情况，即"一个新的产业部门可能毁灭一个未得到扶持的冒险创业者，而该创业者在克服初创的生疏后，在其

---

① 另参见西蒙德·德·西斯蒙第([1826]1991，327－342)。在古典派的批评中，这成为一个重要的命题。杰里米·边沁(Jeremy Bentham，1843[1821]：96)指出："当任何这些产业处在幼稚状态时，只有凭借实际的财富，即以额外资本的形式，才能给予一个新产业有效的帮助。通过排除竞争，确实可以让利润率上升。利润似乎可由新导入的劳动带来，但终究这个结果只能靠投入资本实现，而所投入的资本必然是从其他用途转移过来的。禁止现有竞争性经营活动不会创造那种资本。"

劳工积累了实践经验后，本来是可以收获大量利润的”。

从重商主义者一直到古典经济学家（穆勒发表论断之前），他们关于幼稚产业的争论围绕三个关键问题而展开：其一，幼稚产业保护是否会创造新的财富和资本，或者不过是将之从其他更赢利的活动中转移过来？其二，幼稚产业保护是否会激发国内生产者获得新的技术和技能，或者反而削弱了人们这样做的动力？其三，幼稚产业保护是否会产生长远的净收益，或者只是扶植了若干需要政府持续支持、代价高昂的产业？有关第一个问题，斯密和边沁的理论框架本质上强调资源约束，而从不同角度看问题的倡导者则质疑或藐视这一论点。有关第二个问题，斯图尔特看到的是幼稚产业保护的激励效应（“提高劳工技能熟练水平及对发明和改进的效仿水平”），与此相对照，斯克罗普看到的是压抑效应（“失去健康活力，不断退化并不久报废”）。有关第三个问题，跨时段成本效益分析是关于幼稚产业保护的经济理由中一个关键而又被忽视的方面。

上述视角中，哪一个最为合适？遗憾的是，这方面不存在共识。事实上，单靠经济分析无助于评估这些问题，因为一个人可以专门关注幼稚产业顺利的成熟过程，但也可津津乐道于保护滋生低效这种另外的可能，单凭推理，哪一种结果都不能排除。因此，争论等于是就何种效果更有可能而你来我往地放空话。确实，好几十年里，困扰幼稚产业论的问题就是，有关主张背后缺乏扎实的经济学结构。当缺乏这种结构时，经济学理论就不能为政府干预是否有理这一争论提供令人满意的解决方案。

古典经济学家中，除个别人对正反两面的论点均表赞同外，总体而言都支持一个观点，即幼稚产业保护政策并不可取。这一判断立足于他们对实际关税政策的观察，也以其所持观点为依据，他们追随斯密，相信那些“照顾或限制”的政策不可能优于天然自由制度下可得到的经济结果。然而，假如斯密及其追随者以为，自己的批评足以瓦解幼稚产业论，那他们就大错特错了。在世界其他地方，人们对这一问题持有截然不同的看法。在美国、欧洲大陆，以及当时正在工业化的其他国家，经济观察家们看到，既然本国拥有技能和资源，看来可以在国内生产有关货品，那又何必从富裕的英国进口制成品呢？这些国家初出茅庐的制造商所受到的制约，根本不是什么先天的或一成不变的成本劣势，而显然是缺乏有效制造这些产品的经验和技能积累。有三位人物，亚历山大·汉密尔顿(Alexander Hamilton)、约翰·雷(John Rae)、弗里德里希·李斯特，为幼稚产业论注入了重整旗鼓的活力，这都发生在斯密严词攻击幼稚产业论之后。

汉密尔顿作为美国首任财政部部长，主持撰写了著名的1791年《关于制造业的报告》(Report on Manufactures)。他反对斯密学说，不相信如果任其自然，产业会自动走上最有利可图的发展道路。[①] 汉密尔顿([1791]1966：266—267)谈到了"墨守成规和照搬照抄的强大影响力；人们对全新企业经营失败的担忧；起步者在拟从事行业中与强大领先者展开竞争时的必然困难；外国也用来支持本国国民企业活动，用以对抗别国竞争的补贴、奖励金及其他人为的鼓励措施"。在他看来，这些都是创建新产业的障碍，克服这些障碍"因此可能需要政府的激发和扶持"。虽然汉密尔顿认识到，进口限制会抬高国内价格，但"每项成功的制造业最终将带来恰好相反的结果，此乃举世皆然的事实。……本国产品由于免除了向外来商品征收的重税，便会变得买得起，而且，随着时间的推移，基本上一定会卖得比它要替代的洋货更加便宜"。(286)

汉密尔顿对幼稚产业的论述比此前任何作家都要更加翔实，他的主张也受到广泛的关注，可是，他的分析中没有多少本质上新颖的东西。然而，他对政策工具的研究就所处时期而言还是颇有见地的。汉密尔顿比较了促进国内制造业的四项政策(即保护性关税、禁入令、原料出口税、资金补贴)各自的效果。汉密尔顿对补贴这一干预手段情有独钟，理由有三：第一，补贴对于"激发和扶植新的企业活动，以及在最初尝试中增加盈利机会、减少亏损风险，都有更直接的促进作用"；第二，"补贴不会像高保护性关税那样倾向于引发短缺现象"，也即较高的国内价格；第三，补贴也会促进出口并因此为国内生产商扩大市场规模。(299)换个选择的话，进口关税固然增加财政收入，但仅仅在国内市场上扶持生产商，不会对出口产生直接的效果。汉密尔顿认识到提供补贴会受制于财政约

---

① 汉密尔顿大量借鉴了《国富论》，哪怕在他不同意此书观点时也仍如此。参见E. G. 博恩(E. G. Bourne，1894)。

束，故此提出了一个务实的妥协方案，即通过征收进口关税获取财政收入，再以该笔资金来补贴国内生产。

约翰·雷是移居加拿大的苏格兰人，他就幼稚产业提供了一项更加敏锐的分析。雷不同意关于个人利益与社会利益和谐一致的看法，针对斯密所称关税保护会减少国民收入因而会减少资本积累，他直接予以回击。[①] 不过，雷对幼稚产业的论述主要着眼于赞赏政府支持能引进外国先进技术，雷(1834:364)相信，政府干预有利于促进技术转让，是一个必须承认的“普遍的实际结论”。但他补充说：道理“体现于具体细节中，政治经济学家的研究看来就是要从自己学科的原理出发探寻有关规律，这些规律决定着何时推动某一个行业是切实可行的，何时从中获得的好处会多于或少于推动过程中的必要花费”。

雷提示，与外国制成品相比，假如国内制造业有望按照同等或更低的价格制造出产品，则应当利用技术转让政策，只是他没有解释何时可以合理地判定是否“有望”。在他看来，实施该政策会有三个显而易见的优势：第一，幼稚产业将节省进口产品的运输成本，因此可以增加国内贸易，带来额外的技术改进，并“增加社会的绝对资本”。第二，可以避免由进口供应冲击给国内生产造成的扰乱，这种扰乱会酿成“资源的巨大浪费”。第三，也是最重要的，国内更多地生产以前从国外进口的产品将“刺激发明创新并减少亦步亦趋模仿的倾向”。正如雷说过：“每个有用的行业都与其他许多乃至所有行业联系紧密，所以，凡能让该行业的产品更容易获得，必可让所有其他行业的经营都得到促进，并可在最有利的状态下引发变革，而变革是生产改进中的一股伟大力量。”(365)雷以赞许的口吻引述汉密尔顿的观点，表示新的行业，凭借“其在任何社会中的存在本身，会大力激发社会成员的聪明才智”。

---

① 虽然雷对斯密的回应并非十分清晰，但雷(1834:381—382)似乎暗示，即使收入稍有减少，积累的强度也会提高，所以总会带来更多的资本。他写道：“有人说资本只能经由积累而增加，而立法者的干预减少了个人的部分收入，必然会削弱积累的能力，因此不会增加而只会减少社会全体人员的资本总量，即减少国民资本或资产……。我对这一异议的答复是，立法者的法案可以增加社会的绝对资本和资产。当然，用来满足未来需求的社会补给，因部分转化为社会的生产性资产，可能不会增加甚至会有所减少，如果与生产性部门进行比较的话更是如此。但社会的绝对资本量才是衡量整个社会及其成员之财富的恰当指标，所以，任何增加绝对资本量的举措本身不仅直接增加了国民财富，而且最终也通过激发积累效应并创造额外的资本收益而间接地增加国民财富。”有关雷对斯密批评的更详细讨论，参见布鲁尔(Brewer，1991)。

因此，雷总体上支持幼稚产业政策：

> 立法者为达到目的，会奖励个人成功仿制外国产品，普遍地补贴国内制造业，或对海外进口产品加征关税。……事情已足够清楚，妨碍一项产业得以确立的首要因素，是从事新业务的困难、熟练劳工的缺乏，以及对制作新工具所需材料的成分缺乏足够精确的知识。故此，理应借助补贴和关税开展直接和普遍的鼓励。这样，会把切实的资本及健全的创业力量引导到特定行业，可在最短时间内克服行业引进过程中的困难，可用较少的花费生产该行业的商品，其售价也会低于此前同类进口产品的售价。(368)

雷也提醒道，立法者“除非有足够理由判定，能带来效用的新行业最终可以降低其产品成本，否则，他永远都没有理由试图从国外向国内转移这些行业……当有关环境极其不利于该行业的经营，而且克服不利环境的条件也不理想时，最初的引进必然会让社会承担高昂的代价，随后的维持也很可能对整个产业和社会资产构成一种负担”。他补充道：不幸的是，“立法者对这一特殊情况往往失察，乃至行为不够持重审慎，这种例子并非世所罕见”。(367—368)

约翰·雷或许是幼稚产业保护问题上最谨慎的早期分析者，但弗里德里希·李斯特却是迄今在新兴工业化国家中最受欢迎的保护倡导者。李斯特是德国的政治活动家、政论家，有时也是学者，其所著《政治经济学的国民体系》(*The National System of Political Economy*)最初于1841年以德文出版，此书在保护主义者圈子内赢得的地位犹如《国富论》之于自由贸易论者。李斯特的研究基本上立足于历史判断而非经济分析，因为他拒斥那个在他看来宣称自由贸易总是有利的古典经济学理论。反其道而行之，李斯特争辩道，一国恰当的商业政策取决于其经济发展的特定阶段。

李斯特与古典学派在很多问题上看法一致，比如大家都同意，自由和稳定对于促进投资及其他形式的经济活动相当重要。然而，在李斯特的思想中，有两个基本要点使其学说有别于古典主义学说。其一，他批判了亚当·斯密及其追随者的“世界主义经济学”，认为这个世界冲突频仍、朝不保夕、民族主义情绪泛滥成灾,而“世界主义经济学”完全忽视了某个国家在世上有别于他国的独特经济利益。李斯特指控斯密及其自由贸易追随者虚设了尚未达到的国际合作水平,然后以此为条件片面关注对于全世界的最佳利益。李斯特对斯密“世界主义学派”的严词攻击经常曲解古典经济学家的立场,他们其实并非那种忽视国家利益的世界主义者,即使李斯特本人也在其著作前言中承认,自己的攻击为达到某种效果确有夸张之处。

其二,李斯特(1885:133)指出,“财富的生产力比之财富本身,不知道要重要多少倍”,并认为这与古典学派的看法大相径庭。他所谓的生产力,明显是指再生且增强如资本和熟练劳工等生产要素的能力,此种生产力不仅保证“拥有并增加已获得的东西,而且会补充已损失的东西”。他指责古典学派秉持某种静态的观点,只重视现成的财富(即可交换价值),而排斥那些可用来创造财富的要素。不过,李斯特有关生产力的观念实际上与古典经济学家的观念并非水火不容,因为古典学派也强调积累资本和技能的重要性。但李斯特相信,应该把更多的注意力投向生产,毕竟“生产才使得消费成为可能”。(233)

在商业政策问题上,李斯特赞同重商主义学说的许多内容。李斯特(1885:144)相信,商人的利益未必反映发展生产力方面的国家利益:“对一国外贸的评估,决不能采用个体商人的评判方法,纯粹按照价值理论来衡量(价值理论仅仅看重某一特定时刻的某些物质收益),一国必然需要重视其现在与将来的存续、繁荣和实力所依赖的那些全部因素。”李斯特反复强调制造业的根本重要性,制造业的好处既是经济的,也是非经济的,能带来更大的安全和独立,能激发技能培育和资本积累,能形成更专业化的分工,等等。有鉴于此,贸易的商品结构值得高度关注。李斯特(1854:77)写道:“一国的富裕与强大程度,是与它出口更多的制成品、进口更多的原材料、消费更多的热带产品成比例的,这可以作为一个原则加以陈述。”

因为这些缘由,政府扶植幼稚产业便至关重要。“制造业可转变为生产资本、财富、国家实力,这一事实在很大程度上解释了为何保护对于国家财富的增长施加着如此巨大的影响。”李斯特(1885:144－145)断言,创建本国制造业能给未来争取到诸多好处，远远超过他充分承认的保护会带来的短期经济成本：

> 国家对于物质资产势必多少有所牺牲或放弃，借以获得文化、技术和协作生产的力量；也就是说，必须牺牲一些眼前利益，使将来的利益得到保障。……的确，保护性关税在初行时，会使制成品价格升高，但同样正确的是，……经过相当时期，国家建成了自己充分发展的制造业后，这些商品在国内的生产成本自会低于从国外进口时的价格。因此，保护性关税尽管使价值有所牺牲，它却使生产力有了增长，足以抵偿损失而有余，由此使国家不但在物质财富的量上获得无限增进，而且一旦发生战事，就可以保有工业的独立地位。……那个地主，他牺牲了若干物质财富，让他的几个儿子学习生产手艺；一个国家如果能够利用保护制度，使它自己发展成一个工业国，这种行动在精神上同那个地主就是一致的。

李斯特(1885:226—227)强烈反对斯密关于幼稚产业的观点：

> 他误以为足以决定国家收入的只是物质资本的总量。但是相反地，在他自己的著作里却有着数不清的证据，证明这些收入主要决定于国民身心力量的总量，决定于这些力量在社会与政治方面的完善程度(尤其是依靠进一步完善的分工与国家生产力联合所实现的完善程度)，说明保护政策虽然需要有一个时期的物质牺牲，但是这些牺牲在力量上，在取得交换价值的能力上，却可以得到百倍的补偿，所以实际上只是国家的再生产支出。……关于制造业对国内贸易与国外贸易、对国家的文明和实力、对国家独立自主地位的维持，以及对于由此而来的取得物质财富能力这些方面的影响，他都没有考虑到。

然而，并非所有国家都适合采用这些政策，事实上，李斯特的贸易保护论还是有严格界限的。因为制造业只在温带地区兴盛，所以热带国家决不应该试图通过人为手段来获取制造业。[1] 任何国家，不管处于何种经济发展阶段，都应在农产品和原材料方面开展自由贸易。[2] 李斯特(1885:188,309)写道："只有以国家的工业发展为唯一目的时，才有理由实行保护制度。……只有以促进和保护国内制造业实力为目的时，才有理由采取保护措施。有些国家有着广阔完整的疆域，人口繁庶，天然资源丰富，在农业上有很大成就，在文明与政治方面也有高度发展，因此有资格与第一流的农工商国家分庭抗礼。只有在这样的国家，才有理由实行保护制度。"

李斯特基于自己对历史的解读，为不同经济发展阶段的国家提出了最佳的商业政策："历史教导我们的是，凡是先天禀赋丰厚、有关资源足以实现最高程度富强的国家，就可以而且必须……按自身发展阶段调整本国[商业]制度。在第一个阶段，对比较先进的国家实行自由贸易，以此为手段，使自己脱离未开化状态，在农业上求得发展；在第二个阶段，用商业限制政策，促进工业、渔业、航运、外贸的发展；在最后一个阶段，当财富和实力达到最高程度后，再行逐步恢复自由贸易原则，在国内外市场进行无所限制的竞争。"(115)

与雷或汉密尔顿不同的是，李斯特没有说作为产业扶持政策，补贴要优于关税。就保护性关税的最高程度，李斯特表示："在一般情况下不妨做这样的假定，如果任何技术工业起步时不能借助40％－60％的保护税率建立起来，随后不能依靠20％－30％税率的后续保护而持久存在，那就缺乏培养制造业实力的基本条件。"(313)李斯特认为保护可以持续几十年然后再取消，称"如果只给一国区区几年时间，试图把国家产业的某个重大部门扶持到完善状态，这未免荒唐可笑"。(319)

李斯特从未鄙视世界范围内最终实现自由贸易这一目标，实际上他还倾心

---

① 李斯特(1854:75－76)说过："假如一个热带国家想要成为制造业国家，它便会犯一个非常致命的错误。这样的国家并未从大自然那里领受从事这一事业的条件，而如果它继续以自己的农产品与温带国家的制成品交换，其财富和文明将进步得更快。诚然，热带国家将因此陷入对温带国家的依附，但如果在与热带国家贸易的过程中，温带国家相互之间出现竞争，那么热带国家的这种依附也不是没有补偿的……那种竞争将不仅保证制成品的充分低价供应，并且防止任何国家凭借自身优势而剥削热带的弱小国家。"

② 李斯特(1885:324,187)写道："农产品和原材料的自由贸易，对一切国家在一切工业发展阶段总是有利的。"他相信，"有的国家对粮食和原料的生产无须实行保护政策，在商业往来上如此限制以后，在任何情况下，施行限制政策和受到限制影响的国家双方都必然会遭受不利"。

接受该目标。[1] 对于正在经历某特定发展阶段的国家，他干脆倡导临时保护措施，借以保证它们能够跟较先进的制成品生产国开展平等的贸易。如李斯特(1885：129，131)所言："保护制度是使落后国家在文明上取得与那个优势国家[英国]同等地位的唯一方法。那个国家绝没有从上帝手里取得制造业垄断的永久权利，不过在时间上比别的国家领先了一步而已。从这一点看起来，保护制度似乎是促进各国实现最后联合，也就是促进真正自由贸易的最有效方法。……为使自由贸易能自然地推行，必须首先用人为方法，把那些比较落后的国家提高到曾也用人为方法使英国达到的那个产业阶段。"

在19世纪的进程中，李斯特开始产生重大的广泛影响。到该世纪末，连阿尔弗雷德·马歇尔这样的著名英国经济学家也承认并接受李斯特有关发展中国家幼稚产业的许多基本思想。但大多数经济学家并未按照李斯特的条件或参照李斯特的著作而接受幼稚产业论，他们怀疑其历史分析，不相信此论能为幼稚产业面临的问题提供一个细致的诊断，也不相信它能有效指导人们去分辨哪些条件下保护是可取的，哪些条件下保护又是不可取的。在理想情况下，经济理论的含义不应该依赖历史环境，就如比较优势原理那样。李斯特并没有为幼稚产业论所立足的理论给予任何推进，因为这本来就不是他的初衷。

因此，1848年前，幼稚产业论未被正式纳入古典贸易理论，约翰·斯图尔特·穆勒在这一年中发表初版《政治经济学原理》，才改变了这一切。如此一位重量级经济理论家出面表示赞同，这可不能像对待汉密尔顿或李斯特等人的类似言论那样，能够轻易加以打发。穆勒([1848]1909：922)的最初表述是这样的：

> 单从政治经济学原理来说，只有在一种情况下保护性关税才站得住脚，这就是，临时性地设置这些关税。特别是在一个正在兴起的年轻国家里，借以使某一外来产业在国内生根，当然，这一产业应当完全适合该国条件。一国在某一生产行业相对于另一国的

---

① 李斯特(1885：122)干脆相信需要重要的政治前提条件："如果……我们的确有一个包括一切国家在内的世界联盟作为持久和平的保证，那么国际自由贸易原则似乎是完全正确的。"

> 优势，往往只是因为它动手更早。一方没有天生的优势，就如另一方也没有天生的劣势，有的只是所获技能和经验基础上的当下优势。尚未获得这种技能和经验的国家也许在其他方面比先走一步的国家更适于这种生产。此外，雷先生说得对，对于任何生产行业，没有什么比在新条件下的试验更能促进其完善的了。但也不能指望个人应该自担风险甚至自担损失，去引进一项新制造业并承受维持的负担，一直负担到生产商被调教至与传统行业相等的熟练水平。在适当时间内课征保护性关税，有时是国家通过税收手段支持这种试验的最简便方法。但是，保护应当限于这些情况，即这里有良好的理由，可保证所扶持的产业经过一段时间后将能够放弃保护；决不应当让国内制造商期望，其获得的保护将会延续下去，乃至超过为增强其能力而合理试验的必要时间。

穆勒在经济学界的地位和声誉，首次为幼稚产业论赋予了思想可信度。那些经济学家和其他人等，凡把自由贸易看作一个不论具体情况必然适用所有国家的最佳政策，都为穆勒如此抬举贸易保护而深感失望。理查德·科布登(Richard Cobden)是19世纪中叶英国积极的自由贸易活动家，据报道他在临终时哀叹："穆勒在他那本论述政治经济学的书里，居然赞成在新兴国家搞产业保护，我相信那段话对世界造成的伤害盖过了他其余著述可能带来的全部好处。"①阿尔弗雷德·马歇尔([1890]1925:259)后来也说："当穆勒斗胆告诉英国人，新兴国家里某些保护论调在科学上还是站得住脚的，他的朋友一说起来就愤怒，但比愤怒更多的是痛心，痛惜他可悲地偏离了经济科学的正确原理。"

事实上，不满的声浪很快就传到穆勒那里，人们抱怨，保护主义者正在扭曲他的那番言论，用以为19世纪60年代美国、加拿大、澳大利亚的高关税辩护。穆勒在个人通信中指责了任何普遍性保护政策，称之为"少数人对多数人进行

---

① 引自乔治·阿米蒂奇-史密斯(Georye Armitage-Smith，1898:53)。

掠夺的一项系统性制度",但也重申,幼稚产业保护要求在原则上是正当合理的。[1] "为国家未来利益计,做出临时的牺牲,在有限的若干年如 10 年最多 20 年,加征一项适度的保护性关税,到保护期的后面阶段逐步降低税率,最终到期废止,这有时或许是一种良好的谋划。"[2]然而,抱怨持续着,到 19 世纪 60 年代末,穆勒也日益质疑自己对保护学说的赞同。他对一位通信者感叹道:"但我坦言,自己简直绝望了,我[对幼稚产业论弱点的]总体理解在实际中反而不会进入人们的思想。我发现,澳大利亚并不是以这种形式或为这个目的而在倡导保护,为了保护,人们重新拾起了那些最最庸俗、已被驳倒的谬论。"[3]

事到最后,穆勒宣布放弃本人关于进口保护是促进幼稚产业发展的恰当手段这一观点。当然,他从未放弃自己的信念,依然相信这些产业是可以生存的,并相信自己的论点在原则上构成了自由贸易的一个真正例外。穆勒写道:"我依然相信,从国外引进某个产业经常值得为之做出牺牲,一项临时保护性关税,假如肯定是临时性的话,将很可能是做出牺牲的最好形式。不过,我倾向于相信,为了扶植一个尚未发达、无法放弃支持的产业,每年从公共财政中拨款,这样做出牺牲更加安全可靠些,毕竟拨款不大可能无休无止地延续下去。"[4]

不可思议的是,穆勒从未将这些观点纳入其《政治经济学原理》一书的随后版本。在 1865 年的第六版中,穆勒(1909:923)为他那一恶名远扬的段落补充了下面一席话:

> 由于生产费用在起步时总是最大的,可能出现的情况是,国内的生产虽然的确最为有利,但也许不会马上如此,还要经过一个亏损期。不可能指望私人投机商会涉足这一行当,用自己的破产去

---

① *JSM*,XVII,1798. 对穆勒著作的引用录自《约翰·斯图尔特·穆勒文集》(*The Collected Works of John Stuart Mill*,Toronto:University of Toronto Press,1965—1991),引用时均标示为 *JSM*,随后标出卷数和页码。

② *JSM*,XVI,1044.

③ *JSM*,XVI,1420.

④ *JSM*,XVI,1516."我现在对自己的观点也发生了极大的动摇,可人们如此经常地把我的观点引用于未曾设定的目的。我趋向于认为,在恰当的时候(有时候会是这样),为补贴一项新产业的启动,最好用每年拨款的直接方式,这极不可能在原定的拨款前提不复存在后再延续下去。"(*JSM*,XVI,1520)

> 让后来者获利。因此,我承认在一个新兴国家里,一项临时的保护性关税有时在经济学上会站得住脚。不过,条件是,保护性关税的执行时间应该严格加以限定,并应规定,在其存续的后期阶段,保护性关税要逐渐降低。此种临时保护本质上等同于专利,理当用类似的规定进行管理。

此后在1871年的第七版也是最后一版中,穆勒又增加了进一步的限制性字眼,把原来的“保护性关税有时……会站得住脚”改称“也许有时会站得住脚”;另外加上了“必需的是,保护性关税应当限于……”。

1848年之后数十年里,穆勒对幼稚产业保护有保留的赞同未能在经济学界赢得较多支持。穆勒的那段话成功地把经济学家们逼退到被动防守的位置,可是他们依然满腹狐疑。即便穆勒的高足约翰·E. 坎斯(John E. Cairnes, 1874:403)也拒斥幼稚产业保护,因为“不可避免的结果是,任何地方只要有高度的保护,产业便变得无法进步”。坎斯把穆勒的论述称为“一位伟大作者的附带意见”,并提醒人们注意穆勒为自己观点所设定的“严格限制”。但他补充说:“无论有没有这样的限制字眼,我不得不认为,他的立场都是站不住脚的。”亨利·福赛特(Henry Fawcett, 1878:111)同意,“假如存在合理的可能性,让穆勒所称可实施此种保护性关税的条件得以实现”,那么,穆勒的论点便没有异议。可是,情况“毫无争议地显示”,“绝对不可能在穆勒先生着重坚持的那些条件下实行一项保护性关税”。

威廉·格雷厄姆·萨姆纳(William Graham Sumner, 1885:117)相信,穆勒的理由是“可以设想的”,因而并非“荒唐可笑”,但还是认为:“纵然穆勒设下了一些限定,我还是强烈地不同意他的学说。”亨利·乔治(Henry George, 1886:165)在拒斥幼稚产业论时表示:“制造业随人口的增长、资本的积累而成长,按照产业的自然规律,总是在人口稠密、资本丰裕的国家得到最好的发展。既然存在这一联系,人们很容易倒果为因,误以为是制造业带来了丰沛的人口和财富。”最后,J. S. 尼科尔森(1901:364—365)评论道:“由于既得利益的出现,临时保护是不可能的。新兴国家本来特别需要资本,保护却反而排斥和减少资本,因此,人为强推新产业的发展长远看是不利的。"尼科尔森附和乔治的意见,断言:"促进更高级产业发展的最佳方式不是靠一味拒斥外国产品,而要靠提高民众的教育水准。"

尽管质疑不断,但关于幼稚产业论的某些关键问题依然无人提出来,自然也无人来回答。第一个问题涉及市场失灵的辨识问题,因为正是具体的市场失灵才使得政府干预成为必要。第二个问题涉及,既然存在某种市场失灵,是否就能保证政府干预定能产生正面价值。然而,直至19世纪末,这些根本问题几乎一直没有受到关注。只是到了该世纪末,经济学家们才起而抵制那些他们眼中的放任自流教条,重新开始维护曾经与政治经济学密切相关的政府干预。更愿意承认市场失灵、更愿意接受政府在经济实务中的更大角色,这些观念使得幼稚产业论避开了更严格的审视,也使它看起来好像比事实上拥有更大的经济分析力度。

例如,剑桥大学的亨利·西奇维克(1887:489ff)在其广为阅读的教科书中,坚决支持穆勒的那段话,甚至还令人难以置信地大胆表示,从世界总体经济福利观点看,即"从我所称'世界主义'的角度看,关于临时保护的理由……在理论上是合理有效的"。西奇维克认为:"相当可能的是,由国内来生产以前进口的商品,从中获得的最终经济利益可让社会得到补偿,以冲抵由此引发的成本。另一方面,那些最初的花费,即缺乏保护状态下建立产业所需的费用,难以指望能为从事创业的私有资本家最终带来报偿。"西奇维克在此提出了第一个关键问题,即如果政府认识到,目前无利可图的产业经过一段时间的保护后可能会相当成功,那么,究竟是什么使得私有厂商和企业家无法从资本市场上借款去弥补其初期亏损?他断言,"如果引进产业的困难属于这种类型,即一旦被打头阵的引进者克服,它们对其他人再也不复存在或者难度大为降低",那么,私有部门的经营便会失败。这里实际上提及了某种外部性,可惜的是,他没有详细展开这一观点。

西奇维克转而列举了同样适宜发展制造业的两个国家,其中一个在出口制成品,另一个在出口农产品。对农产品出口国而言,通过自己在国内建设制造业，它便可以节省进口制成品的运输费用。换句话说，临时保护性关税将带来收益，这一收益“主要体现为”运输费用的节省。[①] 西奇维克没有解释为何比较优势在这一特定例子中没能发挥作用，或者世界福利如何因此而增加。这种关于幼稚产业保护的“运输成本节省说”并非新鲜观点，约翰·雷曾经论及，甚至还可将之追溯到重商主义者那里。西奇维克本质上在重拾美国著名保护主义者亨利·凯里(Henry Carey，1858)的同一论点。

然而，运输成本节省说作为一个保护的理由却完全失败了。穆勒(1909：925ff)在1865年《政治经济学原理》第六版中，充满鄙夷地指陈凯里那个广为传诵的保护学说为“彻底站不住脚”。[②] 穆勒强烈拒斥该学说，实际上在《政治经济学原理》一书中把它驳得体无完肤。凯里-西奇维克学说完全无视比较优势的真知灼见，未能认识到，虽则存在运输成本，但从海外进口货物对国家是有节省效应的。就如穆勒(1909：923)所论：运输成本“负担却可引来更大的利益。如果用国内产品能在外国市场上换取某一商品，中间还克服了双重的运输成本，这一事实证明，尽管运输成本不低，但生产成本的节省更加巨大，比起产品在国内生产，一国的总体劳动整体上还是得到了更好的报偿”。

从成本收益角度看幼稚产业保护是否有道理，对于这个问题，人们现在开始给予正面关注。都柏林三一学院教授查尔斯·F.巴斯特堡(Charles F. Bastable，1887：136－137)承认，幼稚产业论是“能为保护提出的最可信的理由”，但他指出，不能把政府干预称为一种成功，道理很简单，因为政府干预不过使产业得以克服历史障碍并生存下来而已。相反，他问了一个更有决定性的问题：“因保护而遭受的若干眼前损失，是否可被新产业未来的收益所超过?”这个问题不仅对幼稚产业政策应用了基本的成本效益测试，而且，在巴斯特堡看来，与此类政策相关的实际问题“强烈地让我们相信，这一特例实际上算不上自由国际贸易规则的例外”。巴斯特堡也同意，从非经济角度提出的制造业保护论调固然满天飞，但若按照可证明的经济收益这样的标准看，保护背后的道理并

---

① 雅克·梅利兹(Jacgues Melitz，1963)指出，运输成本是西奇维克贸易理论的一个关键部分。

② 穆勒甚至向一名通信者这样提及凯里，称凯里的著作“简直是我读到的最糟糕的政治经济学书”(*JSM*，XVII，1589)。

不充分，即使是穆勒本人，在可证明的经济收益这一问题上也曾语焉不详。

在巴斯特堡论述前，经济学家们已经注意到与幼稚产业保护相关的成本，但他们没有清楚地确定扶植一个产业会带来的收益。如果生产要素的回报率是由其他经济部门决定的，幼稚产业仅仅将这些要素从其他活动中转移了过来，那么，有关要素所赚取的无非是机会成本而已，创立一个新产业不会产生收益。更确切地说，因保护而发展的产业必须创造某些准租（或称生产者剩余），这样才能证明对经济确实有益。

一旦识别了成本和效益，便可对它们进行比较。法国数学家兼法国经济学期刊撰稿人保罗-古斯塔夫·福沃（Paul-Gustave Fauveau，1873）计算了幼稚产业保护足可获得净利的精确条件。设 a 为创立一幼稚产业所需的年平均成本，b 为幼稚产业保护撤除后该产业创造的年平均收益；如果 x 为幼稚产业保护的年数，假定利率为 r，则这一政策目前的成本折现值为：

$$a+\frac{1}{(1+r)}+\frac{a}{(1+r)^{2}}+\cdots+\frac{a}{(1+r)^{x-1}}$$

加总后为：

$$\frac{a}{r}\cdot(1+r)\cdot\left[1-\frac{1}{(1+r)^{x}}\right]$$

经 x 年后从幼稚产业中的获益将是 b 的无穷大总额，按现价等于：

$$\frac{b}{r}\cdot(1+r)\cdot\frac{1}{(1+r)^{x}}$$

若使幼稚产业折现未来收益流等于初始成本的折后总额，即从幼稚产业政策中的净收益为零，则可生成下列关系：

$$x\cdot\log(1+r)=\log\left(1+\frac{a}{b}\right)$$

福沃设定利息为 5%，计算了正好足以抵消进口关税损失的年均“保本”收益。如果保护延续 5 年（$x=5$），则幼稚产业的平均年收益（永远地）必须是平均年损失的 28%，方能保证从该政策中既无盈利也无亏损。如果保护延续 10 年，平均年收益必须是平均年损失的 63%；保护延续 15 年，必须是平均年损失的

108%；延续20年，则为165%；延续30年，则为332%；延续50年，则为1 047%。这一计算展现了任何幼稚产业政策必须要跨越的成本收益障碍，否则便无法让产业干预的期望值成为正值。包括穆勒在内的经济学家们未能从具体市场失灵的角度来说明幼稚产业论的经济理由，未能列出扶植某一产业将可获得的收益，也未能随后交代清楚这些收益如何才能补偿因产业保护而发生的成本。

随后一代经济学家中，有两位头面人物接受了幼稚产业论，不过他们仅仅是表示接受而未加深刻分析，使得这一保护学说再续生命，但也再次避开了细致的审视。剑桥大学的阿尔弗雷德·马歇尔和哈佛大学的弗兰克·陶西格对于幼稚产业背后的基础理论都持一种不可知论的态度，他们用案例研究的方法评估相关产业政策。马歇尔在各类著述中都表达了一种信念，即古典经济学家过于教条主义地反对幼稚产业论，美国和澳大利亚这些新兴工业化国家中的保护并非十足的邪恶。[①] 马歇尔([1903]1926:392)居然还说过这样的话，“对未成熟产业的保护是利国利民的大好事”；虽然在某些情况下代价不菲，但“产业未成熟国家实行自由贸易是愚蠢的”。马歇尔经常会讲述自己1875年对美国的访问，他在访问中曾下结论说，保护的总体成本与收益是大致平衡的。

当阻碍产业创建的障碍属人为、非天然、非永久性时，陶西格也充分接受幼稚产业论，在研究19世纪早期美国的棉纺织业和炼铁行业的过程中，陶西格(1883:66—68)发现，虽然“确实在某些条件下，非常可能有利可图地对一个幼稚产业实施保护……但美国该世纪上半叶所维持的高成本保护却甚少收益或许没有收益”。因为这不过是一个试验，陶西格坚持认为：“所以，从美国尝试历程中得出的结论并未伤及幼稚产业保护论的内在合理性。”事实上他强调，保护是好是坏“纯粹是一个概率问题，具体要看特定的情况”。[②]

马歇尔和陶西格对于幼稚产业论的理论基础既未有任何推进，也未有任何

---

① 菲莉斯·迪恩(Phyllis Deane,1990)概述了马歇尔对自由贸易的看法。

② 当然，就如陶西格(1905:47)所言，保护也存在某种危险，即“根本不是带来完善及最终降价，倒是保留了落后和低效的生产方法”。不过他也断言，就幼稚产业保护而论，10年的试验期或许太短，30年也未必不合理。

削弱。另一方面,虽然他们个人的研究没有为幼稚产业的政策实践提供什么支持,但由于不加批评地接纳了该经济论断,他们进一步延续了人们的印象,让大家感觉幼稚产业论构成了自由贸易的一个有效且重大的例外。马歇尔的高足A. C. 庇古(A. C. Pigou,1906:13)曾宣告:"就李斯特[幼稚产业]论断正式的有效性而言,经济学家中不再有任何争议。"当然,背后的事实是,自从穆勒论述以来,人们对幼稚产业论所涉及的精细理论问题,其实并未更深入地加以考察。

20世纪上半叶,尽管经济学家对幼稚产业保护的实践依然心存疑虑,但幼稚产业论一直是一个得到普遍认同的针对自由贸易的例外性构想。不过,在这50年里,该构想背后的理论仍然相当模糊。人们不仅难以制定用以核实幼稚产业成功可能性的总体规则,而且甚至都不清楚具体到底是什么样的市场失灵及其他基本条件首先引发了幼稚产业保护。究竟是何种障碍使得政府干预成为必要,是国内熟练劳动力供应缺乏,是所积累的生产经验不足,还是资本市场的失灵?到底是哪些因素使得幼稚产业无法依靠自身而成长并成熟?对这些问题的不同回答,意味着对贸易政策提出的相应建议也会各不相同。

当经济学家最终着手将更多的经济逻辑施加到这一主张时,保护的理由似乎比原先设想的要更加有限。因为幼稚产业论强调临时性而非永久性保护,所以该主张本质上充满变数并包含了某些不可逆的因素,比如由"干中学"而积累的动态规模经济性。在这个背景下,侧重点已转向鉴别市场失灵的具体所在,因为这决定着应采用何种最恰当的政府干预方法来矫治放任自流的后果。詹姆斯·米德(James Meade,1955:255—257)对幼稚产业论描述如下:如果一家厂商试图进入市场,最初它会遭遇亏损,但"一段时间后,经验会带来必要的技能和诀窍,该产业终将成为该国可从事的一个盈利产业"。不过,米德指出:"这样的幼稚状态并不能为哪怕是临时的国家保护提供充分理由。"假如厂商最终能够赚取合理的回报率,那么资本市场上的私营企业便会有动力提供有关资金,"国家补贴的理由便不复存在"。因此,如果资本市场是有效的,就不需要政府的行动,而且,即便资本市场是低效的,也有理由质问,为什么政府不去设法矫治资本市场上的特定缺陷,反而要施行贸易限制?须知,贸易限制并不能解决根本性问题。

另一种市场失灵涉及厂商获取技术知识的问题。米德指出:“让一个幼稚者学习而又不波及其他幼稚者,可能相当困难。”此话是说,假如有关知识容易传播的话,一家厂商的初始投资便会影响所有随后跟进厂商的生产条件。如果由“干中学”或研发投入所创造的知识可以无成本地向其他厂商外溢,则可以想象,没有哪家厂商愿意进行初始投资。“在此情况下,对打头阵的厂商给予临时性补贴可能在社会意义上是可取的,但之所以这样,并不是因为会要求幼稚者都去学习,而是因为幼稚者会相互传授。”这里的另一个限定条件是,外溢必须在地理范围上限于当地或一国之内,如果这种知识外溢本质上是世界性的,则国内厂商若要从出口国的厂商那里获取有关知识,不应该遇到特别障碍。

米德分析中隐含的政策瞄准原则表明,最有效的政府干预是从价格与成本相背离的源头着手,解决它们之间边际条件的失灵。① 罗伯特·鲍德温(Robert Baldwin,1969)按同一论调对幼稚产业论展开了经典的批评,他强调,纵然已辨别了与幼稚产业相关的具体市场失灵,贸易政策干预未必能提供一个足以保障幼稚产业成熟起来的救济办法。鲍德温提到,单靠进口保护本身无法为幼稚厂商提供恰当的激励,使其增加对获取技术知识的投资,也不一定使得该厂商更能保持由知识投资带来的利益,倒是确实能让旧的生产工艺更有盈利性。恰当的政策行为应该集中于纠正具体的问题,即与新技术的获取、新工艺的投资相关的那些根本性问题。② 鲍德温(1969:303)颇为有理地得出结论:“如果幼稚产业关税保护论真要名副其实地成为自由贸易论的一个重大例外,它应该依据幼稚产业所独有的广为人知且广为接受的经验性关系,拿出一套清晰的分析性理由,以此说明在这些产业中征收保护性关税的普遍可取性和有效性。”可惜,自穆勒支持幼稚产业保护论以来的近一个半世纪中,该理论尚未在思想条理性方

① 这正是第十章将要讨论的国内扭曲理论的内在逻辑。

② 正如哈利·约翰逊(1965:28)已解释:“生产工艺方面的知识一旦获得,除付出知识获取成本的人外,其他人也能利用这种知识。社会效益至少有可能超过因投资于学习产业生产工艺而得到的私人收益,学习结果由社会享用甚至会减少私人从投资中可获得的回报。当学习过程的社会效益超过私人收益时,最合适的政府政策便是,通过资助先行试点企业等方法来补贴学习过程本身,条件是所获得的经验及开发的工艺将让未来的全体生产商共同分享。”

面达到这样的层次。

*　*　*

“幼稚”产业采用了一个很有吸引力的直观比喻，不过，从穆勒提出那个有条件赞同的意见以来，用以评估幼稚产业保护论的分析却进步得极其缓慢。现代对该理论的探讨固然仍受到某种模糊性的困扰，但该主张如今主要涉及新厂商在获取知识或资本时所面临的障碍问题。当人们呼吁政府干预时，其用意是要改善有关知识投资外溢的现状，或是改善资本市场的功能。贸易干预并不直接恰当，因为无论有关产业是否参与国际贸易，这些改善本来就是可取的。因此，这一特定的保护主张如今不像几十年前那样普遍流行并值得支持。然而，也很难对幼稚产业论不屑一顾，该主张依然在商业政策理论中占有令人困扰的一席之地。

第九章

格雷厄姆与收益递增论

幼稚产业保护论认为，临时保护可使国内产业达到一个有效程度，这样，到某一时刻，该产业可在不加扶持的状态下依照世界价格出口。20世纪20年代，普林斯顿大学经济学教授弗兰克·格雷厄姆(Frank Graham)试图描述在何种条件下，"永久性"保护可为一国带来好处。如果制造业服从规模收益递增的规律，而农业服从规模收益递减的规律，那么，一个专门从事农业并进口制成品的国家等于剥夺了自己在高生产率部门生产的机会。格雷厄姆论述了这种局面的弊端，并断言，对制成品进口设置永久关税终将优于自由贸易。就如此前的保护学说一样，格雷厄姆的论断也引发了激烈辩论，但最终在随后的批评面前败下阵来，因为有批评称，厂商内部的收益递增与市场竞争是不相容的。不过，格雷厄姆依然成功地让人注意到，外部经济性对于形成专业化与贸易的特定格局具有潜在影响。

* * *

古典比较优势理论在李嘉图的《政治经济学及赋税原理》第七章中引起世人关注，该理论设定了一个生产要素(劳动)及不变的生产成本，即如果一件产品生产过程中所雇佣的劳动量增加一倍，产量就会跟着翻倍。然而，人们在描述贸易时，也会引进多个生产要素和不同的成本关系。1815 年，托马斯·马尔萨斯、大卫·李嘉图、爱德华·维斯特(Edward West)都各自在农业生产中应用了规模收益递减的理念，据认为，在定量的土地上，随着使用劳动的增加，每一新增劳动所能生产的劳动成果却会减少。李嘉图对《谷物法》的著名批评娴熟地使用了农业中的收益递减(反过来说即生产成本递增)现象，用来描述地租、利润、工资是如何确定的，并用来评估贸易政策对收入分配的影响。维斯特与李嘉图和马尔萨斯的角度有所不同，他提醒人们注意制造业中收益递增的可能性，也即在制造业中，生产成本可能随生产规模的扩大反而下降。维斯特(1815:25)提示："制造业中分工及使用机器会导致劳动生产率越来越高，处于不断进步的过程。"这一效应在农业中也存在，无奈被劣质土地这一不可追加的生产要素抵消了，从而导致收益递减。维斯特如此区分农业的收益递减与制造业的收益递增，得到了其他经济学家的采纳，成为至今依然有效的一个命题。① 不过，当此时刻，人们尚未从收益递增中悟出其对贸易及商业政策意味着什么。

与贸易条件论和幼稚产业论不同，收益递增论引发的争议是首次主要由美国人而非英国人参与的一场辩论。美国的经济学家长期以来一直在争论且还提出了某些保护论调，那里的保护主义者相信，对进口制成品征收关税有利于促进收益递增产业中的产量增加。美国经济学界也有人相信，当某一国内产业具有收益递增特征时，进口关税可能不会引发国内价格上升；相反，根据流行的推论，关税实际上可能会降低价格，因为国内产量会扩大并可按较低价格供应市场。弗朗西斯·沃克(Francis Walker，1903)曾试图规范地阐述这一主张，可惜未能成功。他采用了并不严格基于收益递增现象的数字例证，显然想证明，如果征收关税后贸易商品价格因此而下降，关税是可能带来收益的。②

---

① 例如，纳索·西尼尔(1826:86)提出了下列经济规律："制造业劳动者数量的每一次增加，都伴有不仅是相应的、而且是更多的生产力提高。"他还宣称，如果纺织部门的就业人数增加一倍，产量就会增加一倍以上。

② 雅各布·瓦伊纳(1937:475)对此有过尖锐而又可靠的评判："他的程序几乎在每个可以想象的细节上都有缺陷。……其结果完全没有意义。"

托马斯·卡弗(Thomas Carver,1902)没有完全摒弃价格降低的可能,但至少认识到,如果收益递增在厂商层面无穷尽地延续,整个行业将滑向由一家厂商垄断的局面。在此情况下,关税势将强化这一垄断力量,使其从国内消费者那里索取更高的价格。① 不过令人惊奇的是,大多数经济学家并未认真追究收益递增有可能挑战自由贸易论这一前景。例如,弗兰克·陶西格(1927:83)同意,收益递增"可能改变国际贸易得以发生的条件环境",却漫不经心地将此问题弃置一旁,称其"不是新东西,因而不必重新分析"。

要等到一位英国经济学家出场才改变情况。爱丁堡大学政治经济学教授J. S. 尼科尔森(1897:308—309)指出,收益递增可能给比较优势理论带来问题。尼科尔森设想了这一情形:假定小麦的生产受制于规模收益递减规律(即随着雇佣劳动的增加,边际劳动产出却减少),而布匹的生产受制于规模收益递增规律(即随着雇佣劳动的增加,平均劳动产出也增加)。专业化和贸易对相互贸易的两个国家意味着截然不同的结果。在布匹生产方面拥有比较优势的国家会既享受到布匹方面平均劳动产出的增加(随产量增加),又享受到小麦方面边际劳动产出的增加(随产量萎缩)。这将导致工资水平的上升。尼科尔森如同当时其他人惯于认为的那样,也暗示凡能扩大劳动在国民收入中的份额,任何事情都必然是可取的。

相反的情形则发生在比较优势限于小麦的那个国家,在这里,随着小麦产量的增加,边际劳动产出将会下降,而从布匹方面撤出劳动将降低该部门的平均劳动产出。假如布匹每码的售价相当于每蒲式耳小麦的售价,则当原用来生产 1 000 码布匹的劳动能用来生产 1 000 蒲式耳小麦时,该过程往往会在此刻停止。然而,由于不同的规模收益情况,一国可能使用资源生产少于 1 000 蒲式耳的小麦,因为通行的分析"没有考虑在布匹方面随生产量的减少而出现的平均劳动收益的下降"。在此情况下,小麦方面额外增加的劳动将产出不足 1 000 蒲式耳的小麦,该国"将获得比原先较少的布匹,总国民收入也会减少"。对这个将完全专业化于小麦生产的国家而言,尼科尔森断言,"其唯一的补偿在

① 也参见阿尔弗雷德·马歇尔([1890]1925:261—262)的相关论述。

于，用所出口的小麦争取获得比过去更多的布匹”，此即在贸易条件上争取能有足够大的改善。

尼科尔森这一较早但包含洞见的分析离确立其理论尚有一步之遥，因为他未能直接说明专业化于收益递减部门的国家所遭受的损失，他只是间接地讲到了贸易收益问题，而且，他关于国民收入会有减少的论点本身尚不完整。他对于农业中的边际分析和对制造业中的平均分析用得相当不熟练，这表明，以此种收益递增来考察国际贸易平衡可能还存在问题。农业中的边际分析是司空见惯的：产量会继续增加，直到达成某个竞争性均衡，此时即生产某产品时（不断增加）的边际成本等于其价格。这一点在思考制造业问题时是不够的。如果边际成本与产量存在一种反比关系，则原先当边际成本与价格相等、产量维持在单位成本较高的水平时，便不会有利润。因此，尼科尔森被迫用平均生产率（即成本）的概念来进行自己对制造业的讨论，他提出随着产量的增加，生产的平均成本在“所有”产量单位都会下降。这一情况与竞争均衡是潜在一致的。

颇为奇怪的是，尼科尔森的举例没有引起同代人的多少兴趣，也没有引发什么争论。[①] 然而，1923 年，弗兰克·格雷厄姆构建了一个非常类似的例证，似乎可以表明，那个未能专门从事收益递增产业的国家会遭受损失。格雷厄姆（1923：200）强调，比较优势并不是评判最佳商业政策的“绝对正确标准”，他断言，当制造业服从于规模收益递增规律时，“对制造业的保护可以有利可图地延续很长时间，大大超出幼稚阶段，而不管该产业撤除扶持后是否能自行支撑”。在格雷厄姆看来，那些赞成幼稚产业临时保护论的人退让得太多了，因为“如果一个产业没有保护便无法成长或立足，且没有保护将永不可能存活下来，如果一个产业在最初征收保护性关税时没有比较优势，甚至有了保护性关税也永不可能获得比较优势，那么，保护这样的产业仍然可能符合一国的经济利益”。（202—203）

为说明这一点，格雷厄姆举了一个数字例子，涉及手表（受制于收益递增）

---

① L. L. 普赖斯（L. L. Price，1898：63）对尼科尔森著作的评论仅仅提及，作者“展现了两种收益规律对于交易条件可能产生的重要影响。……他在表述自己对贸易保护理论基础的判断时，显得比自由贸易的老一辈倡导者要远为谨慎，更强调具体问题要具体分析。”

与小麦(受制于收益递减)的比较成本及贸易。假定在没有贸易的情况下,一国能用一个单位的劳动生产 40 个单位的小麦或 30 块手表。如果国际交换比率是 40 个单位的小麦换取 35 块手表,该国便在小麦方面拥有比较优势。借助贸易和两个单位的劳动,该国可以消费 40 个单位的小麦和 35 块手表,即比没有贸易时可多消费 5 块手表。但是,依照格雷厄姆的假设,生产的劳动成本在面临两个部门间劳动流动时并不是一成不变的。当劳动转入小麦生产并遭遇收益递减时,产出的获取成本会日益高昂,边际劳动产出会下降到 35 个单位的小麦。同时,当劳动撤离收益递增的手表行业时,那里产出的获取成本也会变得日益高昂,一个单位的劳动只能生产 20 块手表。如果国际交换比率依然是 40 个单位的小麦换 35 块手表,该国在这一节点上仍然可从贸易中获益。此时,没有贸易的话,该国只能拥有 35 个单位的小麦和 20 块手表,而借助贸易,它能拥有 30 个单位的小麦和 35 块手表,而且,由于 5 块超额的手表所值大于 5 个单位的超额小麦,该国会享有更高的实际收入。

然而,格雷厄姆指出,这样比较是错误的,正确的比较应当在无贸易(即一个单位的劳动生产 40 个单位的小麦或 30 块手表)与有贸易(即一个单位的劳动生产 35 个单位的小麦或 20 块手表)之间进行。在有贸易的情况下,该国比没有贸易时少得了 10 个单位的小麦,但多得了 5 块手表;可是,这里出现了净损失,因为 10 个单位的小麦所值超过 5 块手表。有鉴于此,格雷厄姆下此结论:“在任何特定时刻……专业化于小麦生产会是合算的,但是专业化的最后结果却导致一种局面,即[该国]国民从自身努力中获得的报酬会趋于减少,会少于从未进行国际贸易之时。”(207)

格雷厄姆认识到,如果他所假定的成本是边际成本,那么,专业化带来的有害后果便并非不可避免。在此情况下,生产小麦的较高成本适用于最后一个单位的产出,不会同样适用于之前(超边际)单位的产出。[①] (换言之,平均劳动产出高于边际劳动产出,故而简单地用边际产出来乘以劳动总量会低估总产出。)但如果成本是平均成本,则损失的可能性将取决于产量扩大之程度,以及成本

① 当然,收入分配(以对土地所有者更高租金的形式)会在此情况下发生变化。

因贸易缘故而上升的速度。在格雷厄姆所考察的具体案例中,“所设定条件下该国必然随自由贸易而发生损失,这一结论是不可避免的”。这一结果为“有利可图的永久保护”提供了基础:因为该国在自给自足或贸易较少状态下福利会更好,所以该国“会从保护中获得经济利益,可能值得将保护无休止地延续下去”。(208)

虽然当一国的比较优势存在于收益递减部门时该国会遭受损失,但格雷厄姆也表明,自由贸易会增加世界的总产出。对专业化于收益递增行业的其他国家而言,随着贸易的开放,需要用来生产小麦和手表的劳动量将会减少,它们将可取得明确的收益。就生产手表的过程而言,格雷厄姆重复了尼科尔森所使用的平均成本分析。同样,成本下降不会发生在边际上,因为那样意味着在最初高成本单位时没有利润。相反,较低单位成本必然适用于总产量,就如格雷厄姆所言:“产出的延伸在这里将反映于全部产量的较低单位成本,而不单单反映于新增部分,所有的生产商必然有相近的平均成本,不然会被竞争对手淘汰出局。”(208—209)

格雷厄姆得出结论:“一国若专门从事成本递增商品的生产,哪怕它在该行业拥有比较优势,也有可能对该国不利。假如世界对成本递减产品的需求增长较快,在数量上快于世界对成本递增产品的需求,则专门从事成本递增商品的生产可能就更不利了。”(210)有人说,对专业化于收益递减产业的国家而言,贸易条件是会改善的,即小麦的价格相对于手表的价格会上升,原因是用于小麦生产的资源会存在稀缺性,而同时手表行业的收益在递增。格雷厄姆不同意这一想法,他坚持认为,“没有理由可以假定将出现这种情况”,不过他没有解释。

在尼科尔森和格雷厄姆这些较早的分析中,实际上触及了收益递增情况下自由贸易存在的两个显著问题。

其一,收益递增意味着多重均衡。由于边际劳动产出随着制造业部门中劳动量的增加而增加,因此可以想象两种均衡:一是没有劳动在从事制造业(该部门产出为零);二是所有劳动都在从事制造业。在这两种状态之间的任何劳动配置都不可能导致一种稳定的均衡,因为额外增加的一个单位劳动都会比前一个单位劳动带来更多的产出。传统的静态比较方法在展示保护对国民收入的影响时,一直没有对这些可能均衡的可取性加以排列。

其二,虽然平均成本分析将某一特定的居中劳动配置设定为一种稳定均衡,但也导入了经济低效。在任何这种均衡状态中,平均成本定价意味着确定的工资将等于平均劳动产出,而不是等于完全竞争下的边际产出。这一情况下,在边际劳动产出超过平均劳动产出的制造业将雇佣太少的劳动,产量将遭扭曲,会偏离其最优水平,从而使得保护具备了潜在的救济功能。

然而,格雷厄姆振聋发聩的论点很快就遭到弗兰克·奈特(Frank Knight)的挑战,此人后来成为芝加哥大学的大牌经济学家。奈特(1924)基于收益递增与竞争分析相互兼容的看法,回击了格雷厄姆"谬误"而又"天才的论点"。奈特针对格雷厄姆在一个脚注中提出的条件设定发起了反击,格雷厄姆(1923:204n)是这样说的:"正文中的推论只是假定,递减的单位成本是因手表生产的扩大而获得的,至于这里的原因是外部经济性还是内部经济性,这对该理论没有实质性影响,当然,理论的适用程度可能会受到一定影响。"

关于内部经济性与外部经济性的区别,尽管格雷厄姆的叙述草草了事,实际上却对这一辩论关系重大。内部经济性和外部经济性是收益递增的两种形式,系由阿尔弗雷德·马歇尔在19世纪末引入经济分析。当某一特定厂商的生产成本随其自身产量的扩大而下降时,收益递增便属厂商内部型;当某一特定厂商的生产成本随整个行业产量的扩大而下降,却随自身产量的扩大而上升时,收益递增便属厂商外部型。马歇尔(1920:220—221)指出,内部经济性(亦称规模经济性)"依赖参与[某行业]的单个企业所拥有的资源,依赖对企业的组织以及管理层的效率"。相形之下,外部经济性"依赖所在行业的总体发展",其中部分"依赖附近地区同类生产的总量,而其他部分特别是那些与知识成长和工艺进步相关的部分,则再一次主要依赖整个文明世界的总生产量"。

奈特的第一要点是说,厂商内部的收益递增严格来说与行业的竞争是不相容的。[1] 假如一家厂商的成本下降持续地由其自身产量引起，则该厂商一已将可用最低的成本供应整个市场，整个行业将被垄断。奈特(1924:597)说："如果竞争是有效的，生产单位的规模将倾向于扩大，直到:或者再也不可能获得规模经济性，或者只剩下一家企业，全行业成为一个垄断体……当所有企业都已扩大至其最有效的规模时，总产量的变化不过是改变其'数字'，其中不涉及技术经济性。"因此，奈特得出结论："一种商品的产量增加必然会增加其生产成本，除非该行业就是一个或变成一个垄断体。"

奈特继续道："对于上述论点，人们会提出'外部经济性'学说来加以反驳。"但他补充说，这"肯定缘于某种错误观念。在整个行业里，一个企业单位中的外部经济性正是其他企业的内部经济性"。这一论点很快还会加以讨论。奈特坚持说："有的产品持续提供着随经营规模扩大而带来技术经济性的可能，创造此类产品的任何阶段或环节最终必定是要么归于垄断，要么抛弃这一趋势，终究确立起随规模扩大而成本上升这一正常关系。"

奈特也指出了格雷厄姆两国例证中一个切实的小错误。他正确地提到，在前述例子中，两国中至少有一个会完全专业化于两种商品中的一种，从而终止边际劳动生产率方面的任何变化。如果一国仍然同时在生产两种商品，那么专业化国家贸易时的交换比率会等于非专业化国家的成本比率。格雷厄姆(1925)在答复时承认了自己在交易和成本比率以及专业化方面的错误，并进而证明这并不会实质性地影响自己的结果。但就奈特的主要论点，格雷厄姆未加应对，基本上重申，区分内部收益递增与外部收益递增没有什么重要性。

奈特(1925:331－333)在自己的答复中再次强调了格雷厄姆所忽视的方面，他说："格雷厄姆教授为确立自己的理论支点所要做的是，应当表明……产业的确会按成本递减规律运行，而同时又不会滑向垄断。"奈特同意："如果能就成本递减做出假定的话，[格雷厄姆的]结论是正确的。"然而，"为了确证所要求意义上的成本递减，必须要表明，在稳定竞争的局面中存在或可能存在某些行

① 奥古斯丁·古诺在1838年、阿尔弗雷德·马歇尔等人在后来都认识到这一问题，但格雷厄姆显然未予重视。

业，在这些行业中，没有哪个已在经营的生产商能够通过损害其他生产商的利益扩大自己的产量并降低自己的真实成本，而同时新生产商进入该行业与既有生产商展开竞争，由此将使得真实成本全盘降低”。但是，新入行者必然会让生产要素从其他用途那里转移过来，也许还必须利用一些低质量的生产要素。奈特论辩道：“这些因素必然推动成本递增，至少必须要有某种纯粹‘外部’的组织经济性来充分抵消。尽管对于此类外部性多有权威意见可加引述，但我从未在头脑中成功设想过，也没有找到任何令人信服的理由相信它们存在，格雷厄姆教授在其答复中所援用的推论性例证也没能帮我做到这一点。”即使格雷厄姆可以，“我也不能相信这种情况具有普适性，乃至需要在经济理论中单独列出一条规则，或需要在关税立法中特别列出一个专门条款”。

虽然遭遇到这些及其他批评，格雷厄姆从未放弃其保护论，10 年后他还出版了一本篇幅不大的论述关税的书。格雷厄姆(1934:81)在该书“理性保护”一章中继续认定，如果一国不专业化于收益递增产业，它“可能持续丧失提高其人均总体生产率的机会，甚至可能就在这里遭受绝对的下降”。因此“对那些每扩大一单位产量成本便会递减的产业，当其处于相对弱势时，就可能应当对其加以保护”。然而，奈特通过质疑(内部)收益递增与市场竞争的相容性，已在格雷厄姆的理论上打开了一个大缺口。正如约翰·奇普曼(1965:741)后来写道：“只要奈特的反对意见站得住脚，格雷厄姆的整个主张以此为前提的话，便失去了说服力，且不论其中还有其他几个缺陷。”

其他一些大牌经济学家也从奈特那里获得了启发，他们同样怀疑格雷厄姆的主张。与奈特一样，哥特弗里德·哈伯勒(Gottfried Haberler，1936:198—208)也承认：“若能接受格雷厄姆的假设，那么他的结论便顺理成章。”不过，他以为这些假设“十分缺乏依据”。雅各布·瓦伊纳指控格雷厄姆犯了与尼科尔森相同的错误，即混淆了边际分析与平均分析。瓦伊纳(1937:480)断言：“假如格雷厄姆对两个国家都用边际成本和边际收益这样的概念处理问题，他就不可能得出对自由贸易不利的结果。”这是因为，如同瓦伊纳所指出且格雷厄姆也部分承认，“只要将成本当作利益的标准，当专业化与‘该国的产业边际成本’相符

时，它必然有利于国家”。(474)

简·丁伯根(Jan Tinbergen，1945：182－199)重新捡起这个问题并提及格雷厄姆分析中的另一个错误。格雷厄姆意在表明，贸易的后果是，比起原本通过国内生产而可得到较多的手表，同样的努力现在只能得到较少的手表。但丁伯根指出，较多的手表是按平均(而非边际)劳动产出计算出来的，小麦产量却按边际劳动产出计算出来。一般都认为，边际劳动产出低于平均劳动产出，故此，格雷厄姆在计量被放弃的产量时，用了一个错误的尺度。丁伯根用几何方法说明，如果进行正确的边际计算的话，就不会存在因贸易而造成的损失。

但是，假如接受外部经济性这个概念，奈特的批评便远没有那么强的说服力。这些外部经济性是什么呢？如前已述，阿尔弗雷德·马歇尔将外部经济性简单描述为单独一家厂商的成本降低，该厂商“依赖整个产业的总体发展”，即依赖全行业产量的规模。相关的行业产量差异很大，既可以有本地产量，也可以有世界产量。用马歇尔的话说：“某些厂商依赖所在街区同类生产的总产量，而其他一些厂商，特别是那些与知识增长和工艺进步相关联的厂商，则主要依赖整个文明世界的总生产量。”[①]F. Y. 埃奇沃思(1905)首次成功表明，外部经济性概念与竞争均衡是兼容的，而内部经济性做不到这一点。根据埃奇沃思的构想，在外部经济性状况中，单独一家厂商的边际成本因其自身产量而增加，但其成本曲线会因整个行业产量的增加而向下偏移。因为一家厂商相对于整个行业总是规模较小，所以行业产量是作为一个给定的数量加以接受的，该厂商自身产量对行业总产量的贡献几乎难以察觉。于是，就单独每一厂商而言，它是在成本递增法则下运行，但行业供给曲线可能向下倾斜。[②]

正如奈特抱怀疑态度的言论所表明，部分由于马歇尔及其追随者思想上的

---

① 有关马歇尔在收益递增方面的思想，参见雷尼·普仁德伽斯特(Renee Prendergast，1992)的探讨。

② 20世纪二三十年代，人们曾就这些成本曲线的实质以及外部经济(及不经济)的现实意义展开过广泛的争论，因其过于偏离贸易政策领域，在此不加评述。参见约翰·奇普曼(1965：736－749)的精彩论述。争论者最终看起来达成了一个共识，普遍认为外部经济性与竞争均衡是兼容的。不过，对于竞争均衡的社会最优性，仍存在争议。阿尔弗雷德·马歇尔和A. C. 庇古相信，这些产业中由市场决定的产量太低，故断言，为把行业产量提高到社会最优程度，政府补贴是必要的。庇古后来在遭到奈特和丹尼斯·罗伯逊(Dennis Robertson)攻击后，在内部经济性问题上放弃了这一倡议，但并没有在外部经济性问题上否认补贴的必要性。

模糊性，外部经济这一概念从未得到人们的倾心接受，更不用说其相关的政策建议了。丹尼斯·罗伯逊(1924:24)如此表达了其中的混乱：外部经济实际上“仅仅指，只要假以时日及一个组织的演进，总能够以更低的单位成本生产出更大的产量，该单位成本低于以前产量较小的时候”。不过，他补充说：“我们过去不敢想象单位成本下降也会导致产量的增加，只是认为产量增加导致成本下降，或者不过极其草率地表示‘两者相互关联’。”罗伯逊还提出，由于马歇尔将静态外部经济的讨论与产业变迁和技术进步等动态因素混为一谈，他的论述会引发进一步混乱。罗伯逊不相信补贴或关税对促进外部经济是必要的，他问道：“为[‘降低成本’]这些理由而试图大幅提高竞争性产量的一方(不管是私营垄断者还是国家)岂不是想腾空起飞、预知未来、拔苗助长吗？”

当然，究竟可以得出何种政策建议，这要看一个人具体判定是哪些因素生成了外部经济性。早在19世纪70年代，马歇尔就描述了三种外部经济：厂商之间的知识外溢、拥有子公司供应商的大产业、当地汇聚的熟练工人队伍。所谓知识外溢是指，厂商被认为不可能独占自己投资于知识创新活动所带来的好处，这种知识外溢会使一家厂商的活动为其他厂商带来免费的好处，也因此会使有关活动或许供应不足，不足以达到社会最优的程度。[①] 庇古将此解释为一种外部性，即知识生产的边际社会效益超过了这一活动的边际私人收益，所以从原则上讲，应该要求政府给予补贴，借以弥补其间的差额并因此增加国民收入。然而，知识外溢不一定与静态外部经济性关联，因为它们不需要与目前产量的规模相挂钩。

相比之下，后两种情况更符合今天人们所称的外部经济性，即市场规模效应，它指的是市场规模越大，行业中厂商的生产率便越高。譬如，一个大的产业更能支撑更专业化的生产服务供应商，而这反过来又会降低该产业的成本并增

① 马歇尔(1920:225)这样描述知识外溢：“机器、工艺流程、企业总体组织方式等方面的发明和改进能让自身好处迅速传播：假如某人产生了一个新思想，他人马上会采用这一思想，把它与自己的想法结合起来，由此会触发进一步的新思想。”他也暗示，在让知识本地化的过程中，空间距离这一因素的妨碍性在下降：“在涉及贸易知识的所有问题上，相对于内部经济性，外部经济性的重要性一直在上升。各类报纸以及各种各样的贸易与技术出版物都在为人搜寻并带来所需的大量知识，曾几何时，假如不在遥远之地安插费用高昂的信息人员，任何人都还无法获取这些知识。”(237)

加该产业的产量。马歇尔及其追随者推定，这些东西构成了外部经济性，理由是，假如一家厂商决定进入某个行业或增加其产量，该厂商并不会考虑，自己的进入行为以及带来的额外产量将降低该产业中所有其他厂商的生产成本。

不过，马歇尔(1920:264)对该现象的描述一如既往地模糊，他说："这些[外部经济性中]最重要的经济性来自产业分支的相互支持和共同成长，它们也许集中于同一地点，但仍然享用着由蒸汽交通、电报、印刷出版所带来的现代通信便利。"可惜，马歇尔的追随者未能更成功地提出关于这些经济性的有力例证。罗伯逊(1924:26)曾提及："交通的进步、电话、贸易期刊、工商俱乐部、市场价格所、拥有子公司的大产业、熟练劳工供应等，我们都会在某个时候试图记住它们，并开列出一张长长的单子。"然而，从来都难以充分肯定，经济性的这些"显而易见"的例子会不会只是罗列了市场相互依赖和逐步演化的现象，并不能佐证出现了市场失灵以致需要某种形式的政府干预。

在某些方面，比如交通进步问题上，奈特的说法，即一个产业中的外部经济性便是另一个产业的内部经济性，还是讲得对的。在其他方面，外部经济性可以通过诸如垂直整合或其他定价安排等市场机制而加以内部化。但是，整个外部经济性概念依然让人捉摸不定。E. A. G. 鲁宾孙(E. A. G. Robinson，1931：138)似乎在哀叹："于是，我们在一个又一个产业里追逐着外部经济性这个虚无缥缈的身影，发现它最终消失得无影无踪，或者被吸收到了厂商或组织尚低于最佳水平的经济性中。"所以，罗伯逊的那句语含讽刺的话，即旨在利用外部经济性的政策行为不过是国家在那里拔苗助长云云，还真是一语中的。

外部经济性捉摸不定的特点，必然使得对这一概念的怀疑永远无法彻底消除，而更无法把握的是它对政府行为，特别是对自由贸易问题所蕴含的政策启示。仁者见仁、智者见智，人们既可能将外部经济性视为很不普遍，本质上形同凤毛麟角，也可能认为它反映了无处不在的相互依赖关系，可见于每一个经济部门。这造成了极大的混乱，使得人们难以认清该问题对自由贸易到底产生了何种影响。某种特定的外部经济性的确意味着政府应该拿出补贴，以鼓励供应不足的某种活动，也的确意味着国际贸易可能会强化某种不利的专业化趋向。

可是，人们还是难以一目了然地看清这一切对商业政策意味着什么。例如，哈伯勒(1936:207)就抱怨，外部经济性天生就是如此"模糊和难以确定""难以评估其程度或价值"，所以，"把保护政策立足于"其或许存在这一基础上，"并不真正可行"。奇普曼(1965:746)把20世纪二三十年代所提出的标准的外部经济性例子称为"不着边际，让人很难理解整个商业政策理论怎么可能以它们为基础"。

然而，即使人们毫无保留地接受外部经济性可能存在这一事实，格雷厄姆的理由也未必就能畅行无阻。另一位批评者指出了成本可逆性这个重要问题。格雷厄姆的立场是，保护必须是永久的，因为一旦撤除保护，收益递增部门作为一个存在比较劣势的部门，将会萎缩，成本又会开始回升。格雷厄姆的主张与幼稚产业论不同，在动态的幼稚产业论中，一旦幼稚产业成长起来，在撤除保护之后，成本下降就已经不可逆转。而格雷厄姆的主张却是静态的，所以，需要永久的政策行为，如此才能让经济处于某种特定的均衡中。卡尔·安德森(Karl Anderson，1936:167)相信，"如果成本递减的原因一经发现和利用便不再失去"，格雷厄姆的论点就会遭到削弱。安德森直白地指出，"不可逆性显然是真正的外部经济性中的特点"，因为其假定的原因一旦存在，便不可能被消除。他因此得出结论："格雷厄姆辩护的那种保护所赖以存在的基础就此几乎完全被摧毁。"不过，这一结论只是一种声称罢了，理论基础的耐久性依然是一个争论不休的问题。纵然安德森所言为真，他也忽略了一点，即无论如何，格雷厄姆的主张其实无非是回到动态的幼稚产业论而已。

但瓦伊纳(1937:475—482)倒确实提出了一些关键的理由，质疑了用贸易政策从外部经济性中获利的可能。首先，对贸易政策的含义，特别取决于外部经济性是由世界产量还是由国内产量决定。如果外部经济性依赖世界市场的规模，那么，当某些国内厂商削减其产量时，本国的厂商不会遭遇特别的妨碍。例如，假如世界手表业的规模受到世界手表机械业某些特殊因素的影响，而且手表机械是可以自由贸易的，则并不会对国内厂商构成特别问题。[①] 假如国内手表机械业因此部分萎缩了，世界上所有的手表厂商都受到经济性损失的同等影响，而不单是国内厂商特别地受到影响。这一思想削弱了扶持国内厂商的潜在理由，并且让人看到了中间产品的可贸易性，而这点正是现代探讨外部经济性中的一个要点。

其次，瓦伊纳(1937:480)认为，如果外部经济性是货币性的，“那它们就不是真正的国家经济性，当它们消失时，该国不会失去任何东西”。为澄清这一观点，需要了解瓦伊纳(1931)关于“技术外部经济”与“货币外部经济”的区分。技术外部经济描述了在某个特定市场上厂商之间的相互依存关系，即单个厂商的生产功能直接受到整个行业总产量的影响；货币外部经济是指一家厂商的利润直接受到其他生产商(上游或下游)生产活动的影响。蒂伯·西陶夫斯基(Tibor Scitovsky, 1954:145)后来澄清了这些概念，并得出一条意见，即“由于一般均衡理论框架内以及生产商之间的直接相互依存关系，技术外部经济是唯一能够出现的外部经济性”。然而，西陶夫斯基谈到了“技术外部经济的稀缺性”，因为“不容易从产业中找到例证”。例如，很难把生产组织方式中的变化视为技术外部性。[②]

瓦伊纳(1937:480—481)提出了这样的结论：

> 某个产业，从单个生产者角度看，存在比较成本劣势，在此类产业中，如果基于外部经济性的存在而进行保护，其可以设想的理由只能在下列意义上提出来：外部经济性(1)依赖国内产业而不是世界产业的规模；(2)是技术性的而非货币性的，或者如果是货币性的话，不是以国内销售商或给予该产业的服务或材料为代价。该保护主张的应用面极其有限，看来对于真正的技术外部经济的存在，甚至都难以提出合理的推断性案例。

这就把格雷厄姆的例证降格为(按其所言)“不过是理论上的智力游戏”。

---

① 用瓦伊纳(1937:480)的话说：“假如存在机械的自由贸易，只要手表业的总体规模不萎缩，某一特定国家的手表业就不会仅仅因为其规模的缩小而失去其机械成本的经济性。”

② 根据西陶夫斯基(1954:136)的看法，“货币外部经济显然在均衡理论中没有地位”，因为不能认为这种通过市场机制而“无孔不入”的相互依存会导致资源的最优配置，或导致无法达到那种最优状态。

在阿尔弗雷德·马歇尔首先阐述外部经济性后的几十年里，情况表明，经济学家们并没有真正理解如何去清晰地思考这些效应，更不可能从中得出涉及贸易政策的启示。与此同时，完全抛弃这个概念似乎又有点可惜，因为它看起来与某些情况下似乎无法解释的比较优势特点密切相关。R. C. O. 马修斯(R. C. O. Matthews,1949—1950)有一个经常为人援引的例子：为何德国专业化于照相机，而瑞士专业化于手表？初始优势在过去扮演过何种角色，又如何累积到了今日？规模经济或外部经济能够解释这种集中化和本地化吗？如果可以，能否将两个产业的地理位置颠倒一下，这不能说明多重均衡的潜在可能(前已论及)吗？

虽然关于外部经济和比较优势的辩论在格雷厄姆的文章发表后并没有得到令人满意的解决，但对与贸易相关的外部经济问题的研究几乎烟消云散，一直要到20世纪80年代初才有转机。到那时，有分析表明，格雷厄姆阐述的道理，按其对外部经济性的前提假定，还是基本正确的。阿温德·帕纳伽日亚(Arvind Panagariya,1981)描述了一个收益递减的开放的小经济体，以及一个收益递增的产业(此外，厂商规模收益不变、经济性外在于厂商但内在于产业，因此与完全竞争和平均成本定价相一致)。在这些假定条件下，需要采用永久的补贴，以便在收益递增产业中扩大产量；或者反过来说，需要开征某种税收，以便在收益递减产业中打压产量，如此方能让国民收入最大化。一个完全专业化于收益递减产业的国家在开放贸易后可能会遭受福利损失，当然，这也要看贸易条件是否朝着足够有利的方向移动。正如在幼稚产业论中一样，最优的政策是一种选择得当的补贴，而不是会给消费选择造成额外扭曲的一项关税。威尔弗雷德·艾希尔(Wilfred Ethier,1982b)在其相关著作中指出了格雷厄姆理论中国家规模不言而喻的重要性，因为专业化于收益递减部门的国家规模越小，并且(看似颇为矛盾)，收益递增幅度越高，则该国越不可能因贸易而损失。

但这部著作以及其他类似著作都假定了外部经济性的存在。当就这些经济性缺乏更具体的证据时，或者当经济性也许仅仅源于某种特定的、可能的市场结构时，外部经济性对自由贸易的实际价值便大可存疑。艾希尔(1982a)后来为外部经济性提供了一个可能的理论基础，即每家厂商都按规模收益不变的原则运作，但整个产业则显示出收益递增现象。这一例子借鉴了马歇尔的提示，即一个较大的产业能够拥有更多的专业化服务商，它们能为生产活动低价供应各种专业要素。艾希尔这样说明：如果在每一厂商内部都有规模经济，厂商生产的是差异化的中间产品，换句话说，这里存在垄断性竞争局面，那么，对于组装这些中间部件的产业而言，其总体生产功能展示出外部经济性的特征。

这里的关键再次涉及瓦伊纳的一个论点，即那些中间产品是否可贸易。如果中间品可贸易，则外部经济性有赖于最终产品的国际生产而不是国内生产，这样就没有强大的理由采取政府行为。如果中间品不可贸易，则外部经济性严格地局限于国内范围，仅取决于国内生产的程度。在后一种情况下，国内市场的规模会决定比较优势，一个较大的市场将能支持较大的产业，从而会比那些较小市场上的产业带来较低的成本。恰如詹姆斯·马库森（James Markusen，1990）指出，在艾希尔所设定的这一情景中，外部规模经济会导致几种可能的扭曲，包括多重均衡（具有外部经济性的产业会有较高和较低的产量）、平均成本定价、低效的要素组合。可以采用一次性的生产补贴确立恰当的均衡，然后可以采用某种永久性要素补贴纠正低效的要素组合。但格雷厄姆所称永久保护的可取性并非那么显而易见。

* * *

以外部规模经济为形式的收益递增仍然让人很伤脑筋。一方面，其效果似乎具有潜在的重要性，难以置之不理；但另一方面，历经一个世纪的论辩后，我们对此依然所知甚少。即便初始状态下市场规模的差异并不很大，贸易也可能强化某种国际专业化的格局。然而，除非我们更好地了解造成外部经济性的深层原因，否则便无法提出一套理由，说进口保护这样的贸易救济方法是一种显而易见的最优政策方案。我们对于外部经济性的决定因素与后果了解得实在太少，无论在理念上还是在实践中均如此。所以，目前尚不能确定，它们是否提供了一个比较清晰的理由可资证明：保护会增加经济财富。市场的扩大是会带来更专业化的分工，但是，用人为手段扩大市场未必能创造足以形成规模优势的更高的专业化分工。

第十章

曼努列斯库与工资差异论

贸易与工资之间的关系一向是引发争论的恒久话题。重商主义者将国家间的工资差异视为国际竞争的关键因素，他们相信，贫穷的低工资国家可以卖得比富有的高工资国家更便宜，会从富国手中夺走贸易，于是，提出了富国开展自由贸易是否明智的问题。古典经济学家在19世纪30年代切实打消了人们的这种顾虑，弄清了比较成本理论下的工资影响问题。但在此以前，大卫·休谟、乔赛亚·塔克等人已就此细致地思考过。在此之后，更有过一场影响自由贸易的大辩论，其所争论的要害是，一国内部的工资差异是否构成有效的保护理由。一度担任罗马尼亚政府部长的米哈伊尔·曼努列斯库（Mihaïl Manoïlescu）断言，发展中国家具有正当的经济理由采用保护方法，以便把劳动从低生产率（低工资）的农业转移到高生产率（高工资）的工业。有关争议后来获得解决，因为人们确认在可能的市场失灵条件下，自由贸易仍具有合理性，况且，在此过程中，自由贸易论得以摆脱了与放任自流学说由来已久的关联性。

* * *

高工资国家应该害怕来自低工资竞争者的进口，这种论调至少可以追溯至重商主义时期。17、18世纪所有时间里，人们都认为，国内制成品的出口价格主要由生产的工资成本所决定。许多英国人据此抱怨，国内的高工资对出口产生了不利影响。高工资水平使得出口更加困难，因为工资较低的外国能在贸易中卖得比英国便宜。托马斯·曼利（Thomas Manly，1669：20）不相信高工资必然会打造富裕繁荣的国家，他哀叹："我们的制成品出口由于工人过高的工资而在日益减少。"《英国忧虑解读》（*The Grand Concern of England Explained*，1673：54）的匿名作者表示："手工艺品制造者从其产品中索取高工资，这种高工资非常有害，不仅伤及有机会使用这些产品的每个人……而且伤害了贸易，妨碍外国人对我国制成品的消费，阻碍曾大量输出的产品的出口。"许多重商主义者建议采取某些降低国内工资的措施，如压低生活必需品成本、引进移民增加国内劳动力，借以强化出口制造商的竞争地位。

这些观点此后被反复提起，直到18世纪依然如此。有位作者抱怨："[高工资的]首要劣势就是让法国人和荷兰人在我国主要制成品领域卖得比我们更便宜。这会严重危害我国商业，若不立即就此采取纠正措施，最终必然贻害无穷……本王国的劳动价格已昂贵无比……若长期听之任之，恐将招致毁灭。……居高不下的劳动价格对我国的贸易和工业都是致命的打击，若不殚精竭虑地应对，必将引发极其可怕的后果。"[①]约翰·鲍威尔（John Powell，1772：281）抗议道："在几乎每个欧洲国家，贸易差额都对我们不利，因为其他国家生活费低廉、工资偏低，借此在工商领域与我国竞争，其商品在大多数市场上卖得比我们便宜。"

随着18世纪的深入，越来越多的人不同意这一立场。[②] 这些观察家认为高工资反映了国家的财富和繁华，并非阻碍国家发展的因素。高工资与制成品低价格之间表面的矛盾要靠劳动生产率来解决（当然，亨利·马丁在1701年已经提出这一解决方案）。假如劳动具有较高的生产率，即使产品售价较低，雇主仍可支付得起高工资。

---

① 《关于完善英国制造业、农业和商业的建言》（*Propositions for Improving Manufactures, Agriculture, and Commerce of Great Britain*，1763：11—12，21）。

② 参见A.W.科茨（1958）。

苏格兰启蒙运动的领军人物也思考过这一重大问题的含义，并进行了一场后人称为休谟-塔克“富国与穷国”的辩论。[①] 当时，人们正就穷奢极欲与国家衰败的关系展开铺天盖地的争论，如爱德华·吉本(Edward Gibbon)的《罗马帝国衰亡史》(*Decline and Fall of the Roman Empire*)便探讨并传播着这一话题。人们纷纷讨论，富裕的英国是否注定会遭遇类似的命运。休谟(1752:17—19)在其《论商业》(Of Commerce)一文中论述了高工资问题，他说：“确实，英国感受到因劳动力价格高企带来的某些外贸劣势，这部分地是货币充裕以及工人富有产生的后果。”但休谟态度乐观：一旦达到商业发展的某种程度后，“一国或许失去大多数外贸，但照样会是一个强大国家”。例如，“如果外国人不再接纳我国商品，我们必定会停止为其付出劳动”，那份劳动会“转向改进国内所需的其他商品”，从而保证商业和财富的繁荣兴旺。休谟断言：“外贸并非最重要的领域，不该任其与千百万人的幸福相竞逐。”

然而，休谟《论货币》(Of Money)一文中有段话却触发了一场大辩论。他在攻击重商主义者醉心于聚敛铸币时强调，货币不过是蒙在实体经济活动上的一层面纱而已。休谟(1752:43)在提到大量货币未必有利于一国外贸后表示：

> 人世间某些因素似乎在以喜悦的方式发生作用，它们会遏制贸易与财富的增长，防止其完全由一国所聚敛。面对发达贸易国所拥有的优势，人们一开始自然会充满畏惧。当一国先发制人从事某一贸易后，后来者要想夺回失去的地盘当然非常困难，因为前者拥有卓越的产业和技能，拥有其商人所掌握的更多资财，那些资财使得商人们能在利润十分微薄的情况下照样开展贸易。然而，这些优势在一定程度上可由劳动力的廉价所抵消，缺乏发达贸易且缺少黄金、白银的每个国家都有低价劳动力。有鉴于此，制造业会逐渐转移地点，离开它们已经致富造福的那些国家和地区，飞往他地，那里原料和劳动的便宜也吸引着它们，直到它们也在此地造

① 有关这场辩论更详细的讨论，参见 J. M. 洛(J. M. Low，1952)、伯纳德·塞默(Bernard Semmel，1965)，尤其是伊斯特凡·洪特(Istvan Hont，1983)。

> 福一方并因为同样的理由再被赶跑。总体而言，可以看到，货币的充裕以及随之而来的高物价，是伴随发达贸易国的一个劣势，它会让穷国在所有外国市场上都卖得比富国更便宜，并因此在每个市场上都限制着富国的贸易。

休谟讲得很明白，先进国家拥有诸多优势，但优势在“某种程度上”受到其他地方低工资的抵消。可是，当写到制造业因为其他地方工资低而“飞往他地”时，他却招致了友人詹姆斯·奥斯瓦尔德(James Oswald)、以后的乔赛亚·塔克等人的批评。不巧的是，大部分争论不过是咬文嚼字，纯粹起因于误解或夸大了休谟的立场。奥斯瓦尔德在一封1749年10月致休谟的信中，评论了正式发表前的休谟论文，讨论了穷国是否能利用自身低工资优势，让商品卖得比富国更便宜。[①] 奥斯瓦尔德指出：“富国在这方面的优势，当与穷国的劣势相对比时，简直无穷无尽。穷国的必需品便宜，原材料也便宜，甚至某些方面的劳动力也便宜，但它们不是总能够，不，除某些情况外很少能够，像在富国的边鄙之地那样低廉地加工制成品，而且更令人惊奇的是，甚至都无法跟富国的首都比。”奥斯瓦尔德认定，穷国中原材料经常更贵，况且，国内对相关制成品缺乏强劲消费需求，不免又构成了穷国的另一个障碍。

休谟(1955:198)在近一年后的1750年11月作答，“你罗列了富国相对于穷国在贸易上的优势，说得非常正确和细致。但我不能同意你说，只要不出现糟糕政策和意外事故，富国就可能永远从穷国那里获取利益”，因为这种进展到时定会“自我遏制”。“富国希望获得并保持一切制造业，那需要巨大的资财和高超的技能，而穷国可以靠技能简单的体力劳动去获取自身利益。”这里是说富国和穷国在制成品生产中会有彼此的分工，假如休谟早点表达这一简明观点，而不用“飞往他地”这个令人患得患失的词语，也许本可避免随后与塔克等人的争论，休谟后来也不得不重复这个解释。

但休谟的文章最终发表后还是引起其他部分人的反对，他们对其中的看法提出了进一步批评。乔赛亚·塔克(1774:9)批驳了那个“普遍接受”的理念，即

---

① 这些信函再现于休谟(1955:190ff)。

“贸易和制造业，假如完全任其自由，总会从富国转移到穷国”；还有休谟的那个暗示，即“每个穷国都是富国不可避免的天然敌人”。塔克发问：“这两个国家中，哪个做得到用最低价提供生活用品并销售制成品呢？”他的回答是，毫无疑问应该是富国。富国“通过普遍的工业化及长期的习惯培养，已经积累了充分的财富，也因此实际拥有稳固的贸易和信贷体系、遍布各制造业的一流工具和设备，以及可以节省劳动力的机器，此外，还拥有良好的道路、运河及其他新创的交通方式。……而穷国很大程度上还缺乏所有这些东西”。(21—22)因此，富国“高超的技能和知识”远远抵消了穷国手中的任何优势。

休谟(1955：200—201)在一封信中回应了塔克，此信于1758年3月写给他们共同的朋友凯姆斯勋爵(亨利·霍姆)：

> 毫无疑问，作者坚信商业发达国拥有的种种优势都是真实的：巨大的资本、广泛的沟通网络、促进劳动力培养和配置的有效方法、熟练的技术、既有的产业等，这些条件让富国比穷国有着无可争辩的优势，穷国毕竟缺乏知识和经验。问题是，这些优势是否能够延续下去，无限止地增加贸易？换句话说，它们难道不会盛极而衰，酿成某些劣势，先是延误最后终结发展趋势，从而自我遏制呢？在那些劣势中，我们应重视生活用品和劳动力的高昂价格，这将使得穷国能够展开竞争，首先在较粗糙的制造业中，然后是在较精细的制造业中。

休谟继续道，若非如此，“世上某个地点就将独占全世界的工艺和产业”。他把塔克的论点颠倒过来后说：“天意决不会让任何一国成为财富的垄断者。”一个富国不可能无限止地积累产业，这里遵循着“必然的原理，不可能纯属偶然”。休谟(1955：200—201)然后提及苏格兰的案例：

> 很高兴作者强调了英格兰的优势……但我还是满心希望，苏格兰也拥有某些优势，那将使我们分享英格兰的财富和工业。理所当然的是，在我们这样的国度，首先应该尝试某些较简单的工业。最精良的工艺将在首都地区得到最佳的发展，价值稍逊的工

> 艺将在较富有的其他地区发展，较粗糙的工艺则在偏远的农村发展。……虽然一个富国借助自身其他优势，在面对跃跃欲试力图发展商业的穷国时，可以长期维持自己的地位，但终究无法彻底消灭或压制对手。

如同在给奥斯瓦尔德的信中一样，休谟明确表示，富国和穷国会专业化于不同类型的制造业，并不是说穷国就会削弱富国的所有产业。可惜，这些观点从未公开发表过。

塔克 1758 年 7 月回复凯姆斯时特别不满“无限止”这个词语，干脆声称：“进步将会是无限止的。”①就富国潜在的垄断可能，他提出：“必须承认事实。”当然，塔克(1774:39)后来供认，这一点“与事实和经验相矛盾”。他随后继续论道：

> 确实，在其他条件不变的情况下，勤劳的富国总是会卖得比穷国便宜，并借此把所有穷国的贸易吸引到自己这边来。但同样确定的是，这些穷国中假如哪一个拥有某种自有的“独特”物产，它可以禁止其出口，直到把它加工为完全的制成品。也确实，所有这些穷国都有权向输入本国境内的富国制成品征税，这种高关税将限制进口规模，从而有利于本国制造业。(Hume,1955:203)

因此，发展中国家利用保护性关税，“可防止富国吞噬穷国”，另外当然可激励穷国去效仿富国的工业发展。

塔克不赞成他所谓休谟的看法，即“穷国由于工资和原材料便宜，一定会在粗糙和低端的制成品方面卖得比富国便宜，于是，穷国便会逐步升级，终将在每个方面都与富国并驾齐驱甚或更胜一筹”。塔克争辩道，随着穷国开始生产越来越高级的产品，其劳动力和材料的价格也会相应上升，因此也会失去原有优势。总之，塔克下结论说：“虽然两个国家会继续各自的前进步伐，但根据我的

---

① 引自休谟(1955:202ff)。

理解，穷国将永远无法赶上富国，除非富国自己犯下错误并且管理不善。”①

如果说休谟认同这些观点，那也要等到1758年前后其所发表的文章《论贸易的猜忌》。休谟反对带着嫉妒的眼光看待别国的经济成就，如他所言，任何一国财富与贸易的增加都共同促进着他人的财富和贸易。休谟(1955:78)提醒人们，英国以往两个世纪中采用了别国数不胜数的技术成果，随后强调：“只要国家间保持开放的交往，各国的国内产业必然经由借鉴他国的进步而取得成长。”没有哪个国家需要“担心，好像邻国会在每一项工艺和制造业中进步太大，乃至不再对别国有任何需求。大自然向不同国家赐予了各色各样的人才、气候、土壤，只要大家勤勉、文明，便可保障相互间的交流和贸易”。(79)进而言之，假如一国在生产某一商品方面“拥有某些特别的天然优势”“并且假如虽则拥有这些优势，却将该制造业丧失[给了外国竞争者]，那他们只能怪自己无所事事、治理无方，岂能责备邻国勤勉有为？”

亚当·斯密对此辩论的唯一直接评论见于其关于法律问题的讲演，也见于《国富论》早期手稿的某些片段，只是后者内容出版时已被删除。在手稿中，斯密(1978:567)表达了一个观点(亨利·马丁早已说过)，即由分工带来的生产率进步会降低产品的价格并提高劳动的价格。“正是经由这一方式，在一个富裕的商业社会中，劳动变得昂贵，产品变得便宜。凡俗偏见和粗浅思考惯于将二者视若水火不容，可在实践中，它们却能完全一致起来。”事实上，斯密断言，劳动力的高价不但是社会总体富裕的证明，“也应被视为构成公共富裕的关键所在”。

这一点与休谟-塔克辩论有何关系呢？斯密说：“所以，一个社会越是富裕，劳动一定越会变得昂贵很多，产品则越会变得便宜很多。穷国满足于较少的利润和较低的工资，假如某些富国因为在外国市场上遭遇穷国贸易商和制造商廉价的销售，从而失去了其若干制造产业和商业活动，这不大可能仅仅是一国富

① 其他人也采取这一立场，如罗伯特·华莱士(Robert Wallace，1758:40ff)写道：“贸易确实是有限的，因为地球及其万物都是有限的。我国永远不可能无限止地扩大自己的贸易，或覆盖到地球的每个角落。但是，富国如果管理得当，就可以维持其相对于穷国的贸易优势。”

裕和另一国贫穷所致。"斯密坚持认为："必定同时发生了其他某个原因""富国必定犯下了某些[政策上的]大错误"，诸如用税收压制了商业或制造业，或者抬高了生活用品的价格并因此人为膨胀了工资。斯密同意塔克的观点："凡是没有犯下这类错误，在个人层面，富裕商人总能卖得更便宜，富裕制造商也总能比贫穷制造商生产得更便宜；同理，在大的社会层面，富国在每一次工商竞争中，必然总会比穷国拥有相等甚或更大的优势。"①

甚至直到19世纪初，还有作者力图告诫读者，休谟曾低估了富国的优势。②但是，政治经济学领域这些范围宽广的辩论正在让位于范围狭窄却更加精准的古典经济学逻辑。古典经济学家们正通过比较优势理论化解关于贸易与工资的忧虑。工资就此与劳动生产率严格地挂钩，即使国家间存在生产率差异（也即，某一国家由于生产率低下，致其工资普遍较低），两国依然可以开展互利的贸易。在李嘉图比较优势理论的框架中，纳索·西尼尔（1830：26－28）展示了工资水平如何由出口部门的劳动生产率所决定，并且攻击了"那种荒唐的观点，即英国普遍的高工资水平使得我们无法与外国生产商展开竞争"。"我们与外国人竞争的实力取决于我方劳动的效率，高工资水平看来正是那种效率的一种必然结果。"用西尼尔的话说："抱怨我们的高工资等于是抱怨我们的高劳动生产率，也等于是抱怨我们的工人勤奋且熟练。"③

这番话有效地终结了"富国-穷国"辩论，也终结了为高工资发达国家寻找保护理由的企图。④ 然而，贸易与工资的关系很快在稍有不同的框架下再次吸

---

① 一段非常类似的文字可见于对斯密1762－1763年法律讲演的转述，参见斯密（1978：343－344）。

② 詹姆斯·梅特兰（James Maitland，1804：299）指出，休谟"没有充分关注到，人类具有聪明才智，能发明各种以资本取代劳动的手段，由此而释放无限的资源。富裕可能带来的工资提升，相对于一国获得的巨大优势，不过是一个无足轻重的弊端。一国不仅从机器取代劳动的人类智慧中获得优势，而且从资本投入道路、运河、桥梁、圈地、航运，以及从资本投入国内外贸易中获得优势。这些投资也共同作用，代替了支付劳动工资的必要性"。

③ 蒙蒂福特·朗菲尔德（1835：55－56）也持类似看法，他指出："一国总体工资水平与另一国总体工资水平的比例关系，取决于一国总体劳动生产率与另一国总体劳动生产率之间的比例关系，贸易过程在相当大程度上独立于这一比例关系。……无论是高工资还是低劳动生产率都不能让贸易对一国不利，也不能令其产业处于需要保护的境地。"

④ 这只是说，总体而言，发达国家的高工资不能构成实施保护的经济理由，并不是说公众对这些问题的争辩会就此了结。例如，需要保护来维持高工资这样的论调在19世纪的美国继续广为流传。

引人们的目光。古典经济学家一般都相信,富国不需要担忧其制造业流失到低工资穷国,但同时又展示了一种前景,即穷国能在某些类型的制成品生产中逐步培育并取得优势。[①] 但是,在(比如说)原材料和农业方面的比较优势难道不会让穷国陷于现有专业化角色,使其在低工资、低生产率部门的分工永久化,从而令其无法专业化于高工资、高生产率部门,乃至永远都不能致富吗?

有鉴于此,且不说国家间的工资差距,一国内部各部门间的工资差距开始成为一个问题。于是,便可考虑动用保护手段把劳动力转移到高工资制造部门。有人提出,专门生产农产品并进口制成品的国家实际上剥夺了自己在高工资、高生产率部门的更大产出。这种论点不仅与狭义的幼稚产业论一样具有说服力,而且(至少开始时)对自由贸易论构成了更为强大的一种挑战。[②] 很早的时候,人们就认识到,可能存在工资、价格、实际劳动成本之间令人烦恼的脱节现象。比较优势理论最初立足于实际劳动成本,即一国可以专业化于自己具有比较劳动成本优势的产品,然后通过贸易,能获得比没有贸易时更多的各类产品。可是,专业化基本上是由相对价格决定的,虽然相对价格可能与工资存在比例关系,但相对价格未必与实际劳动成本形成对应比例关系,所以无法保证专业化分工会遵循比较优势原理,也就无法保证从贸易中获利。

例如,蒙蒂福特·朗菲尔德(1835:57)注意到:"可以说所有贸易都源于两种情况,一种是不同国家不同劳动生产率的比例差异,另一种是不同国家不同劳动工资的程度差异。"第一种是比较优势的典型来源,而第二种却不是。朗菲尔德断言,由于国家间不同的制度安排,各国工资结构会不尽相同。不过,在分析贸易时,他仅仅考察了一国相对工资与其实际劳动成本成比例关系的一个案例。19世纪下半叶,约翰·E.坎斯(1874:322—324,375—406)强调,"非竞争性[劳动]团体"可能要为一国内部的工资差异负责。故此,他干脆指出,价格不一定与实际劳动成本成比例。然而,他也未再进一步探讨这一问题,或者是忽略了或者是没有看到该问题对专业化和自由贸易的影响。在讨论贸易问题时,

① 有关古典派对经济发展的观点,参见赫拉·明特(1958)的讨论。

② 弗里德里希·李斯特忽略了一国内部不同部门间的工资差异,尽管该问题与幼稚产业论颇为类似。相反,古典和新古典经济学家们认识到,部门间的工资差异可能会给比较优势造成问题。

坎斯如同朗菲尔德，也假定工资成本与实际劳动成本是成比例的。

此后不久，J. S. 尼科尔森(1897:315－317)有过一项雄心勃勃的尝试，试图证明一个分割的劳动市场如何会让一国在开放贸易之后变得福利更差。尼科尔森设想了这样一个国家，在没有贸易时，其制造业中的劳动工资水平是农业的两倍，该国的劳动平均配置于这两个部门。假如世界上的制成品价格只是国内原先价格的一半，则随着贸易开放，该国的劳动将从高工资的制造业部门被驱赶到低工资的农业部门。因为农业中劳动收益递减，所以该国按货币计算，现在只能获得以往所得制成品的一半还不到，即便制成品价格现在更低了。尼科尔森探究了朗菲尔德和坎斯忽视的问题，这一点应当给予赞扬，而且，他拥有一个正确论点的内核。然而，尼科尔森简短且有所混乱的例子未能充分说明其给比较优势和自由贸易带来的挑战。他表述例子时用了产品和劳动工资的名义价格，而这种做法经常容易导致错误的结论，他也没有清楚地表明在贸易开放后该国拥有的实际产品数量将会减少，或者保护可以改善局面。[①]

弗兰克·陶西格(1906)考察了大量案例，在这些案例中，非竞争性劳动团体所造成的国内工资水平差异会改变相对价格，致使专业化不会发生于存在比较劳动成本优势的产业。假如专业化并不跟着比较优势走，陶西格意识到贸易将无法带来经济收益。由此可见，这里承认了一个潜在的问题，但他与前辈经济学家一样，没有继续探究直到得出一个有逻辑性的结论。陶西格否认这给自由贸易出了一大难题，他颇为勉强地辩护说，产业间的工资差异在工业化国家里是相同的，因此不会影响按比较优势进行专业化所能带来的收益。陶西格(1927:47－48)说："只有当所造成的局面是该国独有时，一国内部非竞争团体的存在才会对国际贸易产生影响。"

这个问题最终得到充分暴露并引发了一场严肃的辩论，起因是米哈伊尔·曼努列斯库初版于1929年的一本书。曼努列斯库曾任罗马尼亚工业和贸易部部长，他根据自己的实际经验进行分析，照其所述，他反复观察到，劳动和资本

---

① 查尔斯·巴斯特堡(1900:181－184)斥责尼科尔森背弃了"固定的阐述方法"，采用名义价格，而不是集中考察国家间实际货物量的交换。尼科尔森的方法使得分析"更麻烦"，"往往让人们的注意力偏离基本要点"。

的价值生产率(即附加值)在制造业比在农业中要高很多。然后他断言,为容纳这一事实,古典比较成本理论固然需要一个简明的修正,但这一修正会摧毁该理论得出的自由贸易结论。尤其重要的是,如果一国专业化于农业,古典派所谓得自贸易的收益可能无法成立。曼努列斯库(1931:106)指出:"为把国际贸易置于国内生产之上,为让国际贸易对一个农业国也有利可图,使之不再生产某件工业品,而以自己的农业产出作为支付手段购买国外产品,应该有个条件,即农业国中农业的比较优势必须大于工业相对于农业的内在(定性)优势。"

曼努列斯库的阐述,不管是文字的还是代数的,都比较复杂和混乱,故而未能很好地传达其重大见解。他所谓的比较优势,是指按劳动量计量的比较生产成本。他所谓的内在(定性)优势,可以推断是指包含了劳动价值生产率的两种产品之间的相对交换比价。换言之,在两个产品的实际劳动成本与两个产品的交换比价之间存在某种背离。其含义是,当"工业比世界上任何一国的农业都具有内在(定性)优势"时,一国可能不愿意专门生产农产品。在此情况下,"我们已经证明……人们几乎总是更加看重自己直接生产,认为这一方案优于贸易方案"。(110)

为了更直观地表达这一思想,曼努列斯库举了下列例子:

> 在罗马尼亚,用 6 000 列伊能够换得一卡车的外国煤炭,而本国自产的同等质量的一卡车煤炭价格在 7 500 列伊。另一方面,煤炭的生产率为每个生产者每年 75 000 列伊,而该国的平均生产率约为 30 000 列伊。在此情况下,对罗马尼亚而言,自己生产煤炭比起进口煤炭要更为有利。事实上,为了在该国生产 100 卡车的煤炭(总价值 750 000 列伊),依照每个生产者每年 75 000 列伊的生产率,每年将需要 10 个生产者。与此同时,为了支付 100 卡车的进口煤炭(总价值 60 000 列伊),按照每个生产者每年 30 000 列伊的平均生产率,所需出口的产品将每年耗费 20 个生产者。……在进口 100 卡车外国煤炭时,我们花费了一年中 20 个生产者的劳动,而当直接由国内生产时,凭借同等的劳动,我们可获得 200 卡车的煤炭。(116)

换言之,单纯比较煤炭的国内价与进口价显示,罗马尼亚应该进口此产品,但是,两个部门劳动生产率价值的差异却表明,不应该进口此产品。

对于曼努列斯库的主要思想,哥特弗里德·哈伯勒(1936:196—198)一针见血地用几句话给予最清晰的表述,也在适当修改后接受了这一思想。假定为生产一个单位的农产品和一个单位的制成品需要一个单位的劳动,但制成品的国内价格是农产品的两倍,这样,两个农产品可换取一个制成品,反之亦然。在此情况下,两种产品的(市场)交换比价不同于这两种产品的(生产)替代比率,制成品的交换价值大于其实际劳动含量所示。据推测,这里的差异盖源于劳动在制造业中具有更高的生产率,因此它挣得了更高的工资。

假定该国此后开放贸易,而国际上的交换比价是三个农产品换取两个制成品。在此情况下,在比较两种产品的国内与国际交换比价后,该国发现自身比较优势是在农产品方面,并因此愿意专门生产和出口农产品。假如原先国内的交换比价和替代比率是相同的,贸易便可带来明确无误的收益。但由于国内交换比价与国内替代比率之间存在差距,这就改变了上述结论。人们是在对照国内交换比价与国际交换比价后,再决定本国应该专业化于何种产业。如果依据替代比率而专业化于农业,以两个单位的制成品为代价,只能生产两个单位的农产品。然而,通过贸易,那两个单位的制成品本来却可经由出口换取三个单位的农产品。哈伯勒的结论是,征收关税来防止这样的专业化将“毫无疑问地有利于”这个国家。

尽管曼努列斯库的阐述大有改进的余地,但他所采用的理论方法,除了有时表述得有些极端外,无可指责地符合经济学的套路。他尖刻地批评了大陆(主要是德国)经济学家此前用以证明保护可取性的全部做法,称其未能立足于一个令人满意的科学标准,此即保护实际上能够增加经济财富。曼努列斯库(1931:xxiii)宣告:“在缺乏科学理论时,保护便‘缺乏指导性原理’,纯粹是经验主义地、无理可言地存在并发展着。它的力量不是理性,而是本能。”虽然曼努列斯库与李斯特都有意促进工业化,但他指责李斯特未能将保护置于恰当的理论基础之上。[1] 一个恰当的基础将“使得保护的应用能依照某个科学的标准，设定一些客观的规则，而不是包裹在武断的和自私的建议中”。那也将“精确地告诉我们，我们应当或不应当保护哪些生产领域”，且“将使我们能够确定，应当给予贸易中的每一样商品以何种程度的保护”。

鉴于不同产业间价值生产率的差异原则上是可以测量的，曼努列斯库相信，用自己的方法可以进行科学的量化，而其他任何保护理论都无法做此承诺，或许只有贸易条件保护论可算例外。曼努列斯库对本人的成就感到自豪，他强调，此前没有任何人直接挑战过自由贸易的比较优势基础，而他所做的恰恰是这项工作，因为他成功地表明，对于一个扭曲的国内经济而言，贸易会减少其实际国民收入。虽然这个结论依赖于假设的价格和成本，这些设定的参数也需进一步斟酌，但它确实是一项不该轻视的思想成就。当然，事后考察显示，自由贸易学说看来因此遭受的伤害几乎完全可以忽略不计。

曼努列斯库的主张很快吸引了当时国际上一流经济学家的关注。瑞典经济学家伯蒂尔·俄林(Bertil Ohlin)于1931年发表了颇有先见之明的评论，他透过曼努列斯库的复杂表述，集中于其分析中的关键因素，开启了探讨此论之先河。俄林主要批评了那个假定，即保护会把劳动从低生产率部门转移至高生产率部门，由此会带来益处。不过，俄林(1931:36—37)提出了一个显而易见的问题：

> 为什么没有保护时就不进行这样的转移呢？如果一个工人在罗马尼亚的煤炭行业比在该国大多数行业中获得高得多的工资，为什么受雇于其他行业中的那些人不去主动向煤炭行业提出，自己愿意以稍低于该行业目前水平的工资前来工作呢？假如他们这样做了，罗马尼亚的煤炭业即使没有进口关税也照样能盈利。……为什么一定要等到国家征收了进口关税或给予了其他支持后才出现那种转移？难道就不能主动改变吗？

---

[1] 曼努列斯库(1931:xxii)写道：“李斯特的体系仅仅为工业，以及为经济和社会进化已越过某个阶段的国家采取临时性(培育性)保护。该体系远远没有强化保护的普遍原理，反而削弱了它。他把保护当作例外呈现给大家，而把普遍有效性奉献给了自由贸易体系。”

因为效率追求决定了边际劳动产出在各部门都应该是相等的，所以，俄林也同样认为，“如果人们期望得到(按产品论)更高的国民收入”，则不同部门间的实际工资差异是“不可取的”。这样的差异减少了国民收入，毕竟“边际劳动生产率相对较高的高工资行业受到了束缚，而低工资行业却发展较快，快于工资水平划一情况下本可达到的程度”。但俄林本质上不大相信，不同产业间会存在工资和生产率方面的显著差异。生产率仅仅用每个工人的产量衡量是不够的，因为它忽视了资本的贡献，况且，农业与制造业之间的名义工资差异可能更是表面的而非实际的，理由是两部门的劳动在素质及教育背景方面存在差异，此外城市与农村地区的生活成本也存在差异。真的存在实际工资差异时，俄林也将之归结到工会因素，正是工会人为地把工人划分成“非竞争性团体”。

俄林然后提出了另一个关键问题：“保护是否能减少因非竞争团体的存在而带来的损失，也即导致出现某种生产要素使用方式，使得局面回归到不存在那些团体时的状态?”他继续道：“在某些情况下，回答是肯定的。”俄林的推论值得在此引述：

> 假如一国拥有非竞争团体，关税可能着眼于带来某种产业组合，使之等同于劳动自由流动时的状态。一个产业如果为国内市场而生产，并且因工会强行抬高工资而削弱了自身竞争力，则将看到进口关税会进一步削弱这种竞争力。……毫无疑问，有关局面不可能完全等同于其他劳动条件下可能的状态。比起关税制度来，与额外劳动成本相应的一笔现金奖励更能使得局面接近于“正常”状态。进口关税如与“正常”状态相比，将抬高商品价格，打压销售，减少雇工人数。因此，劳动市场上其他部门的工资水平往往会被抑制，某些产业将比本来可能情况下得到更大的发展。然而，事实依然是，非竞争团体和关税的结合使得那些产业比起存在工资差异但没有关税时更接近“正常”状态。这里并不是说，人为非竞争团体的存在构成了保护的充分理由。更自然的补救方法当然是提高劳动的流动性、消除封闭的劳动分隔状态。(44)

雅各布·瓦伊纳(1932:122—125)发表了更严肃的评论。他同意说曼努列斯库"在立论时足够忠实地遵循了李嘉图的假定,但有个例外之处……即他假定在行业与行业间,每一个单位劳动的价值产出及劳动工资在均衡状态下差异很大"。不过,曼努列斯库的"分析不能令人满意,因为他让价格和工资在面临贸易关系的重大变化时居然一成不变"。按瓦伊纳的看法,"在确定资源的某种配置从国家角度看是可取还是不可取时,可以特别重视具体的价格和工资水平,但首先应当考察为何这些价格和工资处于目前水平"。假如工资差异反映了"补偿性差别",比如更高程度的劳动无效用,或者更高的生活成本,或者更高的工人技能水平,那么,工资差异便是虚幻的,专业化于农业便是有利的,即使农业工资显得较低。假如存在非竞争团体,制造业中的劳工稍有别于农业中的劳工,那么,"两个国家中任何一个都不会发生从高生产率岗位向低生产率岗位的劳动转移(此乃作者攻击自由贸易的依据所在),因为这种转移按假设是不可能的"。

然而,不妨假定存在劳动流动性和实际工资差异("经由工会影响或海关的缘故")。那样,"对布匹[制造]行业的保护将不会导致劳动从生产率较高的岗位流向生产率较低的岗位,而只会有助于降低这种流失的程度"。瓦伊纳指出,这是"作者烦琐论述中所隐含(不是展示)"的真理"微小颗粒",但他补充道:"这的确是一个非常微小的颗粒。"假如允许自由贸易,制造业中的劳动"将面临另外的选择,即或者放弃其垄断工资,或者放弃获得就业的希望"。"一旦他们接受了自由贸易状态下他们可获得充分就业的工资水平",布匹制造商的价格将充分地降下来从而卖得比他人更低,同时,"劳动将受雇于拥有比较优势的行业"。这会有益于总体国家福利,"当然,有可能不利于那些布匹制造商,因为他们在保护状态下本可以按垄断工资水平找到就业"。瓦伊纳也许太过不屑地下结论说:"人们努力在思想上为贸易保护寻求令人满意的经济辩护理由,这项工作尚有待于未来,反正本次尝试并未取得进展。"

与俄林一样,哥特弗里德·哈伯勒(1936:196—198)承认,在曼努列斯库列出的严格条件下,关税可以给一国潜在地带来利益。但他赞同俄林和瓦伊纳的观点，也认为这些条件的存在实际上是有前提的，即“仅仅假如垄断性工人团体足够强大，乃至在面临外国竞争后依然能够维持其工资水平；也就是说，仅仅假如他们不愿意降低工资，而宁愿减少（且很可能是大大减少）在这些高工资岗位上可就业的人数”。在此情况下，自由贸易将证明是有利的，因为“国际贸易干脆将成为一种手段，最终打破这些团体的垄断力量，也由此终结它们对社会其他成员的剥削”。

除此之外，其他一些批评者另有过若干不很重要、见解也稍逊色的评论。曼努列斯库（1935）在回应批评时并无悔过之意。批评者们怀疑，不同部门间的劳动生产率差异或许标志着某种真正的市场失灵。曼努列斯库拒不承认这一点，并再次断言，保护终将证明是有益的。然而，他所说的任何东西都无法削弱俄林的深刻批评。俄林曾指出，曼努列斯库只是简单地列出了一种工资扭曲现象，并没有解释其产生原因，这种做法相当勉强；同时，为纠正这一扭曲现象，与采用进口关税相比，提供一种劳动就业补贴会更加有利。

称发展中国家不同部门间的工资差异反映了生产率方面的差异，这构成了曼努列斯库理论分析中的核心命题，并成为 20 世纪四五十年代国际贸易和经济发展文献中的重大问题。大多数发展经济学家普遍感到，在发展中国家，要素和产品市场未能恰当地配置资源。正是这种在价格与成本、私人与社会利益之间的差异，不管是真实存在的还是想象出来的，酿成了一种对市场机制深深的不信任感。随着这种不信任感而来的便是一种强烈的信念，即应当认真地质疑那一整套自由贸易理论，因为它不过是过往放任自流时代的一个陈迹，无法处理经济中形形色色的市场失灵问题。托马斯·巴洛格（Thomas Balogh，1949）等人针对国际经济学家们所设的各种理论假定而断言，自由贸易结论无法得到支持，理论上的诸多前提假定在现实世界中根本就站不住脚。

为回应这些批评，哈伯勒（1950）讨论了自由贸易偏离标准前提假定所带来的影响，他再次使用了那个特别具有启发性的工具，即把产品的交换比价（相对价格）与产品的转换比率（生产替代）进行比较。哈伯勒的主要结论是，放松正统贸易理论的前提假定并不能自动削弱自由贸易的基础。比如，假如不同部门之间生产要素完全不流动，则照此状况，自由贸易依然比任何其他政策选项要更好；可是，假如生产要素完全不流动，要素价格完全呈刚性，则自由贸易会造成失业，而保护倒有可能(但不一定)带来益处。

哈伯勒贡献的这一深刻见解后来在詹姆斯·米德(1955)的重要著作中得到进一步澄清。米德的分析围绕国内生产和贸易的最优条件而展开，他用价值(价格)与成本间一系列边际条件加以概括。在第十四章，米德(1955:226)探讨了一个贸易国"本国经济内部边际价值与成本之间最初固定的差异"所产生的影响。其目的是要发现，"在这些情况下，由边际价值与成本之间的国内差异所造成的经济福利危害是否会通过偏离自由贸易而得到部分抵消"。

米德没有直接提及曼努列斯库的论点，他考察了与特定行业中劳动就业相关的一种外部性，即就业的社会价值超过了私人成本。(这几乎等同于曼努列斯库构想的情形，即某个产业中，与经济中其他部门相比，其边际劳动产出更高，因此雇佣着太少的劳动力。)米德说："在此情况下值得鼓励的一件事，不是扩大产量，[以便缩小该产业中价值与成本之间的差异并因此提高经济效率]……而是应该扩大劳动就业。"(232)他与俄林一样，建议向该产业提供一种就业补贴，这是实现此目标最恰当的办法。就业补贴降低了劳动雇佣成本，会促进劳动替代其他生产要素，促进生产成本的降低和国内生产的增加，从而将扩大劳动就业。

换一种选择方案的话，进口保护"只能通过扩大[对该产业的]需求并增加其产量来增加就业"，这"可以与劳动就业补贴来比较……假如该行业中劳动与其他生产要素之间存在相当大程度的可替代性，则进口保护将是一个最不经济的调节办法"。(234)因此，对于此种特定的市场失灵，保护不是最显而易见也不是最直截了当的救济手段。[①] 保护还有另一个问题，就如米德在第十四章前面但不是直接在这一场合提到，该政策抬高了消费者需支付的价格，从而增加了一个与原有差异不相关的新的扭曲。

---

① 正如米德所说："只有当竞争性国内产业中边际价值与成本之间的差异是与该产业的总产量而不是与进行生产的某一特定手段相关联时，才存在比较强有力的理由实行某种保护。"

米德干脆利落的经济逻辑使得对于所存在问题的分析，包括对于贸易保护在救济国内市场失灵中有关作用的分析，从俄林那里又往前跨出了重要一步。此后不久，贾格迪什·巴格瓦蒂和V.K.拉马斯瓦米(Jagdish Bhagwati and V. K. Ramaswami，1963)部分为了回应埃弗雷特·哈根(Everett Hagen，1958)对曼努列斯库保护论的重新考察，进一步澄清了其潜在的政策启示。他们首先区分了工资差异和工资扭曲，称前者是对一种经济现象(如生活成本差异或技能差异)的补偿，后者是一种真正的劳动市场失灵。他们在分析中假定"工资差异代表了一种真正的扭曲，但依然怀疑这些扭曲在实际世界中流行的程度"。针对国民收入最大化目标，巴格瓦蒂和拉马斯瓦米确定了一个政策排序，最好的政策是给予制造业一种选择得当的(最优)就业补贴，它胜过最优生产补贴，能带来更高的实际收入；而最优生产补贴又胜过最优制成品进口关税，能比之带来更高的实际收入。

这一排序背后的逻辑有赖于一个事实，即要素市场扭曲会导致较差的产品组合，因此对配置效率造成负面影响；并会降低生产该组合产品的技术效率(按要素比例计量)，因此限制了生产可能性的范围。就业补贴可直接纠正要素市场扭曲，促成不同部门间劳动的最优化利用，从而能够解决配置效率和技术效率方面的问题。然而，生产补贴虽然会改变产品的相对价格并因此提高配置效率，却不会改变次优要素利用情况(即技术低效)。进口保护的作用机制颇为类似，其效果却会更差，因为它将进一步扭曲人们在经济活动中的消费选择。

米德的见解以及巴格瓦蒂和拉马斯瓦米的分析迎来了国内差异(后称扭曲)理论，这是自由贸易思想史上的一个里程碑。该理论提出了一套政策排序，各有关政策的排序依据是看其能在多大程度上有效地纠正相对价格与相对成本间的差异。[①] 面对某一特定的市场失灵，最优的政策干预应当直接从源头纠正差异，借此提高经济效率(并因此增加实际国民收入)。假如差异纯粹由国内引起，即无论该经济体是否从事国际贸易，总会困扰国内产出和要素市场，则贸

---

① 这方面的经典参考文献是哈利·约翰逊(1965)和贾格迪什·巴格瓦蒂(1971)。巴格瓦蒂很重要地区分了外在的扭曲和政策引发的扭曲(后者指由政府限制市场竞争而造成)。W. M. 考登(Corden，1957)此前的论文提供了米德方法的改进和简明版本，用来评估生产补贴和进口关税在保护国内产业方面的有效性。

易干预(如进口关税或出口补贴)都不是理想的救济办法。其他一些政策,包括贸易干预在内,可能是次优或三优的政策,理由是它们在一定程度上也能缩小差异并提高实际收入,但其作用机制会间接并低效,且会输入其他“次生性”扭曲,并抵消最优政策下可获得的某些效率。

国内差异理论之所以成为一个非常重要的里程碑,是因为它确立了普遍而有力的原则,这些原则限制了任何可以想象的市场失灵将给自由贸易带来的损害。例如,自由贸易的理由往往立足于这样一个主张,即竞争市场将使得一个社会能有效配置稀缺资源,充分利用参与国际贸易的机会。自由贸易的反对者经常断言,如果能表明市场未能导致资源的有效配置,自由贸易的理由便必然会打折扣。(批评者也会换个说法,称因为自由贸易背后的理论基础是那些在现实世界里站不住脚的理论假定,所以必须放弃对自由贸易的信奉并转向贸易保护。)关于国内差异的理论表明,这些结论都是不正确的。

曼努列斯库的论点正好是一个现成例子,提供了上述原理的应用机会。正统的理论认为,劳动在不同部门间自由流动,使其边际产出和工资平均化,由此而取得经济效率。曼努列斯库争辩说,这一前提假定是荒唐的,市场在这方面并不是有效的(且不论其原因何在),因此,自由贸易的理由在此情况下是无法支撑的。然而,国内差异理论显示,面对国内市场失灵(如果证明其存在的话),最好的处理方法是那些直面源头、具体应对的政策;诸如保护之类的贸易干预不太可能是最优政策。[①] 为了推论的方便,姑且接受曼努列斯库的命题,即劳动没有得到有效配置,制造业中存在就业不足的现象,但上策应是向制造业中的就业提供补贴;中策是生产补贴,它通过扩大产量间接地扩大就业;下策是进口关税,它也是通过扩大产量间接地扩大就业,但会产生与国内消费相关的次生

① 有关贸易干预的最优方案中,最站得住脚的理由是第七章中所讨论的贸易条件保护论。当一国有能力借助进出口关税去影响贸易条件时,其贸易干预可以在产品的国内交换比率与国外交换比率之间确立某种平衡,从而有助于保证获得最优的经济效益条件。

扭曲。[1] 随着这一排序层层往下，政策干预纠正扭曲的效率也在递减，因此，可以获得的国民收入水平也依次下降。

国内差异理论延伸出的后果更具有普遍意义，即自由贸易从此与放任自流理论彻底脱钩。因为自由贸易学说在19世纪初兴起时曾与赞成放任自流的那种情绪紧密交织在一起，所以人们往往以为自由贸易与放任自流这两个概念完全是拴在一起、共同进退的。而今情况再也不复如此，人们可以接受市场失灵的存在，可以接受动用政府干预救济市场失灵，但同时又可以摒弃对自由贸易的偏离。

当然，自由贸易也没有全身而退、毫发未损，因为当没有其他任何纠偏手段时，贸易干预仍可成为次优或三优的政策选项。不过，国内差异理论可以发挥隔离的作用，即当有人声称市场失灵使得自由贸易政策不足取时，它可以将自由贸易论与这种声称隔离开来。既然其他政策行为显得优于进口保护，假如有人为了救济所谓市场失灵而建议实行保护，他的举证责任就不仅包括要证明确实存在市场失灵，而且包括要证明确实存在某些特定的限制因素（政治或其他方面），乃至使得决策者不得不沿着政策排序往下走，起用效率较低、成本较高的政策工具。从实现经济效率的角度看，国内市场失灵会削弱放任自流论的基础，但是，自由贸易论遭受削弱的程度要低得多。

* * *

贸易与工资间历来众说纷纭的关系为经济理论提供了经久不衰的研究对象。就国家间的工资差异而言，虽然古典分析表明，工资差异源于国家间劳动生产率的差别，并不会因此而让自由贸易失去其吸引力，但高工资国家经常害怕来自低工资国家的竞争。至于一国内部不同部门间的工资差异，当它反映出一种真正的扭曲时，这种差异正是可能的若干市场失灵中的一个例证，对此，最好通过国内政策而不是贸易保护加以应对。自由贸易仍然是可取的，因为就救济国内市场失灵而言，其他政策看来优于贸易保护。

---

① 斯蒂芬·玛奇(Stephen Magee,1973)考察了要素市场差异论的多种相关论点，也许最有意思者当数约翰·哈利斯和迈克尔·托达罗(John Harris and Michael Todaro,1970)所思考的一个论点。他们提出，如果制造业(或称"城市"部门)受制于一项较高的最低工资(使得制造业中的边际劳动产出超过农业中的边际劳动产出)，则促进制造业的政策可能会加剧失业，加剧的程度会大于对原先要素市场扭曲的纠正程度。

第十一章

澳大利亚保护论

总体而言，19 世纪美国、德国及其他地区的经济思想具有强烈的保护主义倾向。根据那里的流行观点，自由贸易对英国也许是合适的政策，但它不适合新兴工业化国家的经济状况。就所谓不适合而言，一个原因是这些国家的要素禀赋和贸易模式均不同于英国。李嘉图及古典学派赞成自由贸易，认为它能用进口货物替代国内生产，从而缓解农业中的收益递减趋势，同时，又把生产要素导入更容易扩大产量的制造业。然而，其他国家也面临农业中的收益递减趋势，偏偏它们还出口农产品，对这些国家又该怎么办呢？自由贸易在它们那些条件下终究也可以像在英国情况下一样有利可图吗？有几位经济学家觉得答案是否定的，在 20 世纪 20 年代，这些思想凝聚为一场辩论，辩论的中心议题后来被称为“澳大利亚保护论”。该辩论主要涉及相当技术性的、微妙的理论要点，远没有构成对自由贸易的迎头痛击。不过，辩论终究有助于澄清赞成自由贸易观点中的合理与不合理成分，让大家把目光聚焦到贸易对收入分配的影响这一问题上。

* * *

澳大利亚保护论这一名称得自20世纪20年代该国围绕进口关税展开的政策辩论。关于关税和贸易，当时有两个密切相关但观念各异的思想，都与经济学家詹姆斯·布利斯多克·布利格登(James Bristock Brigden)，相关联，它们构成了澳大利亚论点的核心。① 第一个思想最初在著名的半官方1929年《布利格登报告》(Brigden Keport)中得到阐述，其久远的源头其实可追溯至罗伯特·托伦斯。早在提出贸易条件保护论前，托伦斯(1821:276ff)曾是一位坚定的自由贸易论者，不过他想到："在一种情况下，自由地对外贸易可能会造成一国财富流失、人口减少。"不妨设想，存在着生产部门多样化的多个国家，那里已无额外的生产要素，再不能有利可图地配置到初级产业部门。② 假如其中一国突然在制成品生产方面获得某种技术优势，根据托伦斯的假设，"把这些制成品自由地输入其他国家，会使制品进口国的资本流出国门，无法为其国内带来可能的再投资机会，结果将导致制造业人口移居海外或自生自灭"。于是，"从国内制造业中排挤出来的劳动和资本，除了流向海外用来交换外国纺织制成品外，将无法同样有利可图地从土地上获取额外的食物和原料供应"。这种情况下的自由贸易"将是降临一国头上的最大灾祸"，当然，托伦斯相信，可能要等几个世纪后，上述收益递减才会令世界上多数国家真正担心起来。

半个多世纪后，亨利·西奇维克独立构想了一种类似情形，其中涉及初级产业部门中边际收益递减(但不是零)的情况。西奇维克(1883:494－495)描述了下列"极其虚构"甚至有点"难以置信"的例子：

> 假如有一甲国人口稠密，已无法从土地中获得额外的农业产出，除非不惜让生产成本迅速上升……假定该国以前受到严格保护，如今则实行自由贸易，并因此能用谷物作交换，以半价从乙国获得有关制成品……随此变化而失业的制造业工人能做什么呢？

---

① 加里·曼杰尔(Gary Manger，1981)、保罗·萨缪尔森(Paul Samuelson，1981)回顾并澄清了这场辩论中的诸多问题。

② 或者更现实些，正如托伦斯(1821:277)所言，初级产业部门中的边际资本产出已被压低到2%，这是"要想让资本介入生产需达到的最低利润率"。

> 这种局面下最显然的出路是，他们应该移居海外，并为乙国正在扩展的制造业提供所需劳动力。……若非如此，基本可断定，他们便无法全部在甲国得到与此前一样回报合理的就业。毫无疑问，农业生产成本可以假定为在不断上升，一部分额外的劳动现仍可在农业就业，他们总体上也可比贸易开放前农业中雇佣的某些劳动拥有更高的生产率，这是因为，虽然每个新增劳动力所能生产的谷物量会有所减少，但该谷物交换制成品的购买力会有所增强，故而可以抵消产量之减少并有余。然而，假如新增劳动的使用总是伴随着快速上升的成本，则很快就会达到平衡出现逆转的某个节点。此时，理论上讲相当可能的是，制造业部门中失业的部分劳动力将完全不能……照常得到就业。因此，自由贸易的天然结果是，甲国只能支持较富但较少的人口，也即自由贸易给整个社会带来的经济收益将需要强烈的政府干预去分配，如此方可留住失业的劳工。

西奇维克(1901:498)后来得出结论，“自由贸易的天然结果可能是，甲国将支持较少的人口，国家的总财富可能因为这一变化而减少”，尽管人均财富将趋于更高。

虽然西奇维克的分析表面看来与古典学说惊人地背道而驰，但居然没有遭到什么批驳。J. S. 尼科尔森(1897:315ff)对之未加太多置评便予以接受；F. Y. 埃奇沃思(1894:622)称之为“尤其高明”。只有查尔斯·巴斯特堡(1887:104ff)质疑了西奇维克从其例子中得出的结论。巴斯特堡承认，即使整个社会将从自由贸易中获益，自由贸易也会产生严重的收入分配后果。随着收益递减状态下农产品的出口，劳动和资本会因自由贸易而遭受损失(地主则会获益)，如此将引发围绕贸易政策的“剧烈”利益冲突。当然，久而久之，外国制造业中的规模收益递增也会使得农业出口国收获日益改善的贸易条件，从而可减少农业国有关团体的损失。[①]

---

① 巴斯特堡表示，西奇维克所设想的情形也许适用于爱尔兰，但不适用于土地充裕的其他国家，这些土地充裕国的财产分布甚广并可自由交易。

但巴斯特堡也指出，简单的比较成本推理意味着："理论上无法肯定自由贸易具有减少人口的效果。"巴斯特堡(1890:123)强调，一般来说，一国的进口(而非出口)部门要远为受制于收益递减规律，不断提高的农业出口成本最终将消除或逆转国家间的比较成本差异，结果要么致使贸易终止，要么致使该国出口制成品。最后的这一论断引发了埃奇沃思的回应，埃奇沃思揭示了巴斯特堡的推论错误，指出初级产业部门中日益提升的成本之所以出现，恰恰是因为这些产品的相对价格先前已经升高。①

还有几位经济学家再三强调一国出口部门中的收益递减问题，借此支持贸易保护呼声，不过他们并没有为托伦斯-西奇维克例子背后的经济理论贡献多少真知灼见。他们中大多数人并无多少说服力地类推，称如同贸易保护对英国不利一样，自由贸易对新兴国家有害，因为这会使其扩大初级产品的生产。例如，在美国，西蒙·帕腾(Simon Patten，1890)依照亨利·凯里的费城保护学派的传统而断言，自由贸易助长了自然垄断，只会损害劳工利益并让地主致富。弗兰克·陶西格(1893:174)认为，即使因为收益递减而减少了得自贸易的收益，一国仍然能比在保护状态下更富裕，所以他干脆利落地回应道："假如需要调整由此带来的财富分配方式，有关方法不该意味着减损全社会的生产力。"

这些基本想法后来再现于 1929 年为澳大利亚政府准备的一份报告中，这一报告涉及关税的经济影响，系由 J. B. 布利格登领导的一批澳大利亚经济学家所撰写。该报告虽未提及西奇维克的名字，却大量借鉴了其思想，并没有增加多少新理念。据称，澳大利亚正处于西奇维克所设想的情形中，是一个农业和初级产品出口国，受制于边际收益递减规律。自由贸易将把资源引导到初级产业部门，会增加若干土地所有者的收益，但不会创造许多工作机会，因此会降低劳动工资。布利格登(1929:1)报告的结论是："可以获得的证据并不支持那

① 参见 F. Y. 埃奇沃思(1897，1900)对巴斯特堡著作几个版本的评论以及巴斯特堡(1901)含混的答复。巴斯特堡在不经意间被推到了一个难堪的境地，乃至提出，制成品价格的一定下降将导致初级产品出口国逆转其贸易模式，转而成为制成品出口国。巴斯特堡(1903:187—197)进而坚持说，西奇维克错了，并批评他人为引入国际要素流动性，称工资会下降而不会造成向外移民或饥饿现象。阿基里·洛利亚(Achille Loria，1901)给予巴斯特堡的支持是有问题的，因为他用了一个没有收益递减的李嘉图不变成本例子，埃奇沃思(1901)曾指出过这一点。

种说法，即澳大利亚可以在自由贸易体制下维持其目前人口规模并提高其生活水准。”该报告认为，“整个研究的基本命题是，有必要至少维持我们目前的[欧洲裔]人口及其现有生活水准”，并发现，保护性关税是实现该目标的“一个有效手段”。(70)事实上，报告指出：“我们颇感满意的是，假如没有保护，本来不可能让目前的人口获得这样的平均收入。”(5)

这份报告成功地激起了经济学界的争议，争议的程度高于此前围绕西奇维克例子展开的辩论。但报告未能在理论层面构成对自由贸易的有效挑战，因为它并没有声称保护可增加国民总收入：“可以肯定，没有保护的话，将可能赢得更高的人均国民收入，只是这仅能为较少的国民所享有。”显然，关税的首要目的是要对收入进行再分配，借助关税手段，“就业获得补贴，成本由土地价值来承担，这可让人口快速增长而生活水准照样得以维持”。(70)

这两个观点构成了雅各布·瓦伊纳(1929)尖刻批评该报告的基础。瓦伊纳提到，那些澳大利亚人将“生活水准”单单定义为劳动的工资收入，没有包括经济中其他人所收取的资本和土地收入。瓦伊纳承认关税可能会增加工资，但说他无法鼓足热情支持一项削减土地所有者收入而把其中一部分转给工人的政策，他强调，为实现同样的目标，本应该探索更加有效的手段。瓦伊纳不接受澳大利亚主张，认为那是一个非经济的论调，因为其目标不是要让国民收入最大化，而是要按照某种思路对有关收入进行再分配。报告作者之一的 D. B. 科普兰(D. B. Copeland，1931：291)后来也写道：“报告委员会丝毫没有否认自由贸易立场，即无关税扶持的‘自然生产’可以给较少的人口带来更高的人均收入。单纯从经济角度看，较大的人口固然没有什么特别的优点；可是从政治角度看，澳大利亚应该在资源允许的情况下尽快吸收人口，这一点至关重要。”

澳大利亚保护论的第二个也是更高明的一个版本，实际上由布利格登(1925)独自提出。他着手论述的起点依然是那个思想，即收益递减是澳大利亚初级产业部门的一个特征，把更多的资源倾注于该部门的生产势将降低人均产出。在此论点的基础上，他补充了一个观点，即不再强调人口将因对外移民而减少，而是说澳大利亚在初级产品方面拥有市场支配力，即出口的任何增加都会打压初级产品在世界市场上的价格。因此，人口的自然增加或移民迁入将可阻止出口部门收益递减和人均产出下降的趋势；相反，产量的额外增加只会恶化局面，会负面影响澳大利亚的贸易条件。这两个效应合在一起，将减少澳大利亚以及任何处境类似国家中的相对工资收入和全体工资总额。关税则提供了摆脱该困境的手段，可带来实际经济收益。由关税促成的贸易条件改善不仅会增加总收入，而且会按照一个据称可取的方式来重新分配此总收入。

即使贸易条件论不是新东西，但加入了标准的贸易条件效应后，澳大利亚保护论却获得了新颖性，使之似乎难以辩驳。然而，劳动真的可从保护中获益吗？虽然巴斯特堡承认某些情况下劳动会遭受自由贸易的伤害，但诸多经济学家却抵制这一结论。哥特弗里德·哈伯勒(1936:194－195)断言，诸如土地之类的某些具体要素固然会受到损害，但不同部门间流动的生产要素(如劳动，至少短期之后)将不会因自由贸易而遭受损失。这一假设为那些自由贸易的同情者提供了很大的安慰，但并没有得到合理的证明。

贸易条件和商业政策的变动会带来国内价格的变化，要素价格也可能跟着变化，可是，尚无法精确地确定要素价格的反应情况，这充分暴露了国际贸易理论在20世纪二三十年代的缺陷，毕竟当时的国际贸易理论正处于从古典框架(本质上是李嘉图的)向新古典框架(赫克歇尔-俄林-萨缪尔森的)转型的过程中。[①] 该转型过程随后加速推进，那是在至少一个批评家就自由贸易提出了不实的主张之后。卡尔·安德森(1938)在摒弃澳大利亚保护论时，否认关税能通过贸易条件的改善而提高国民收入(除非外国的需求是刚性的)，声称自由贸易不仅使总收入最大化，而且使每一要素的收入也最大化。马里恩·C.萨缪尔森(Marion C. Samuelson，1939)很快就表明，这两个说法都不对，因为除非外国需求有无限弹性，否则一定程度上总是存在基于贸易条件而征收关税的冲动。此外，某一要素的边际产出在不同部门之间的平均化并不意味着每个要素的收益

① 李嘉图等人创立的古典理论聚焦于由单个生产要素(劳动)所衡量的实际生产成本。瑞典经济学家艾利·赫克歇尔、伯蒂尔·俄林以及美国经济学家保罗·萨缪尔森提出的新古典理论，则更多地聚焦于国家间的不同生产要素和机会成本，认为是它们推动着国际贸易。

都得到了最大化。[①]

但是，马里恩·C.萨缪尔森并没有清晰地表明，要素回报如何随产品价格的变化而变化，这为沃尔夫冈·斯托尔帕和保罗·萨缪尔森（Wolfgang Stolper and Paul Samuelson，1941）讨论二者之间的关系留下了空间，他们的理论后来被称为赫克歇尔-俄林-萨缪尔森模型。按照标准的模型状态，两个完全流动的生产要素（如资本和劳动）在生产两个不同的产品时会有不同比例的搭配。该模型意味着当一国比别国拥有更充裕的某一要素时（比如其资本-劳动比要高于别国），则该国会倾向于出口富含该要素的产品（此例中即资本密集型产品）。斯托尔帕和萨缪尔森证明，当保护造成进口产品在国内售价上升时，这一定会增加密集参与该产品生产的那个稀缺生产要素的实际回报，反过来也会减少密集参与出口产品生产的那个充裕生产要素的实际回报。这里的含义已然清楚：如果进口竞争部门生产了一个劳动密集型产品，进口关税毫无疑问将提高劳动的实际收入并降低资本的实际收入。自由贸易的倡导者再也不能辩称：保护必然减少一个要素的绝对收入，哪怕保护会扩大该要素在总收入中所占份额，情况也是如此。[②] 更有甚者，假如全部土地（作为相对充裕的要素）仅由一小部分个体所拥有，则自由贸易可能会减少大多数人口的实际收入。

斯托尔帕-萨缪尔森定理彻底地展现了无论是自由贸易还是保护贸易都隐含的收入分配后果。当然，剔除贸易条件效应后，自由贸易将仍然会导致最高的国民收入，因为在保护状态下，充裕要素的损失超过了稀缺要素的收益。布利格登似乎避免了保护隐含的这个问题，因为他引入了贸易条件效应。当存在贸易条件效应时，关税既可以带来收入再分配方面的正面变化（有利于劳动的工资收益），也可以带来更高的国民收入，而且二者之间不存在非此即彼的排他关系。

---

① 这里所说的外国需求，严格来讲是指约翰·斯图尔特·穆勒所提出的外国对应相互需求，这一点在第七章讨论关税与贸易条件辩论时已有涉及。

② 对澳大利亚辩论而言，某些生产要素专属于一个部门（不是流动的）这样的模型比起赫克歇尔-俄林-萨缪尔森模型也许更为适合。假如劳动在初级产业部门和制造业部门之间是流动的，而土地专属于初级部门，就如资本专属于制造业部门，则保护对工资的效果将是模糊不清的、取决于劳动的消费模式。罗伊·鲁芬和罗纳德·琼斯（Roy Ruffin and Ronald Jones，1977）证明了一个合理的假设，即保护将减少实际工资，这为哈伯勒等人的论点提供了一定的支持。

然而，具有讽刺意味的是，当条件越接近布利格登所设想的情形时，上述结果越不可能出现。布利格登最早的文章问世之后 20 多年，才出现一个意想不到的对澳大利亚辩论的解决方案。劳埃德·梅茨勒(Lloyd Metzler，1949)分析了关税对贸易条件和收入分配的影响，这一分析补正了布利格登的理论。梅茨勒发现，假如外国需求(当然，这仍然是外国的对应相互需求)呈刚性，关税可以如所期待的那样增加国民收入，但对稀缺要素的实际回报不会升高，反而会下降。在此情况下，由于阴差阳错的缘故，布利格登的双重目标是不可兼容的。梅茨勒得到这一结果的前提，是区分了产品的内部相对价格和外部贸易条件。对于一个可以影响其贸易条件的国家而言，关税在正常情况下能够产生的效果是：在国际市场上提高自己出口产品的(相对)价格，同时提高在保护市场上进口产品的(相对)价格。然而，当外国需求呈刚性时，外部的价格效应将远强于内部的价格效应，进口产品的国内相对价格也将下降。因此，到最后，关税不会为进口竞争产业提供任何保护。布利格登没有提及外国对澳大利亚产品的需求在多大程度上是刚性的，但梅茨勒悖论表明，澳大利亚在初级产品市场上越是具有市场支配力，通过关税而改善其贸易条件的努力便越是与提高劳动的实际工资这个目标相冲突。

* * *

澳大利亚保护论对自由贸易从未构成直接挑战，但它表明在一个经济体中，并非所有团体必然都能从自由贸易中获得益处。尽管李嘉图对《谷物法》的讨论聚焦于该法严重的收入分配后果，但对此种分配效应的理论分析被忽视了数十年，直到“澳大利亚辩论”展开时才有所改变。一般人们都把澳大利亚保护论视为颇有意义的非经济保护论，可是它却引发了一个更重要的问题，即假如某些个人或经济阶层在自由贸易格局下遭受福利损失，经济学家们难道还能站在纯粹的科学立场上辩称自由贸易优于保护贸易吗？难道不需要就收入分配问题做出某种不言而喻的价值判断吗？这一问题在 20 世纪 30 年代走到了学术讨论的最前沿，具体情况将在下一章加以考察。

第十二章

自由贸易的福利经济论

澳大利亚辩论的一个间接结果，便是产生了斯托尔帕-萨缪尔森定理，紧随其后，人们讨论了另一个问题，即如果某些个人或团体在自由贸易格局下遭受了福利损失，经济学家们难道还能倡导某项政策，而不必就某种收入分配方式是否可取给出明确的价值判断吗？在此问题背后隐藏着一个更深的问题，即是否可以用经济理论推导出某些有关经济政策之福利效果的结论？这实际上是一个涉及方法论的棘手问题。

* * *

古典经济学家（也许不包括亚当·斯密）都认为，实现一国最大程度的物质财富是一个不言而喻的经济目标。[①] 然而，他们从未强调说，物质财富时时处处都永远应该是经济政策的唯一目标。他们认识到，经济分析无法告诉人们一个社会的偏好是什么，还有，当一个社会希望牺牲某些物质财富以便实现其他目

---

① 约翰·斯图尔特·穆勒(1836:12—13)针对人类个体指出：政治经济学“把[人]纯粹当作欲求占有财富的动物来关注……对人的一切激情或动机都完全地抽象化。……并非每个经济学家都如此荒诞不经，乃至要假定人类实际上就是这样构成的。这样做的原因在于，此乃一门科学开展工作的必由之路”。

标时，经济学分析也很难表示异议。（斯密关于国防比财富更重要的信念就反映了这种情况。）然而，不妨假定物质欲念是重要的（至少在某种意义上这几乎永远成立），则古典经济学家在此范围内强烈地相信，经济分析能在很大程度上为经济决策提供咨询并因此能有助于物质条件的改善。

斯密及古典经济学家把国家财富大致定义为：以生产可能性计量的物质总财富，也即一个经济体凭借其基本生产要素（土地、劳动、资本）的生产率所能掌控的全部产品量。斯密在指称一国总财富时用的是该国的年产出或实际岁入，如今人们称之为实际国民收入。对物质财富下此定义，必然意味着对一个经济体所生产的全部商品按竞争性市场价格进行称重计量。斯密及古典经济学家认为，国际贸易作为一种重要手段，可提高一国资源的有效生产率，并因此可增加一国的物质财富（或称实际国民收入）。斯密高调称颂由分工和贸易所发挥的“重要的巨大功效”，称其有助于“最大限度地增加一国的年产出，并因此增加社会的实际岁入和财富”。[①] 比较优势理论让古典经济学家相信，贸易机会几乎可与生产率进步画等号，可增加社会能获得的各种商品的数量。约翰·斯图尔特·穆勒（[1848]1909：579）便说过，一国借助贸易，“能以同等的劳动和资本，更多地获得所需商品”。[②]

亚当·斯密及古典经济学家（除个别外）都认为，自由贸易政策是利用那些贸易收益、借以最大限度地增加实际国民收入的最佳手段。当然，经由生产效率而赢得物质财富本身还不是目的，斯密就宣告：“消费是一切生产活动的唯一目的。”[③]穆勒（[1848]1909：45）所言大同小异，他说生产的最终目的，是要为那些购买并消费这些产品的人产生效用。

然而，从评估贸易政策或其他政策的角度看，由关注生产转向关注消费这样的思想跳跃可谓非同小可。古典分析尽管颇为成功地论述了自由贸易会增加财富的道理，但它远未完成那项更宏大的任务，即向人表明，增加的物质财富

---

① *WN*（IV. i. 31）.

② 约翰·E. 坎斯（1874：418）写道：“衡量外贸收益的真正标准[是]商品因此降价的程度和更加丰富的程度。”

③ *WN*（IV. viii. 49）.

将必然转变为全社会更大的经济福利。对“财富”与“福利”加以区分，让这个问题变得一目了然。[①] 财富指的是按一个社会可获全部产品数量所统计（按竞争性价格计量）的物质财富；福利则是一个较模糊的概念，让人想起杰里米·边沁的个人效用概念，指的是幸福度和满足感。为求得一国经济福利，必须设法通过某种汇总的方法，把该国全体社会成员的个人效用加总在一起。

古典经济学家更多地注重物质财富背后的力量（生产效率），较少关注经济福利背后的决定因素，而经济福利部分地有赖于既得财富在社会中的分配与消费。[②] 诚然，古典经济学家假定，经济财富（直接生产或通过贸易间接获得的产品总量）与经济福利（从消费这些产品中获得的消费满足）存在密切关联性，彼此间没有根本冲突。按通常理解，财富的增加意味着福利的增加，例如，李嘉图（[1817]1951：128）指称，贸易“将十分强有力地促进商品总量的增长，并因此促进享受总量的增长”。

可是，把财富与福利当成同义词，却造成了方法论问题。理由有二：其一，财富与福利从来就被认为是不同的概念，只是为了方便起见才加以混同；其二，古典经济学家显然认识到自由贸易会带来分配上的后果，即虽然更高的实际国民收入意味着一国总体上享有更多的产品，但某些个体或团体很可能在自由贸易状态中蒙受利益损失。（这类似于李嘉图的主要观点，他认为，农业保护即《谷物法》通过提高谷物价格，将部分收入由资本家转给地主。）古典经济学家经常把财富等同于福利，无非是为了避免收入分配这一问题。他们似乎相信，政府应群策群力先让经济财富最大化，至于收入分配问题，最终总是可以处理的。他们担心，假如每个政策行为都还要去纠正收入分配方面的不良后果，经济政策改革将因太过繁重而无法实施。

但是，单纯地认定贸易可能增加产品供应并因此一定程度上增加经济福

---

① 现代经济学家中，J. R. 希克斯（1940）较早区分了作为生产力尺度的实际收入与作为经济福利尺度的实际收入，并提醒说二者相距甚远。有关这些问题的详细讨论，参见 A. K. 森（A. K. Sen，1979）。

② 约翰·斯图尔特·穆勒（1836：9）写道：“我们主张，政治经济学……除了必然探讨财富的生产及分配外，与财富的消费没有关系。关于财富消费的法则，我们不知道哪个明确的学科以此为研究对象，它们不过是人类生活享受的法则而已。”

利，这却未必就会成为现实。纳索·西尼尔（1836：2－4）便严厉批评过这种乐观论调。他强调："政治经济学家论述其命题时，使用了我们通常使用的那个术语的狭义，即财富，而不是幸福。"西尼尔虽然持有自由贸易观点，但认为经济学家并不能依据其科学知识而提供政策建议。他说："当某一作者说某种特定行为能创造财富时，他仅仅是在这个意义上提建议，或仅仅在这个意义上提出应采取该行为。假如他暗示说幸福与财富占有是一回事，那么他便犯下了非常荒唐的错误。"此作者的错误不在于"一味关注财富，而在于把财富与幸福混为一谈"。西尼尔指出，经济学家的结论，"无论其中的真理具有何等普遍性，都不能赋予他更大的权力去提供一丁点[经济政策]建议"，因为财富只是造就幸福的诸多要素中的一个而已。①

其他经济学家固然认为西尼尔言辞太过尖刻，但他提出的问题却无法避免：经济科学能就政府政策对经济福利的影响提出伦理上中性的论断吗？每当地主失去一美元而资本家可得到两美元时，在何种意义上能说这构成了总体经济福利的改善？要拿出这一论断，前提条件是，货币必须能用来充分地度量效用，而且，边际收入效用对两个社会团体都必须永远不变。例如，假如地主的边际收入效用大于资本家的，则社会经由衡量后会认为，地主（较小）的所失大于资本家（较大）之所得。

为了避免这一问题并弥合财富与福利间的差距，约翰·斯图尔特·穆勒（1825：399）在围绕《谷物法》辩论的过程中提出了所谓补偿原则：

> 如果……在整个过程中只有转移而无其他，假如消费者和资本家损失的任何东西都成为地主的获利，那就形同抢劫。可是，不会发生耗费，纵然国民财富的分配会差些，也不会出现总财富的绝对损失。《谷物法》的罪恶在于不仅带来这种问题，而且在所有情况下都会造成一种绝对损失，大大超过得利者从中获得的收益。因《谷物法》的缘故，为了进入地主口袋的每一镑钱，整个社会都被

---

① 西尼尔（1860：183－184）说过，经济学家"提供某种见识，一旦他告诫读者要做什么或不要做什么，他就从科学滑向了艺术，基本上滑到了道德或治理这种需要艺术把握的领域……一旦我们劝告或劝阻，甚至赞成或责备，我们便不再具有科学性"。

抢劫了好几镑。

穆勒的结论是："废除《谷物法》，哪怕附加某种补偿，都比保留这个法要好。假如这是我们的唯一选项，谁也不应抱怨这种变革，毕竟可借此防止大量恶果，而不会使任何人遭受损失。"穆勒的建议似乎解决了冲突，即假如把补偿给予那些在自由贸易中收入下降的人，则谁也不会遭受损失，每个人的福利都可能会更好。在此情况下，自由贸易将不仅最有益于国民财富，而且最有益于国民福利。

穆勒的看法可谓真知灼见，但这一问题基本上被束之高阁，直到19世纪末欧洲均衡理论家让效用概念更具操作性后，情况才有改变。意大利经济学家维弗雷多·帕累托(Vilfredo Pareto)的同事曾呼吁不要进行效用的人际比较，从而可避免对特定的收入分配给出价值判断。帕累托为回应这些呼吁，设计了一个与穆勒原则相关的标准，用来比较按不同方式分配产品时两种不同的福利状况。帕累托(1894)指出，有效的配置是指福利改善已经达到某种饱和状态，哪怕再要让一个人的福利继续改善，都会开始损及其他人的福利。按这一标准，若要说产品的某种配置方式(如在自由贸易状态下)优于其他配置方式(如在保护状态下)，则应当是没有一个人遭遇福利受损，同时却至少有一个人得到福利改善。当然，诸如此类的任何福利标准都是主观随意的，包括了某种价值判断，但帕累托的指南赢得了广泛支持，因为其基本原则(当任何人的处境都不会变坏，而至少一人的处境变得更好时，这种变化便是可取的)大体上无可辩驳。

在此意义上，无法说自由贸易相对于保护而言是一种帕累托改进，因为某些个体会因此而处境变差。但是，附带补偿的自由贸易却有可能满足那个苛刻的标准。帕累托(1895)本人曾试图利用该原则证明，基于这样的理由，自由贸易从福利角度看也是最优的，不过，他的这一尝试存在缺陷。但约翰·奇普曼(1987，1:526)指出，有关努力之所以失败，是因为"他假定贸易在国内价格上是平衡的，故而没有考虑到贸易条件的改善以及关税收入的有利效应"。①

---

① 另参见约翰·奇普曼(1976)、安德烈·曼尼什(Andrea Maneschi，1993)。也应提及，恩里科·拜荣(Enrico Barone)于1908年以图表方式描述了得自贸易的收益，虽未受重视但具有开拓意义，有关转述参见安德烈·曼尼什和威廉·斯维特(Andrea Maneschi and William Thweatt，1987)。

手握补偿原则和帕累托的福利标准,经济学家便可以就自由贸易与经济福利问题提出较为规范的主张。保罗·萨缪尔森(1939)既排除了分配问题,将一国视为纯由一批相同的人所组成,且不论生产商或消费者;又排除了贸易条件效应问题,这样一国可按随意选定的任何国际价格交易尽可能多的产品。在此基础上,他迈出了现代经济学家公认的清晰的第一步,开始严格地展示得自贸易的收益。萨缪尔森利用"显示性偏好"概念说明,一国在自由贸易状态下如何能支付得起它在闭关自守状态下拥有的那一系列产品,因此不会因贸易而减少福利。不过,萨缪尔森所示无非表明,尽管不可能证明自由贸易对一国是最佳选择,但有贸易总比没有贸易要好。

上述推理中有两个关键假定,即消费者是相同的,另外不存在贸易条件效应。默里·肯普(Murray Kemp,1962)和保罗·萨缪尔森(1962)利用补偿原则放松了有关相同消费者的严格假定,之后,吉恩·格兰蒙特和丹尼尔·麦克法登(Jean Grandmont and Daniel McFadden,1972)较为技术性的研究也是这样做的。只要接受帕累托标准、向福利受损者给予实际的补偿,并且假定贸易条件是固定不变的,自由贸易就会比闭关自守更接近帕累托最优,甚至也要优于含关税的均衡。当有国家能影响其贸易条件时,自由贸易的福利状况便会出现问题,这一点在第七章已有说明。J.德·V.格拉夫(J. de V. Graaf,1949)指出,在最优关税状态下,保护的获益者可以补偿那些本可从自由贸易中获利的人。

因此,正如帕累托标准要求的那样,补偿原则终究是必要的,可以保证谁也不会因为自由贸易而遭受福利损失。在20世纪30年代,人们争论的问题是,是否可能在不支付补偿的情况下依然支持自由贸易?这场争论使得人们重新发现了补偿原则,并发现了虚构性补偿测试中的前后一贯性问题。当时,英国的理论福利经济学仍然依赖于对(据称可计量)效用的人际比较。莱昂内尔·罗宾斯在1932年出版的著名书作中,试图提醒经济学家们这一方法存在的弱点。他指出,对效用进行任何人际比较,必然立足于不言而喻的价值判断,而这本非经济科学之所长。罗伊·哈罗德(Roy Harrod)等人觉得,这一观点对经济学家约束过严,使之难以就经济政策发表意见。对于假定不同个体具有相同边际收入效用，从而对人群应一视同仁的做法，哈罗德（1938：396－397）出面辩护，他提出如下反问：

> 不妨考虑一下《谷物法》的废除问题，这会降低一个具体的生产要素即土地的价值。肯定可见，整个社会的获益超出了地主的损失。但这里的前提是，在一定意义上对所有个体均一视同仁。否则，一部分人的损失（损失的存在难以否认）怎么可能与全体人的获益比较呢？如果一味强调不同个体间效用的不可比较性，则不仅福利经济学派的主张失去了存在基础，而且任何主张都将无以立足。此外，经济学家作为决策顾问的工作也将完全徒劳无益，除非认为其理论探讨具有无限的审美价值，否则最好让经济学家彻底闭上嘴巴。

不行啊，哈罗德说道："总需要提出某种假定"，这样才可以开出某些政策药方。

面对上述观点，罗宾斯（1938：638）也承认，将个体一视同仁是可以普遍接受的，但强调，特定的标准应从经济学之外去寻找。的确，"政策药方都是以接受经济学之外的某些规范为前提的"。罗宾斯不是要阻止经济学家讨论经济政策，而是强调必须看到，这些讨论通常意味着大大跳出了经济科学的范畴。经济科学可以评估不同的行为过程在实现某个可取目标时会有何差别，但经济科学并不能评判这些目标本身。针对《谷物法》废除问题，罗宾斯指出："无法说经济科学表明自由贸易是理所当然的"，因为在对自由贸易的倡导中存在某种"主观成分"。这个"主观成分"是指，虽说自由贸易带来了新的收入分配，但评判这种分配的利弊却需要比较不同个体或团体间的福利。

尼古拉斯·卡尔德（1939：550）也参与了争论，且在不经意间重新提出把帕累托（和穆勒）的标准当作解决方案。他指出："古典学派有关自由贸易的理论中并不存在这种主观成分"；"通过补偿'地主'可能的收入损失，并通过向收入增加者征收额外的税收从而为这种补偿方案提供资金"，总可以维持原有的收入分配水平。卡尔德继续道，故此，"每个人的收入能力都不会低于之前的水平，而每个人作为消费者的能力却会比之前更好”，因为谷物的价格下降了。这当然不过是穆勒补偿原则的复述而已。

但卡尔德进一步论述如下：

> 因此，在所有情况下，当某一政策导致实体生产率以及实际总收入都有增长后，固然还存在个体满足感的计量问题，但这不妨碍经济学家对上述政策的倡导。这是因为，在所有这些情况下，已经“可能”让每个人都处境更好又不需要让任何人处境更糟。经济学家没有必要去证明（事实上他也永远不可能证明）：在采取了某一措施后没有哪个社会成员将遭受损失。为确立自己的论点，他只需说明一点便已足够，即只需说明：即使因政策变化而受损者得到充分补偿，社会其他成员也照样享有比以前更好的境况。在自由贸易状态下，是否应该向地主提供实际的补偿，这对经济学家而言是政治问题，经济学家很难就此发表意见。重要的事实是，在主张自由贸易时，地主的命运完全无关紧要，因为即使地主的损失得到充分补偿，自由贸易的好处也根本无法瓦解。（550—551）

由此可见，卡尔德的立场是，只要为达到帕累托改进效果而给予补偿是“可行的”，哪怕“实际上”没有补偿，就可以认为有关政策变化是可取的。这种“潜在的”帕累托改进标准某种意义上等同于古典学派的观点，即经济财富总量的增加本身就是足够的理由，可由此假定，经济福利的改善将会出现或能够出现。

约翰·R.希克斯（1939：697）也担心在把政策分析推到无法立足的不堪境地后，经济学存在着“逃避活生生问题”和“一门科学无疾而终”的危险，故而他很快就赞同卡尔德的总体立场，并随后提出了一个替代性检验标准。希克斯（1940）提示，如果地主不能贿赂资本家让其反对政策变化，那么，自由贸易就将构成一种“潜在的”帕累托改进。提出该替代性方案的理由是，如果受拟定政策不利影响的一方想要提出一个补偿方案甚至想要制止政策变化，那么它就有了举证的责任。因此，假如资本家能向地主进行补偿支付以争取其对自由贸易的支持（卡尔德的标准），或者假如地主不能向资本家给予支付以争取其反对自由贸易(希克斯的标准),则《谷物法》的废除据说就构成了一种“潜在的”帕累托福利改进。

这一流派的经济学后来被堂而皇之地称为“新福利经济学”,其目的是要为经济政策的福利主张提供一个客观基础。然而,卡尔德-希克斯的论点,即自由贸易只需通过一个虚拟的补偿检验以便构成“潜在的”帕累托改进,很快就遇到两个问题。首先,假如不关心是否实际支付补偿,便失去了争取对经济政策进行价值中立评估这一目标。在两个检验标准中,关键的特征都是补偿的虚拟性(而非实际性)。正如约翰·奇普曼(1987:524)所言:“价值判断进入补偿原则,这中间最重要也最有争议的问题,就是潜在性与现实性之间的冲突。假如在新情形中每个人都‘可以’变得处境更好(即使某些人其实会变得处境更糟),这种情形就被认为优于另一种情形。”如果仅仅满足于虚拟的补偿检验,我们等于又回到了对经济财富的片面关注(就如卡尔德明确表示的那样),或者回到了试图进行人际比较的状态。我们全部努力的核心是要让关于经济政策的理论能摆脱这些判断,同时又照样能够讨论经济福利问题。

第二个问题的出现是因为,蒂伯·西陶夫斯基(1941)表明,在虚拟的补偿检验中存在一个麻烦的逻辑一致性问题。他证明,即使资本家为实施自由贸易能够补偿地主(通过了卡尔德的检验),地主也有可能补偿资本家令其实施贸易保护(通过了希克斯的检验)。后来人们称此为西陶夫斯基“逆转”悖论,即自由贸易可以主导保护(据卡尔德的检验),反过来保护也可以主导自由贸易(据希克斯的检验)。因此,无论是卡尔德标准还是希克斯标准,单靠一个标准无法对经济政策选项进行排序。所以,西陶夫斯基说:

> 我们必须首先看一下,是否可能在新的情形中重新分配收入,以使每个人都比原先情形中处境更好。其次我们必须观察,从原先情形出发,是否可能单纯借助收入再分配就达到一个比新情形更优的状态,当然这也是从每个人的角度看问题。假如第一项是可能的而第二项是不可能的,则我们可以说新的情形比原先情形更好。假如第一项是不可能的而第二项是可能的,则我们可以说

新的情形比原先情形更糟。而假如两项都可能或都不可能，则我们就避免提出任何福利主张。(86—87)

因此，这里推导出的西陶夫斯基“双重”标准提出了要求，即一项政策应同时通过卡尔德检验和希克斯检验，但这样打消了人们的希望，因为原先人们还以为，采用单一和独特的指标就可衡量各项政策的经济福利效应。[1]

* * *

一般认为，新福利经济学失败了，因为无法依赖虚拟的补偿检验提出强有力的帕累托改进主张。鉴于经济福利讨论很快就陷入深刻而棘手的方法论困境，谈论经济财富(而不是经济福利)自然要方便得多。所以，人们又回到古典学派的主张，即自由贸易导致国家财富的最大化，并创造机会使人们能获得更多的产品。然而，分配上的难题依然是一个重要的务实论点，挑战着自由贸易乃“最佳”政策这种说法，毕竟某些团体会因自由贸易而处境更糟，同时却未必会获得相应的补偿。

当然，帕累托标准是一个非常严格的标准，他对拟议中的任何政策都提出了严苛的标杆。该标准倾向于维持现状，可是按某种标准看，现状本身未必就等于公正。此外，该标准也会令自由贸易的反对者感到困扰不堪，因为贸易保护主张(干脆说任何经济政策吧)也会碰到同样棘手的分配问题。尽管如此，关于贸易政策和经济福利的辩论还是有助于廓清自由贸易论的边界范围，同时也澄清了经济理论与经济政策之间的关系。

---

① 随后的文献也提出了各种福利标准，但都存在诸多难以克服的问题，有关情况参见约翰·奇普曼和詹姆斯·穆尔(John Chipman and James Moore，1978)。

第十三章

凯恩斯与宏观经济保护论

约翰·梅纳德·凯恩斯位居20世纪甚至所有时代最有影响力的经济学家行列，他的作品，尤其是《就业、利息和货币通论》(*The General Theory of Employment, Interest and Money*, 1936年)调整了经济学这一学科的方向，使之转而思考宏观经济问题，诸如总收入与总产出、价格水平、总就业。20世纪20年代末、30年代初，在有关如何应对居高不下的失业率而展开的辩论中，凯恩斯主张，考虑到英国的特定情况，应当放弃自由贸易转而进行贸易保护。他所谓英国的特定情况包含三个关键因素：呈现刚性难以下调的工资、政府维持固定汇率的决心、大量存在的失业劳工。有鉴于此，凯恩斯提出用关税扩大产出并增加就业，而且以他的分量使这一保护论获得了合法性，恰如穆勒之于幼稚产业论。尽管凯恩斯倡导关税保护是基于某些特定条件，但他的观点对经济理论和政策产生了重大影响，据认为在数十年里削弱了自由贸易的立论依据。①

---

① 有关凯恩斯涉及自由贸易和保护的观点，参见兰德尔·欣肖(Randall Hinshaw, 1947)、巴里·埃肯格林(1984)、伯纳德·沃尔夫和尼古拉斯·斯莫克(Bernard Wolf and Nicholas Smook, 1988)、雨果·雷迪斯(Hugo Radice, 1988)、彼得·克拉克(Peter Clark, 1988: 197—225)等人的概述。

* * *

凯恩斯在职业生涯之初，可谓自由贸易的坚定倡导者。还是本科生时，他便担任剑桥大学自由贸易学会的秘书，在多次争论中出面为自由贸易辩护。1923年，已经是著名经济学家的凯恩斯以斩钉截铁的话语表达了对自由贸易的赞同：

> 在任何由我们决策的场合，我们都必须坚持最宽泛意义上的自由贸易，视之为不容许例外、不可以动摇的信条。我们必须坚持这一点，哪怕我们得不到对等互惠的待遇，哪怕在某些罕见情况下，我们通过违反原则而实际能够取得直接的经济优势。我们应当把自由贸易当作国际道义的一个原则加以坚持，而不仅仅当作一个关于经济利益的学说。[①]

针对人们通常提起的关税可以缓解失业的说法，凯恩斯也使用强势语言回击。他说："如果有一样东西是保护主义做'不'到的，那就是救治失业……有些保护论调据称可保证带来似有(不是十分)可能的利益，对此尚无简单的答案。然而，声称保护可救治失业，这确实把保护主义谬误赤裸裸地、丑陋地展示在世人面前……提出通过向制成品征收关税救济眼下的失业……此乃弥天大谎。"[②]

然而，到1928年，凯恩斯已软化立场，他提出："自由贸易的理由应当着眼于未来，不要立足于如今已很少为人接受的放任自流这一抽象原则，而应立足于实际的利害关系和这一政策能带来的利益。"[③]如此退向更务实的自由贸易立场终于在1930年酿成一场大决裂，当时的新形势进一步促成了凯恩斯理论框架的改变。以20世纪20年代英国高企的失业率为背景，凯恩斯开始断言，进口关税有助于增加总产出和就业。年轻时他可能会说，关税有助于在受保护部门增加就业，但这反过来会损害其他部门(很可能是出口产业中)的就业。而如

① *JMK*，XVII，451，凯恩斯所称直接经济利益指的是贸易条件改善。对凯恩斯著作的征引均据《约翰·梅纳德·凯恩斯文集》(*Collected Writings of John Maynard Keynes*，London：Macmillan for the Royal Economic Society，1971—89)，引文标示为*JMK*及卷数、页码。

② *JMK*，XIX，151—152，156. 凯恩斯认为在四种情况下可以不遵守自由贸易原则：为实现非经济目标(如保护农业)；为保证不在"关键"产业中过分依赖其他国家；为促进幼稚产业发展；为防止损人利己的倾销。

③ *JMK*，XIX，729—730.

今凯恩斯却认为，当全部劳动并未得到充分利用时，关税能够扩大总就业。[①]

凯恩斯耳目一新的观点在《货币论》(*A Treatise on Money*，1930)有关章节中可见端倪，该书分析了英国1925年按第一次世界大战前比值回归金本位的问题。[②] 凯恩斯严厉批评官方决定将英镑与黄金的比价固定在战前水平，指出战时通胀已令英镑价值缩水。在凯恩斯看来，让英镑回归战前固定汇率造成英镑相对于其他货币估值过高，这会增加英国的对外投资(因为以英镑计算的外国资产价格下降了)，同时又减少其贸易顺差(因为国内工资和价格相对于海外水平上升，从而损害英国出口商和进口竞争部门生产商的竞争力)。用凯恩斯的语言说，假如不能在对外放款与外贸盈余之间维持平衡，则为了弥补收支差额(即对外放款超过外贸盈余)，黄金必然向外流出。因为英国政府的黄金储备是有限的，所以终究需要通过减少对外投资或增加出口盈余来阻止黄金外流。

英镑对黄金的贬值将可纠正汇率的扭曲，恢复国际收支平衡，并终结黄金外流。但凯恩斯认定，政府下定决心要将金本位下的英镑比值固定在目前汇率上；更有甚者，英格兰银行为了遏制对外投资、减少进口需求，从而阻止黄金外流，正不得不实施一项紧缩性货币政策，将利率定在超出本来应该的水平之上。然而，这种偏紧的货币政策也往往会打压国内的生产和就业。在一个没有经济摩擦的世界里，生产和就业的损失终将是暂时性的，第三章中简要描述的休谟价格-铸币流动机制提供了一个古典手段，可借此恢复充分就业与要素利用水平并恢复国际收支平衡。黄金外流造成的通缩压力将降低国内工资及其他生产成本的名义英镑价格，随着英国产品价格的降低，出口(以及生产和就业)将会增长，直到外贸平衡改善到足以恢复外部平衡并消除黄金外流为止。

凯恩斯相信，不幸的是，现代的种种状况使得这一调节机制无法顺畅运行。他在《货币论》中写道："我相信，针对收入大幅紧缩存在着抵触力量……历来都

① 称自由贸易理由在资源没有充分利用的条件下不能成立，这种说法由来已久，至少可追溯至重商主义者。理查德·舒勒(Richard Schuller，1905)试图依照上述条件提出保护理由，但没有像凯恩斯那样从宏观经济角度阐述问题，而且他的论点缺乏令人满意的理论支撑。有关舒勒著作的英译本，参见弗兰克·陶西格(1921：371—379)；有关批评性评估，参见C. F. 别克戴科(1905)、哥特弗里德·哈伯勒(1936：253—259)。

② *JMK*，VI，162—169.

很强大。但在现代世界中，工会组织兴起了，无产阶级有了选票，使得抵触力量更是无比强大。企业家们曾试图降低工资，岂料引来了1926年的大罢工。尽管罢工随后受挫，有关优势得以夺回，但出于政治和社会的考量，资方不可能毫无退让。”①因为工会和选民反对降低名义工资，紧缩性货币政策将只能降低价格，而不能降低工资成本，这就会引发经营亏损和失业。事实上，凯恩斯1925年已发出警告，这样的货币政策形同“有意加剧失业”。②到最后，严重的失业定会一发不可收拾，致使人们无法再抵制降薪计划，但他在《货币论》(1930)中指出，“社会和政治的力量”终究难以容忍降薪局面。于是，为应对英国的困境，需要实施若干其他性质的政策。在凯恩斯看来，摆脱困境的较好方法，除扩大国内经济外，就是为国内投资提供补贴，这将减少对海外投资的鼓励(也将降低为维持收支平衡而争取大规模出口盈余的必要性)。但他承认：“可以考虑那种观点，即也存在可有利可图地采用某种方法的空间，为国产商品和外国商品设定不同的价格。”③

大萧条发生后，英国成立了金融与工业麦克米兰委员会(Macmillan Committee on Finance and Industry)，以便为政府提供经济咨询。凯恩斯在致该委员会的非公开证词中，详细阐述了自己就正在深化的危机提出的解决方案。日益恶化的失业是根本性问题，在凯恩斯眼里，原因在于汇率过高，而过高的汇率又要求英格兰银行维持紧缩货币政策。为恢复企业的盈利能力以使生产和就业得以复兴，凯恩斯在其2月的陈词中考虑了七种可能的补救方案。第一，英国可改变英镑盯住黄金的价格水平(即贬值英镑、重估黄金价值)，因此追随一种更加扩张性的货币政策。他评论说，受政治原因的约束，“目前形势下没有可能采纳这一救济措施”。④ 第二，可以达成一个总体协议，争取降低货币工资，促进古典调节机制发挥作用。凯恩斯相信，这“在某些情况下是理想的补救措

---

① *JMK*，VI，164.

② *JMK*，IX，218，引自其关于《丘吉尔先生的经济后果》(The Economic Consequences of Mr. Churchill)等著名文章。

③ *JMK*，VI，169.

④ *JMK*，XX，100.

施”，但就当时形势而言很可能不切实际甚至“异想天开”。[①]第三，可以给工业提供补贴，以便恢复企业利润同时又不致降低货币工资，但这会遇到实际的（主要是财政上的）困难，“非常不可能”得到采纳。[②] 第四，工业将提高其生产率（使生产更合理化），争取以同样的工资成本得到更多的产出，但这一包含不确定性的方法起效太慢，短期内其实还会恶化失业问题。凯恩斯谈到，这四种补救措施是“同一个调子的四种变奏”，设计的初衷是要让国内外生产的货币成本实现平衡，借此增加英国的出口盈余、恢复收支平衡，并因此使得英格兰银行降低利率，促成经济的复苏。

凯恩斯还提出了其他三种不同类型的补救措施。第五，正如《货币论》已述，为了增加国内生产和就业并同时改善贸易平衡，可以设置进口关税。凯恩斯说，贸易保护将降低实际工资、提高价格，此乃当时形势下可取的方案。第六，可以对国内的投资给予间接补贴，以便增加国内生产并减少对外放款。凯恩斯称此为“我最喜欢的补救措施”，而与此同时还可配套实施：对外国债券征税，改革银行体系以便增加国内放款，甚至政府可直接进行资本花费。[③] 第七，主要国家的中央银行可联手行动，实行一项更具扩张性的货币政策，借此扩张经济、缓解失业，又不致违反收支平衡约束，也不必调整汇率。凯恩斯觉得该方案存在问题，因为法兰西银行颇为无知，美国联邦储备委员会则狭隘地只关注国内事务。[④]

由于大多数补救措施因各种理由而不切实际只得放弃，因此最后的选择本质上只能是加征进口关税或鼓励国内投资。当被问及为了贸易保护潜在的良好效果，是否值得抛弃自由贸易时，凯恩斯答道：“至于利害平衡点在哪里，我还没有形成一清二楚的意见。”这暗示他更喜欢的救济措施还是增加国内投资。凯恩斯看到，关税具有缓和（而非解决）下滑趋势的好处，但尚不情愿赞同关税手段。他作证说：“我充满忧虑地担心作为一项长期政策的贸易保护，但是，我

---

① *JMK*，XX，102，106.
② *JMK*，XX，108.
③ *JMK*，XX，126，138，140.
④ *JMK*，XX，150，154.

们并非总有能力来采取长远眼光……我以为问题在于，为缓解眼前急迫问题，我在多大程度上甘冒长期弊端的风险。”他补充道：“可以这么讲吧，在此关头，极难的一点是，让任何一个从自由贸易起家的人按他自认为真实坦诚的方式说话，同时他自身的意图又不被人误解，他提出的倡议也不至于被人过头解读。”[①]

及至 1930 年 7 月，经济形势继续恶化，政府似乎无所作为，一项一揽子关税的好处对凯恩斯已变得愈发显而易见。在回复首相提出的问题时，他表示自己“虽不情愿，但已确信，应采用某些保护措施”。[②] 为创造额外的就业，固然可以增加出口或减少进口，但减少进口更可容易地通过政策行动加以安排，并且存在创造财政收入和改善贸易条件的好处。不过，在凯恩斯对关税进行私下或公开的全部呼吁中，他都说明自己的信念来自“两害相权取其轻”。[③]

既然已经把重心转向了保护，凯恩斯就开始更强烈地宣传自己的观点。在 9 月为经济顾问理事会经济学家委员会准备的备忘录中，他详细阐述了关税的好处，称好处“实在太多”。[④]这些好处包括解决货币成本与汇率不相匹配这样的基本问题，因为关税将提高国内价格，并且降低实际工资，使其接近均衡价值，同时避免名义工资下跌且造成扰乱。他指出，关税还会恢复企业信心，为新投资创造适宜的环境，又不会诱发(除非设计不当)工会提出更高工资要求，也不会对就业产生负面效应。[⑤]

在另一份供委员会讨论的文件中，凯恩斯建议对进口征收划一的 10%关税，对出口则给予同等幅度的奖励金。他强调，这一计划作为降低货币工资的替代性方案，将有效地回归到自由贸易时的状态，等于让生产的货币成本降低 10%。在经济上也等于让货币贬值 10%，只不过英镑相对于黄金的比价没有

---

① *JMK*，XX，120.

② *JMK*，XX，378.

③ *JMK*，XX，494.

④ *JMK*，XIII，191.

⑤ 凯恩斯在阐明观点时，论述了《货币论》中提出的储蓄、投资、贸易条件之间的理论关系。若没有相对于储蓄而言的总投资增长(照凯恩斯定义，包括国内外的)，就不会有基本就业的增长。关税可以带来国际收支的改善，而就对生产和就业的影响而言，国际收支的改善等同于投资的增长。

发生变化。[1] 虽然经济学家委员会中几名成员间发生了争论和分歧，但委员会还是在10月发布了一份报告，确认了这些方案，并就保护问题达成了多数派支持意见，条件只是保护措施应与产业合理化努力挂钩起来。凯恩斯关于相应建立出口奖励的建议被否决了，理由是它可能引起外国采取抵消性反倾销措施。该报告也呼吁，当失业得到充分缓解或者当价格恢复到1925—1928年水平后，即应撤除关税安排。[2]

至此，凯恩斯仅在半官方的委员会和咨询小组之类的非公开场合表达自己的观点。1931年3月，他在一篇报章中公开了自己的立场。据《凯恩斯文集》编者所言："作为曾对自由贸易信誓旦旦的人，他的这篇文章形同一份改宗声明，造成了巨大的震动。"[3]凯恩斯看到，为增加就业和复兴工商活动，存在三个可行的政策选项，即贬值货币、降低名义工资、征收进口关税。他虽然反对回到1925年的金本位，但拒绝了货币贬值方案，因为这将进一步瓦解世人对伦敦金融市场本已走低的信心。事实上，凯恩斯现在认为："如今应当全力以赴地捍卫我们的外汇立场，特别是为了让我们能够承担起已出现真空的世界金融领导地位，则更应如此。"降低工资"当然会引发社会不公和强大阻力……鉴于这些理由，某种强烈收缩的政策固然会产生切实良好的作用，但可能是相当不现实的"。[4] 于是，凯恩斯只能提议："无一例外地对全部制成品和半制成品征收15％的进口关税，对全部食品和某些原材料征收5％的进口关税，而其他原材料则免税。"他直白地表示："关税会导致本国产品对原本进口品的替代，它将增加这个国家的就业。"[5]

在1931年9月另一篇报刊文章中，凯恩斯重复了三个基本政策选项：贬值货币、降低工资、征收进口关税。此前几个月中，他愈发青睐货币贬值这一主

---

① *JMK*，XX，416—419.

② 委员会的报告见于苏珊·豪森和唐纳德·温奇(Susan Howson and Donald Winch，1977：180—227)。

③ *JMK*，XX，231.

④ *JMK*，IX，235.

⑤ *JMK*，IX，231，237.

意,曾说过:“我本人现相信这是恰当的补救措施。”不过,他还是把它排除在考虑之外,因为政治当局“已经决定要不惜一切代价维持金本位”,贬值“尚不是该国任何有组织政治派别的政策”。至于降低工资,希望其幅度大到能够恢复均衡,这“将意味着工资减幅非常大,在社会公正和操作办法方面会造成难以置信甚至无法克服的难题。所以,不先试用一下限制进口这一温和得多的可替代方案,简直就是疯了”。[①] 可见,凯恩斯再次抓住了关税,并非把它当作最佳办法,不过是当作一个促进经济复苏的手段。

凯恩斯在各种声明和著作中强调,自由贸易毫不含糊的合理性之所以无法坚持,是因为工资灵活性已无法有效发挥作用,已不再是一个调节平衡的机制。他欣然承认:“自由贸易,当与工资水平大幅调节的灵活性结合在一起时,是一种可以坚守的思想立场,但只要各类货币[工资]收入受到合同保护、不能自由调节,它便会带来一个公正合理性问题。”[②]通常人们以为,关税只不过将就业从一个产业赶到另一个产业,对总就业不会产生任何影响。凯恩斯不接受这种说法,他指出:“当自由贸易论者说关税不能增加就业,只能把就业从一个产业转到另一个产业时,他等于是认定,一个人在某个岗位失业后,会降低自己愿接受的工资水平,直到在另一个岗位上再就业。……目前形势下,这纯粹是胡说八道。”凯恩斯指陈,自由贸易的问题就在于它假定,“如果你让人们在一个行当丢掉饭碗,你马上就可在另一个行当雇佣他们。一旦链条中的这个环节出问题,整个自由贸易论就会崩溃”。[③]

凯恩斯离经叛道的关税观点先在政府决策圈内激起反对和辩论,随着其文章在报纸上发表,又把争议扩散到整个公共舆论界。同为经济顾问理事会成员

---

① *JMK*,IX,241,242.

② *JMK*,XX,490,496.由凯恩斯签署的麦克米兰委员会报告的附言指出:“当一个经济体既不处于也看不到均衡状态时,为无限制自由贸易所做的基本辩护就不能绝对地适用于此种经济体……假如这种充分就业的条件既没有得到满足,一段时间内也不大可能得到满足,则……关税有可能带来生产的净增长,而不会带来干扰。”(*JMK*,XX,298)

③ *JMK*,XX,117.凯恩斯强调,在充分就业条件下,或者当经济处于灵活流动状态时,搞自由贸易没有任何问题。但“如果我们陷于失业境地……搞自由贸易有可能暂时会让我们处境更糟,因为不是在制造一个商品与制造另一个我们不大适合的商品之间选择,而是要在制造一个我们不大适合的商品与什么都不制造之间选择”(*JMK*,XX,115)。

的莱昂内尔·罗宾斯严词批驳了凯恩斯的关税建议，并拒绝在最后的报告上签字。他坚持认为，关税不会缓解经济活动的萧条，倒会刺激外国的保护主义者并诱发外国报复，由此将产生负面的国际后果。罗宾斯(1971:155－156)倡导(据其事后回忆)有原则地坚持自由贸易，因为“一旦打破了不得阻止进口这一禁忌，就此歇手的希望就很小了”。在罗宾斯看来，凯恩斯“表现出非同寻常的幼稚”，居然相信一旦完成既定使命，进口关税便可轻而易举地撤销了之。①

其他著名经济学家在回应凯恩斯的建议时，流露出深深的疑虑甚至毫不掩饰的敌意。② 在威廉·贝弗里奇(William Beveridge)指导下，当时在伦敦经济学院的几位著名经济学家[包括罗宾斯、T. E. 格雷戈里(T. E. Gregory)、阿诺德·普朗特(Arnold Plant)、J. R. 希克斯等]合写了文集《重新审视关税问题》(*Tariffs: The Case Examined*)，此书重申了反对关税的那些正统学说。③ 这些经济学家特别坚持说，保护不是补救失业的有效措施，并提到，其他高筑关税壁垒的国家正经历着甚至比英国还要高的失业率。他们拒不承认，在失业和要素利用不足的状态下古典贸易理论不能发挥作用，大家断言，让劳动、土地、资本的利用趋于最大化从来不是最优的，无论资源的利用程度如何，自由贸易依然是最好的政策。假如为了刺激国内生产和就业而阻止制成品进口，则要么出口必须等额减少，要么外国投资必须增加。贝弗里奇(1931:58)报告指出，认定投资将增加并因此避免出口行业中的就业损失，这是一个“纯粹的赌局”。然而，这些经济学家的确承认，在一种不大可能的前景中，关税会促使转而进口那

---

① 另参见莱昂内尔·罗宾斯(1931)。罗宾斯与委员会报告的分歧见于豪森和温奇(1977:227－231)。罗宾斯(1971:154,156)后来懊悔自己曾反对凯恩斯提出的扩张性措施(“我职业生涯中最大的错误”)，但相信自己反对关税并没有错(“我很高兴曾经反对凯恩斯的商业限制想法，就如我很遗憾曾经反对他的金融再膨胀想法”)。之后证明罗宾斯在关税问题上是对的。唐纳德·莫格里奇(Donald Moggridge,1992:514)评论道：“凯恩斯不愿意公开倡导货币贬值，同时又公开支持贸易保护，这可以理解，主要是因为他错误地比较了两个行为过程的利弊得失，并且因为英镑终究有可能脱离金本位。有鉴于凯恩斯的姿态，他协助形成了一种舆论氛围，致使英国在脱离金本位后，在不需要依照凯恩斯的理由而进行保护时，照样建立了一套高度保护性的关税体制。”

② 例如，拉尔夫·霍特里(Ralph Hawtrey,1931:59－60)承认，关税“作为应对贸易萧条的应急措施有些效果……但它提供的好处其实非常有限，也许简直无足轻重。对一个出口大国而言，几乎任何一项拖延世界经济复苏的措施都很有危害性”。

③ 罗宾斯(1971:158)后来承认此书“论述相当平庸”“包含了太多坊间流行而又易受攻击的自由贸易论点，经不起严格推敲”。

些国内不生产的产品，这样，进口总额维持不变，外国对英国出口的需求也不会下降，如此将带来更高的总就业水平。

凯恩斯回应了这些批评，他承认罗宾斯的观点，即关税政策实施容易取消难，但断言这种风险被夸大了："目前形势决定了我们应当甘冒这种风险。"[①]如他曾经所言，采用关税手段后，"你可能染上坏习惯，十年之后你的处境或许比你咬紧牙关自己坚持下来要差一点"，但你也可能"避免了一场社会灾难"。[②] 在致贝弗里奇的信中，凯恩斯提到自己同意《重新审视关税问题》文集中的许多观点，但他无法接受涉及关税与失业问题的第六章，称其以一种业余的方式论述一个严肃的问题。[③] 贝弗里奇及其他自由贸易论者声称，减少进口不会产生净刺激，因为出口也会相应减少，但凯恩斯强烈拒斥这一说法，他激烈地否认在进口额与出口额间存在简单、直接的关联性。凯恩斯指出，贝弗里奇"对自由贸易的辩护在我看来纯属思想谬误的结果，原因是完全误解了国际贸易中的均衡理论"。随之，凯恩斯提出这个问题："他是否相信，如果我决定购买一辆英国汽车而不买一辆美国汽车，这对我国的就业人数就没有影响吗？"[④]

凯恩斯没有更多的机会来回应批评者，因为局势的发展很快便中止了关税辩论，使之变得无关紧要。他支持关税是有前提条件的，即假定官方排除了货币贬值这一替代性办法。实际的情况是，1931 年 9 月他在报上发表那篇呼吁关税的文章后仅隔几天，英国政府就放弃了坚守金本位的决心，英镑在外汇市场上急剧贬值。在此后不久致《泰晤士报》的信中，凯恩斯随即放弃自己对关税的呼吁，并建议着手讨论有助于刺激经济复苏的其他政策。他说："不久前，我还在敦促自由党人和其他人接受一项一揽子关税，借此缓解由国内外货币成本间的明显失衡所造成的后果。……[而现在，]高关税保护的建议已不再迫切。"他说话时为"砸碎我国的金(本位)镣铐"倍感欢欣鼓舞，因为从此解放了货币政策，可以较自由地追求国内政策目标，比如借助更低的利率刺激经济，而不必再

① *JMK*,XX,495.
② *JMK*,XIII,199.
③ *JMK*,XX,513－514.
④ *JMK*,XX,508,509.

死盯着汇率目标。[①]

1931年是围绕关税问题展开思想交锋的激烈年份，待英国9月放弃金本位并于1932年2月通过一项总体关税后，关税争议终于平复下来。可是，由于凯恩斯乃经济学领域的盖世权威，即便他有关自由贸易和保护问题的附带意见也会激发人们的兴趣，这些意见随即成为本时期思想舆论的一部分。在1932年一次演讲中，凯恩斯说道，鉴于看得见的贸易收益，“自由贸易论者一上来便拥有一个于己有利的巨大假定”。[②] 然而，“当自由贸易论反对动用关税手段把工人转入一个他们并不适合的产业时，该理论本质上认定，没有关税，工人们自会在某个其他更适合的产业中得到就业，况且，该理论全不考虑存在工人得不到就业这一意外情况”。诚然，世界范围的关税体制会增加世界范围的失业，但一国单独采用关税有可能把本国失业的某些负担转嫁给别国。[③] 这一时期的凯恩斯还经常鄙薄国际分工带来的收益，并暗示保护的成本可以忽略不计。[④]

凯恩斯著文赞扬眼光向内的政策，称尽管其经济成本不低，但为了避免卷入外部纠葛，还是值得支付此等代价，这也暴露了他内心深处的保守倾向。他赞成保护新产业（汽车）、旧产业（钢铁）、农业，均出于对英国遗产的珍视和对国家应有形象的期待。他说道：“无论是自由贸易还是贸易保护，都不能提出一套理论自称可在实践中天生高人一等。关税保护在调节一国经济生活中的贸易差额和安全问题时，是一个危险且昂贵的办法。但总有时候我们不能放心地把自己交由经济力量的盲目性去任其处置，也总有时候我们手边没有像关税这样

① *JMK*，IX，243，245.

② 有一段文字展现了凯恩斯恣意汪洋的辩才：自由贸易论者“绝大多数时候洋溢着迷人的智慧和简明的真理，他们谈论和平与善意，对着某个小角色口诛笔伐。那个小角色正利用挖空心思的诡辩，有时候还采用混淆是非的手法，力图损害邻国以及本国的利益，偷偷摸摸地为自己谋取某种优势。自由贸易论者坦荡地行走于朗朗乾坤，礼貌并友善地跟过往行人攀谈交流，保护主义者却蜷缩在角落里嗷嗷乱叫”（*JMK*，XXI，205）。

③ *JMK*，XXI，207－208.

④ 凯恩斯曾表示：“就大多数制成品而言，我不大相信如今能从不同国家高度的专业化中获得很大收益。任何一个制造国很可能跟其他制造国差不太多，都几乎同样适合生产绝大多数制成品。”“我再也不是自由贸易论者了……不会信奉很高程度的国别专业化，不再相信应放弃任何一个暂时无法自我维持的产业。”（*JMK*，XX，379；XII，193）

现成有效的可选用武器。”[①]在 1933 年题为《国家的自给自足》(National Self-Sufficiency)的那一名篇中，凯恩斯继续论述这一主题，表示自己同情“那些尽量减少而不是尽量增加国际经济牵连关系的人。理念、知识、艺术、好客、旅行，这些东西本质上都应该是国际化的。可是，任何时候只要合情合理并顺其自然，还是让货物都产自本地吧，特别要紧的是，还是让金融都基本上限于本国吧”。[②]

围绕英国关税政策的政治辩论随时局发展而消停下来，但相关经济辩论却在继续。凯恩斯攻击了失业状态下自由贸易的经济基础及其可取性，向自由贸易提出了一个切实的挑战，也在他本人观点与传统自由贸易论之间划出了一条鸿沟。然而，在自己有关经济理论的重要著作中，与曾在报章上的政策呼吁大相径庭的是，凯恩斯对关税促进就业这一功效的普遍性出言谨慎。例如，人所共知，《就业、利息和货币通论》第二十三章为重商主义学说平反昭雪。虽然凯恩斯赞同重商主义者对贸易差额的重视，但他并没有去辩护系统的贸易限制措施，只是批评了放任自流的理论基础，尤其是“那个观念，以为利率和投资额会自我调节至最优水平”。实际上，他写道：“除非依据特殊理由证明贸易限制是应当的，否则，存在普遍的强大理由反对贸易限制。国际分工的利益是真正存在并且相当巨大的，哪怕古典学派过分夸大了这些利益。”凯恩斯补充道：“即使为了显而易见的目标，限制贸易的政策也是一个靠不住的手段，因为，一己之私利、行政的无能、任务本身的难度会招致适得其反的效果。”[③]

贸易顺差固然有助于促进国内就业，但这种利益是以其他国家为代价的。不是每个国家都能改善本国相对于别国的贸易条件，同理，不是所有国家都能赢得针对别国的贸易顺差。凯恩斯得出结论，国内政策最应当用来保障充分就业，应当避免去争取更多的贸易顺差。

> 如果各国都能学会用国内政策为自己维持充分就业……就不再有迫切的动机促使一国将其商品强加于另一国，或促使一国排斥外

---

① *JMK*,XXI,210.

② *JMK*,XXI,235.

③ *JMK*,VII,338—339.

> 国提供的商品……国际贸易将不再像目前这样，变成一个为维持充分就业而铤而走险的权宜之计，强行向外国市场推销并限制从外国的采购。此种方法，即使成功的话，也仅仅把失业问题转嫁给了邻国，邻国却因此会在争斗中受到损害。在一个新体系中，国际贸易将成为互惠条件下合乎意愿、不受阻挠的物品和劳务交换。①

就凯恩斯关于自由贸易的观点，可以得出什么结论呢？虽然他不时陈词贬低贸易收益，但在20世纪30年代初，他显然认识到自由贸易的益处。然而，正当身处一场经济灾难中，而且正当政治考量妨碍英国出台针对经济疾患的最佳医治措施时，凯恩斯接受关税，视之为促进经济复苏的权宜之计甚至是一针强心剂。（然而，就其20世纪40年代的政策建议而言，凯恩斯展示出远非自由贸易之友的一面。②）

但凯恩斯的所作所为已经远不止于倡导在特别罕见和极端的情况下进行贸易保护。他成功地向世人展示，一旦放松关键的理论假定，即放松关于要素流动性和要素价格灵活性的假定，自由贸易会出现何等的问题。哥特弗里德·哈伯勒(1950)在较传统的国际贸易理论框架中简练地说明了这个问题，在那个框架中，生产可能性是焦点所在，贸易总是处于平衡中。哈伯勒首先表示，如果不同部门间劳动不流动但工资照样可灵活变动，则自由贸易依然是最佳的政策。但在要素不流动、要素价格呈刚性的极端情况下，自由贸易可能会导致失业和较差的资源配置。对此，哈伯勒(1950:231,235)说，“贸易可能会非常有害”“至少在短期内，[这一结论]是个需要关注的严肃问题”。

凯恩斯之前在一个新颖的宏观经济框架内其实得出了同样的结论，把要素的凝固性视为一个总需求不足的问题。最终证明，他具有很大的影响力，让人

---

① *JMK*，VII，385－386.

② 第二次世界大战期间，在从事国际经济决策顾问的工作中，凯恩斯常常反对取消进口配额，并表示喜欢数量限制更甚于进口关税。取消配额“一点也不符合战后世界将可能存在的一定的计划性”，而这种控制有利于一国排斥那些自己购买不起的进口货。（凯恩斯视若当然地认为，政府有责任分派用于购买进口货的外汇。）在评论英国的建议时，凯恩斯写道：“我不喜欢对进口管制抱有敌意，因为在我看来，就我们很可能想要做的那些事情而言，进口管制不仅在短期内而且永远都基本上是我们可用的最佳手段。我不清楚人们是否已经充分认识到，国营贸易与计划的发展将可能使进口管制成为比关税或补贴更好的手段。”（*JMK*，XXVI，258，261，284ff）

们也把进口限制作为一个合法并有用的工具，用来缓解固定汇率制下国内充分就业目标与国际收支平衡间的冲突。这种冲突的发生机制是这样的：国内需求扩张政策固然有助于充分就业的实现，但在固定汇率制下，也会吸引更多进口产品的输入，从而导致贸易逆差；假如不去逆转扩张性政策，那就需要设法调节国际收支平衡，这样才可防止外汇储备的流失。

货币贬值本来应该是凯恩斯在20世纪二三十年代提出的解决方案，但到20世纪40年代，他已转而赞成贸易限制。他说："有人认为，假如要限制进口，借助货币贬值提高进口货的价格一定程度上比其他手段要好。……我不赞成这个不成熟的想法。"[①]凯恩斯怀疑货币贬值的有效性，理由是如果达不到涉及弹性的某些条件，那样做也许会令贸易差额更加糟糕。在他看来，贬值也有可能恶化贸易条件，而关税却不会有这样的缺点。

凯恩斯无可挽回地确立了一个理念，即在用来维持经济活动充分就业水平的全部政策方案中，关税及其他进口限制是值得采用的合理选项。他有一批热情更高的门徒，这些人声称，凯恩斯已证明古典国际支付机制无法顺畅运行，从而"驳斥"并"拆解"了自由贸易学说。琼·罗宾逊(Joan Robinson，1946—1947：112)宣布："只要把充分就业的假定撤除，用来分析国际贸易的古典模型就会一片狼藉。"她还说："有人认为存在一个独特的自然均衡状态，那纯粹是一种幻想。无论是好是坏，国际贸易必须要由有意识的政策加以指导。"然而，凯恩斯的门徒们尽管拒斥古典分析，但总体上还是没有忘记凯恩斯在《就业、利息和货币通论》中的呼吁：避免为了国内生产和就业的目的而建议动用关税手段。[②]

有鉴于上述情况，J. R. 希克斯在1951年表示，因为凯恩斯所带来的理论变革，自由贸易已经遭到严重质疑。他说："有关学说曾经与普遍接受的经济理论连在一起，从中获得其大多数力量，如今则跟着丧失了那些力量。"希克斯(1959：41—42)解释道："自由贸易，即使作为一种理想，再也得不到经济学家像过去那样的接纳了。……主流经济舆论再也不像过去那样肯定无疑地站在自

① *JMK*，XXVI，289.

② 例如，罗宾逊(1937)下结论说，汇率贬值、工资降低、出口补贴、进口关税和配额都是针对失业的"以邻为壑"的救济措施，她绝未赞成说关税比其他同类政策更优越。

由贸易这一边。""之所以英国如此多的自由舆论不再信奉自由贸易，主要是因为，老派的自由主义在大规模失业面前一筹莫展，与此同时又存在利用进口限制实行一项抗击失业的积极计划的可能性。……就是这一点，几乎仅此一点，便使得凯恩斯抛弃了自己对自由贸易的早年信念。"(48)希克斯接受了凯恩斯所强调的政策取舍考量，他说："假如我们不愿意[直接采用浮动汇率(或资本控制)制度]，我们就不得不承认，进口限制具有很大的合理性，作为一个手段可以促进经济扩张而不必损害收支平衡。……这一点比其他任何东西，都更严重地削弱了自由贸易的思想基础。"(53)但希克斯也指出了脱离困境的办法。人们可能喜欢保护之下的充分就业，不喜欢自由贸易之下的失业，但"问题依旧，自由贸易下的充分就业是否……真的无法实现？在尚未弄清某个目标是否真的无法实现时，不该就先放弃追求这个更高的目标"。

一段时间后，出现了一些有说服力的论点，如果说它们没有粉碎凯恩斯进口限制论，也至少将其适用面压缩到了不得已而为之的较小范围内。凯恩斯20世纪30年代初的关税论实际上挂靠在两个关键的前提假定上：固定汇率和名义工资刚性。在第二次世界大战之后，就如在20世纪30年代初那样，固定汇率成了国际货币体系中不可分割的一部分，同时，人们并没有把工资下调的灵活性当作现代经济的一个特征。但是，汇率问题以及宏观经济问题上观点的改变最终损害了凯恩斯就业保护论的基础，也淡化了人们关于自由贸易地位已遭削弱的感觉。

首先，经济学家们越来越喜欢用汇率灵活性而不是进口限制进行外部调节。凯恩斯及其追随者愿意让自由贸易牺牲在汇率稳定的祭坛上，这种选择更多的是基于当时的形势和凯恩斯的政策偏好，并非基于经济理论中有根有据的理由。① 随后其他研究者也比较了贬值与关税的利弊得失，对于究竟是用贸易限制还是汇率调整维持外部平衡，研究结论并不支持贸易限制手段。② 随着人

---

① 如前已述，凯恩斯更喜欢用进口限制而不是货币贬值的方式实现正面的贸易条件效果。但哥特弗里德·哈伯勒([1952]1985：167—174)也指出，贬值未必导致贸易条件恶化，因为进口和出口价格按本币计算会上升、按外币计算会下降。

② 西德尼·亚历山大(Sidney Alexander，1951)较早提出了赞成汇率调整的初步理由。

们构想出用“吸纳”方法实现收支平衡，货币贬值被证明比进口限制更能有效地改善贸易平衡，因为贸易平衡是由国内生产与总支出间的差额决定的。例如，在那些把需求从进口产品转向国内产品的开支转移政策中，货币贬值将使国内和国外的开支都转向国内产品，而进口限制只会把国内开支转向国内产品。

越来越多的经济学家也开始质疑固定汇率的可取性。米尔顿·弗里德曼(Milton Friedman，1953)在一篇经典论文中指出，灵活的汇率将使货币政策不再专注于某个特定的汇率比价，而是关注维持国内价格稳定这一更重要的经济政策目标。在允许货币政策行为拥有更大的灵活性后，就可彻底避免曾使凯恩斯转向关税手段的那些巨大的通货紧缩压力。弗里德曼也强调，灵活的汇率是最直接、最有效的国际收支平衡手段，足以让政府的黄金或外汇储备变得没有必要，从而使政策不必再直接担忧外部平衡问题。

事实上，詹姆斯·米德(1955：6)断言：“自由贸易与固定汇率在现代世界是不可兼容的，所有现代的自由贸易论者都应该赞成可变汇率。”按照米德的观点，在三个重要的经济政策目标(稳定的国内价格、稳定的汇率、自由贸易)中，只能同时实现两个目标，全部三个目标不可兼得。米德主张，为避免20世纪30年代初的通货紧缩以及相伴的经济活动萎缩，应当把维持国内价格稳定当作头等大事。可是，假如已经规定货币政策必须服务于另一个目标(固定汇率)，且已排除了汇率变化的可能，那么，贸易限制便成为一种手段，用来解决国内价格稳定与汇率比价之间的冲突，同时又不牺牲这两个目标中的任何一个。例如，假设在固定汇率制下对英国出口产品的需求出现下跌，由此而来的贸易赤字将造成外汇储备流失，并使货币政策遭受通货紧缩压力。假如出于就业考虑，认为不应该降低国内价格，同时汇率调整可能已被排除在外，则对外贸交易进行直接管制就成为恢复收支平衡、避免经济下滑的唯一手段。而假如允许本币在外汇市场上贬值，则可以维持自由贸易和稳定的国内价格。

凯恩斯的框架原本是在通货紧缩和失业的形势下构建的，这套理论到20世纪60年代末进一步受到质疑，因为此时的经济问题已是通货膨胀和失业。米尔顿·弗里德曼(1968)等人提出的自然失业率理论开始取代凯恩斯经济学，成为居主导地位的宏观经济框架。根据这一框架,即使名义工资被认为在短期内是固定的,政府政策也不能动用刺激性的货币与财政政策永久地降低失业,无论人们是否预期这些政策。在这一框架中,保护不会对失业问题产生任何缓解功效。

这些理论进展固然严重限制了凯恩斯的保护论,但并没有妨碍剑桥经济学家在 20 世纪 70 年代中期复兴凯恩斯的论点,他们是在灵活汇率的框架中复兴的。剑桥经济政策小组在评估了 20 世纪 70 年代中期英国经济的萧条状况后,提出为缓解失业,应减少经常项目赤字,同时则实施需求扩张政策。剑桥小组依据一个包含实际工资刚性的清晰经济计量模型,得出结论说,进口配额和关税是减少外部赤字的唯一方法,可以在减少赤字的同时不致加剧失业也不致要求英镑大幅贬值。① 根据剑桥小组的观点,贬值将会恶化贸易条件并抬高进口价格(引发更高的通货膨胀),此二者都会减少需求。相比之下,他们认为进口配额会在不进一步激发通货膨胀的情况下增加需求和就业。

剑桥经济学家的建议引起了争议,但未能赢得大家的支持。剑桥小组成员温·高德里和罗伯特·梅(Wynne Godley and Robert May,1977:32)承认其建议“至今遭到了几乎普遍的反对,不仅仅来自专业经济学家”。许多反对者强调,货币贬值和财政紧缩这一标准论点,作为纠正外部失衡的最佳药方,依然完好无损。② 但是,剑桥模型的结构对其结果的可信度提出了严重的自我质疑。一个不一致性在于,模型假定配额和贸易限制不会造成进口价格的上升。因此,模型依靠其假定(凯恩斯曾明确否认这种假定)排除了由配额导致的任何通货膨胀价格效应,而这恰恰是他们反对货币贬值的立论基础。另外,模型的结构没有确切说明工资和价格预期是如何形成的,而这一点正是现代宏观经济模型的重要特征。由剑桥小组摆出来的政策选项也颇为怪异:本来“贬值”这一术语意味着它是一个直接的政策工具,而今汇率制度再也无法发挥这种作用,因为灵活的汇率制使得英镑与外汇的比价成为一个由市场确定的价格,它需要就

① 参见应用经济学部门(Department of Applied Economics,1975:9ff;1976:11ff)。

② 参见 W. M. 考登、I. M. D. 利特尔、M. FG. 斯科特(W. M. Corden, I. M. D. Little, M. FG. Scott, 1975),他们认为剑桥小组的模型未必能推导出与其所提供政策建议相一致的结果。另参见查尔斯·科林斯(Charles Collyns,1982)、W. M. 考登(1985:311—326)。

外汇市场上贬值的特定机制予以声明。

除了专业人士的怀疑外，经济理论也并不支持剑桥小组的有关主张。巴里·埃肯格林(1983)表明，在具有灵活汇率和实际工资刚性的宏观经济环境中，关税事实上将在某些可信的状态下减少产出和就业。[①] 罗伯特·蒙代尔(Robert Mundell，1961)得出了一个类似的颇为惊人的结论，即进口限制具有收缩的性质，据说在具有灵活汇率和不灵活名义工资的标准凯恩斯模型中，进口限制会迎来更低的产出和就业。在蒙代尔的论述中，总供给不得不降低下来以适应所出现的需求降低，因为关税引起的贸易条件改善带来了额外的储蓄。虽然这一结果容易受到关税收入分配方式的影响，但后来人们发现它在众多理论假定下都站得住脚，足以就其广泛的有效性至少提出一个普遍的理论设想。[②]

* * *

从商业政策的理论角度，应当如何看待凯恩斯的遗产呢？有证据表明，在大多数情况下，他还是一名自由贸易论者，但为了医治宏观经济的病患，与其无所事事，他愿意使用关税，将之作为一个并不理想但临时应急的策略。面对金本位下无法调整汇率(或利率)的局面，凯恩斯寻求临时地依靠关税，以此作为极端经济形势下一个合理的替代性方案。随着人们日益认识到汇率灵活性的好处，也许更关键的是，随着凯恩斯的宏观经济框架(实即高均衡失业率)受到严格的审视，凯恩斯就关税提出的理由失去了说服力。在灵活汇率体制下，当外部平衡作为一个政策目标失去其必要性后，即使是凯恩斯式的模型也经常会告诉人们，关税会具有收缩作用。诚然，就关税可以增加就业并改善外部平衡，并不是不可能构建有关的例子，但人们尚未十分可信地构建出此类关税的理论基础。然而，在对这些限制因素充分了解以前，凯恩斯的确在很多年里成功地质疑了自由贸易学说，并令自由贸易的倡导者不得不处于守势。

① 这一结论对于涉及关税收入分配的假定较为敏感，通常的假定是，收入中性地分配给经济中的行为者。假如收入被用来补贴生产，关税将具有扩张性质。此外，假如实际工资的刚性只是体现在有一个调整的时滞，则关税只在短期内而不是在长期内具有扩张性质。另参见巴里·埃肯格林(1981)。

② 应当指出，关于商业政策和就业的这些凯恩斯主义宏观经济模型尚不够完备，还无法用来考察经济福利或者任何政策工具在解决失业时的最优性问题。

第十四章

战略贸易政策论

标准的贸易理论照例将国际贸易视为国家间的物物交换，因此对于国际竞争中具体厂商相互间的争夺缺乏感受。20 世纪 80 年代初，有经济学家开始考察少数厂商互相竞争状态下的贸易，发现了偏离自由贸易的新的理论依据。只有少数竞争者的市场呈现厂商战略性相互依存的特征，即一家厂商涉及定价、投资、产量的决策会影响其他厂商的同类决策；另外也呈现不完全竞争的特征，即现有厂商间的争夺或新进入者的威胁都不足以将利润压低到正常水平。在这种市场上，政府对国内某一厂商的扶持有可能损人利己，比如把利润从外国厂商那里转给国内厂商从而增加本国财富。最初，按这一思路进行的理论探讨引发人们纷纷质疑不完全竞争下自由贸易的可取性，但进一步研究表明，这种分析的政策意义颇为脆弱而且依赖若干关键的前提假定。最后，战略贸易政策论澄清了各种市场条件下国际竞争的诸多内容，却未能提供一套有说服力的、不打折扣的反自由贸易理由。

* * *

古典贸易理论所关注的是作为整体的国家之间的货物交换，并没有为考察厂商之间的竞争留下多少空间。就此而言，倡导战略贸易政策的理论缺乏由来已久的思想传统。当然，重商主义作者目睹了 17 世纪普遍存在的国家特许垄断贸易公司及其相互间的激烈竞逐，故而会不时探讨两家或多家厂商在利润丰厚的海外市场上展开的角逐。正如第二章已述，重商主义思想中的一个主题就是认为，世界的贸易量是固定的，注定会被当时不多的贸易大国（由其垄断公司出面）所瓜分。既然认为“世界上贸易总量有一限定的比例”，威廉・配第就很容易得出结论：“每个国家的财富主要体现于其在整个商业世界外贸中所占的份额。”由于贸易的进行必然需要“渠道”，而渠道的容量是有限的，只有取代了现有商家往往才可能让自己介入进去。这便促成了乔赛亚・蔡尔德曾表达的看法，他于 1693 年说得很清楚，贸易应由精明审慎的政府干预加以管理，借以保证：“与我们同业竞争的其他国家无法从我手中夺走贸易，而我方却能排挤他人，让自己的贸易持续并增长。”[①]

虽然重商主义作者早已模糊地触及当代战略贸易政策中的某些真知灼见，但他们并未建立一个完善的经济框架评估有关竞争问题。[②] 亚当・斯密及古典经济学家没有深挖这些真知灼见，倒是对别国的贸易成功秉持一种较为宽厚的看法，而且尖锐地批评了政府撑腰的贸易公司表现出的懒散和混乱。[③] 法国经济学家奥古斯丁・古诺（[1838]1927）也许是详细考察少数厂商相互竞争问题的第一人，他提出了一个关于两家厂商（双寡头）竞争互动的理论。不过，他对国际贸易以及关税可能收益的短暂研究并未得到他人的重视。[④]

尽管此后商业政策的理论分析偶尔也涉及单一垄断或寡头垄断情况，但这

---

① 有关这些语录的征引，参见本书第二章，原文第 31 页。

② 有关重商主义与战略贸易政策相似性的进一步讨论和说明，参见道格拉斯・A. 欧文（1991，1992）。

③ 加里・安德森和罗伯特・陶里森（Gary Anderson and Robert Tollison，1982）研究了亚当・斯密有关政府特许公司的观点。

④ 古诺（[1838]1927）在第十二章中试图证明，取消进口关税可能会减少名义和实际的国民收入。随后的评论者多对古诺令人费解的分析持批评态度。例如，瓦伊纳（1937：587）说，古诺得出这个结论，“其所依仗的推理过程，至今谁也没有给出令人满意的解释”。古诺在第十章犯了一个关键的概念性错误，他试图说明出口税如何会既在本国市场又在外国市场上降低价格。意大利经济学家维弗雷多・帕累托在 1892 年的通信中表示准备要择时驳斥古诺，他评论道：“这些数理经济学家处心积虑地想要找出有利于贸易保护的理由。”引自埃里克・施耐德（Eric Schneider，1961：162）。

一研究传统没有得到系统推进，也没有被充分纳入任何解释厂商互动关系的理论框架，这就使得学界未能很好地把握垄断市场上竞争问题的实质。然而，20世纪70年代产业组织与博弈论的理论进步细化了对战略市场结构中竞争问题的分析，就一家厂商的行为依赖其竞争对手的行为这一现象，人们加深了理解。例如，假如一家厂商能可信地发誓，将不可逆转地投资以增加产能以便提高产量，则该行为可能产生战略性效果，令同行业其他厂商减少投资，也许还能吓阻潜在对手进入该行业。

这些理论分析后来很自然地延伸到国际舞台。不列颠哥伦比亚大学的经济学家詹姆斯·布兰德(James Brander)和芭芭拉·斯潘塞(Barbara Spencey)首先探讨了出口补贴和进口关税在具有厂商战略互动关系的市场上将产生的影响。[①] 布兰德和斯潘塞(1985)颇有新意地把古诺的双寡头模型应用到国际场合，他们考察了一个简单的案例，即一家国内厂商和一家国外厂商彼此竞争，在第三方市场销售某个同质化产品。假如两家厂商生产时边际成本不变(考虑了沉没固定成本)，双方不能像一家卡特尔那样共谋利润的最大化，那么就会发生类似古诺所描述的非合作双寡头竞争。具体而言，每一厂商都会判定另一厂商的产量水平，然后选定自己的产量以求得利润最大化。(厂商在此假定，自己产量的变化不会影响竞争对手的产量。)在均衡状态下，哪一家厂商都不可能根据对手的现有产量而改变自己的产量并增加利润。在此市场上的竞争是不完全的，因为厂商会限制产量，免得把市场价格压低至边际成本线。此时的利润会高于完全竞争状态下的利润水平，但会低于两家厂商串通共谋时的利润水平。

然而，假设政府决定补贴本国厂商的出口。如果该政府决定宣布于各厂商决定某一时期生产多少产品之前，而且政府决定是充分可信的，即本国和外国的厂商都相信该决定会得到执行，则此项补贴将对两家厂商间的竞争产生战略性影响，从而会改变随后的市场均衡。因为出口补贴鼓励本国厂商更多地生产，而这将降低市场价格，所以外国厂商的最优化(即利润最大化)反应便是减

---

① 布兰德和斯潘塞(1981)首先研究了如何可能利用进口关税从外国垄断出口商那里索取利润。该项研究，除使用了一套不同的分析工具外，在思路上类似于垄断进口商利用关税改善其贸易条件，斯蒂芬·恩科(Stephen Enke，1944)对后者有过研究。

少自己的产量。因此，出口补贴（甚至是以可信的姿态威胁说要给予出口补贴）将使本国厂商（一定程度上）把外国厂商排挤出出口市场。鉴于补贴能支持本国厂商获取更大份额的可盈利市场，补贴本质上会把利润从外国厂商转移到本国厂商。事实上，布兰德和斯潘塞表明，恰当选定的（最优化）补贴可以增加本国财富，因为本国厂商利润的增加超过了补贴成本。① 这一国家收益的出现部分是因为外国厂商的减产会缓解由额外（补贴下的）新增本国产量引起的市场价格下跌。

然而，这种出口补贴的利益取决于单方面的行动，即某一国家获利的前提是，只有该国实施了补贴并且没有受到外国的报复。假如每个政府都补贴自己的厂商，则两个国家都会遭受福利损失。也即，哪家厂商都不会被逐出市场，但补贴只会鼓励两家厂商都去扩大生产，从而会压低市场价格，直到补贴成本超过每一厂商赚取的利润。就如最优贸易条件关税一样，出口补贴只是作为一个单方面的损人利己政策而在增加国家财富。利润转移给本国厂商是以外国厂商的利润损失为代价的，补贴之后该行业的总利润要低于没有补贴的时候。（当然，第三方市场上的消费者会从较低的价格中获益。）

布兰德和斯潘塞提出的理论框架事后证明足够灵活，能够处理各种涉及厂商战略性互相依存的不完全竞争格局。斯潘塞和布兰德（1983）更早时候曾考察过一个相关情形，事关一家本国厂商与一家外国厂商在两个阶段的竞争。首先，两家厂商选定了应当花费于研究和开发上的金额，研发费用被认为对于降低第二阶段的生产成本具有边际递减效应。选定研发金额后，厂商然后会选定利润最大化的产量水平。正如前一例所示，政府的政策再次能够有助于把利润从外国厂商转移到本国厂商。假如在两家厂商选定研发投资额前，有一个政府率先宣布将给予本国厂商出口补贴或研发补贴，则获取补贴的厂商便能为第一阶段的成本降低目标投入更多，并因此可有利可图地增加第二阶段的生产。这里再次可见，可信的政府干预会影响每个厂商涉及研发费用和产量的战略决

---

①　因为在此简化的情形中不存在国内消费，所以国内生产商福利是决定国民财富的唯一考虑因素。这里还有一个假定，就是政府补贴对经济其他部门没有明显的效应。

策，即在竞争的前一阶段便补贴本国厂商，由此降低其生产成本并增加其产量，外国厂商则再次被诱使收缩其产量。再次可见，本国厂商利润的增加（得自外国厂商退出市场）可以超过政府补贴的成本。同样，假如两国政府都为厂商的研发提供补贴，则两国都会遭受损失，因为两家厂商都会增加产量，从而压低市场价格，随之也压低两家厂商的利润。

布兰德和斯潘塞简明而又聪明地把有关理念延伸到国际舞台，该理念告诉我们，政府的战略性承诺原则上能吓阻潜在的或实际的竞争者，并能增加受扶持厂商的利润。当然，每个厂商本来就一心想要排挤竞争对手、增加自己利润，但是，一般认为，作为现有均衡的一部分，厂商自己从事战略行为的潜力已充分挖尽。于是，在市场之外，现在引入政府政策，它作为另一个战略性工具，能潜在地改变市场结果。然而，政府干预必须要有两个特点才能影响厂商的经济行为。其一，政府必须在厂商选定产量之前宣布自己的政策，不然就为时太晚，无法影响最终结果。其二，政府的政策必须是可信的，意即要么政府已经赢得了言必行行必果的信誉，要么某种制度化的机制（如自动立法跟进）必定让政府进入某种不可逆转的行为过程。

布兰德和斯潘塞的结论引起了经济学界的大量关注，甚至还波及有关贸易政策的公共讨论。他们的研究引发了对不完全竞争市场上贸易政策进行分析的热潮。[①] 例如，阿维纳什・迪克希特和阿伯特・卡尔（Avinash Dixit and Albert Kyle，1985）研究了一种情况，在其中，内部的规模经济非常显著（也即进入该行业的固定成本非常高），以至于世界需求终将由一家厂商的生产予以满足。如果国别不同的两家对手厂商现筹划进入该市场，若此时一国政府信誓旦旦地表示要支持本国厂商，则这种承诺将具有战略效应，可以吓阻外国厂商进入该市场，由此可维护本国厂商的垄断利润。人们还研究了其他各种案例，政府政策在其中均可改变贸易的模式。不过，很少有案例专门考察此类政策对国家经济财富的影响。显然，单纯表明政府政策可在不完全竞争市场上改变贸易模式，这还远远不足以证明此种政策能带来实际经济利益。

① 有关这一过程完整得多的述评，参见詹姆斯・布兰德（1995）。

这方面研究的一个主要动因是，当代可观察到，某些产品（如大飞机）的国际贸易由区区几家厂商主导着。人们认为，此种不完全竞争市场结构的明显存在意味着，战略贸易理论对商业政策具有直接的实际参照意义。然而，当讲到理论模型可用于经济政策时，战略理论的作者们出言谨慎。例如，布兰德（1986:45）写道："这里提出的贸易干预政策的理由是有限和狭隘的。"他还特别补充说，新理论"并不能为广泛的补贴政策提供理论依据"。不过，他指出，本人著作"显示，某些情况下存在单方面的经济动机实施贸易干预政策"，并且指出，"这一结论与正统结论，也与国际贸易理论的通常见识截然对立"。

保罗·克鲁格曼（1987:131－132）却往前大跨一步，断言有鉴于新的理论，关于自由贸易的传统观点需要严肃反思。他声称，"自由贸易论目前受到质疑，超过了自李嘉图1817年出版《政治经济学及赋税原理》以来的任何时候……原因就在于国际贸易理论最近发生了变化"，他称这些变化"巨大且彻底"。据克鲁格曼的看法，自由贸易"这个理念已无可挽回地失去了其纯洁性"，"再也不能坚称，这是经济理论告诉我们的一贯正确的政策"。

克鲁格曼的断言招来诸多批评。许多经济学家对战略贸易论持怀疑态度，他们将近期的进展放到一个更宽广的视野，试图由此为自由贸易辩护。贾格迪什·巴格瓦蒂（1989:19,41）称克鲁格曼的言论"肯定令人费解"，因为国内差异理论（第十章已有论述）的意思就是，"你不能坚称自由贸易是'经济理论告诉我们的一贯正确的政策'。……某些进展使得自由贸易论更加站得住脚，而另外一些进展则使之不那么站得住脚……涉及后一种情况时，一个人若从课堂走到决策场所，势必遇到诸多困难"。罗伯特·鲍德温（1992）认为，可以方便地把战略贸易论融入现有理论体系。新理论构建了若干案例，证明贸易干预能损人利己，创造出一种"以邻为壑"的收益，这类似于倡导利用关税手段的贸易条件论，唯一区别在于，战略性贸易干预让出口补贴（而非出口关税）成为恰当的政策工具。许多人相信，纵然存在某些案例可证明政府干预优于自由贸易，也无法从根本上击溃倡导自由贸易的基本原理。

这些舆论较好地冲淡了围绕新理论所发表的夸张言辞，但有一个最重要的回应则直接针对新理论本身。布兰德和斯潘塞的框架有个了不起的特点，即它不同于之前的某些理论（尤其是幼稚产业论），在分析战略贸易政策时使用了清晰、具体、透明的理论结构，大家可在一个规范的经济模型中看清这一理论结构。这带来一大好处，即可以对照其基础性前提假定核查其政策结论的适用性。验证的结果是，有关政策结论对于前提假定中较小的变化都会高度敏感。对战略贸易政策论的诸多保留意见，加在一起所产生的效果足以打消人们的信念，令其不再相信新理论构成了一个偏离自由贸易的普遍理由，从而也确认了怀疑者本来的看法。

例如，在布兰德和斯潘塞（1985）的原始分析中，竞争被假定为发生于两家厂商之间。假如我们考察另外一些情形，其中存在固定数量的若干厂商，则可见最优出口补贴与厂商的数量呈反比关系。只有当厂商数量足够小时（具体数量要由成本和需求状况来决定），旨在转移利润的那种出口补贴才会维持其合理性。但正如阿维纳什·迪克希特（Avinash Dixit，1984）所示，国内厂商的数量越大，市场便越接近完全竞争，出口补贴便越不可取。固定的双寡头假定也引来了批评，因为它排除了其他竞争者进入市场的可能。假如不存在进入障碍，新的竞争者便可开始生产并抹去额外利润，从而会使利润转移政策失去合理性。[①] 伊格内休斯·霍斯特曼和詹姆斯·马库森（Ignatius Horstmann and James Markusen，1986）指出，假如在拟给予出口补贴的产业中存在规模收益递增现象，关税和补贴政策也会激励低效的进入，从而提高平均生产成本和消费者所付价格。

布兰德和斯潘塞研究的结果也紧紧依赖一个前提假定，即两家厂商系古诺竞争者，换句话说，每一厂商都要选定自己在某一特定时间内的产出量。另一个替代性（所谓“伯特兰”）方法则是在相互竞争中，大家都要选定销售的价格而

---

① 事实上，人们必须保证，利润应当是切实的而非表面的。吉恩·格罗兹曼（Gene Grossman，1986：57）指出：“经常的情形是，表面看来特别高的利润率实乃早先风险投资的回报而已。例如，研发开支会相当大，许多冒险经营活动以失败而告终。只有当厂商期待能在这些成功的可能中收获丰厚回报时，他们才会进行这些大的投资。一旦市场处于正常运作状态，我们当然就只能观察到那些成功的企业，然后我们很容易下结论说利润率高得非同寻常。可是，全行业利润的计算也应当包括那些未能成功走到营销阶段的企业的亏损。”

非产出的数量。[①] 乔纳森·伊顿和吉恩·格罗兹曼(Jonathan Eaton and Gene Grossman,1986)研究了伯特兰价格竞争假定状态中的最优贸易政策,发现布兰德和斯潘塞的结果是颠倒的,即假如厂商为让利润最大化选择价格而非产量,则最好的政府政策应该是出口关税而非出口补贴。价格竞争一般会比产量竞争带来更有竞争性的结果,因为存在更大的动力去削价竞争,从而赢得更大的市场份额。在此竞争更激烈的环境中,厂商未能充分利用其市场支配力,最佳的政府政策应该是限制产量。出口关税可减少国内产量,抬高市场价格,随之也增加本国厂商的利润。除非能很有说服力地认定古诺竞争假定比伯特兰竞争假定更具有适用性,否则,最优政策(无论是关税还是补贴)便令人怀疑。

布兰德和斯潘塞分析中另有一个内容来自古诺,即称每个厂商都假定对方厂商的产量是一个定数。但有一种名为"推测变量"的方法偏离了市场上的上述古诺行为,它假定一家厂商会充分考虑对手依据我方产量而随后进行的产量调整。[②] 伊顿和格罗兹曼(1986)也研究了最优贸易政策如何受到对推测变量不同判断的影响。假如本国厂商过高估计其对手的冒险性,即以为自己产量的增加不会引起外国对手明显减少其产量,而实际上对手却会明显减产,在此情况下,出口补贴可以从对手那里抢夺到利润。另一方面,假如本国厂商过低估计其对手的冒险性,即以为自己产量的增加会引起外国对手明显减少其产量,而实际上对手却不会明显减产,在此情况下,出口关税将是更合适的政策。前一种情况下,本国厂商低估了自己主导市场的能力;而后一种情况下,它又高估了

① 一般将定价方法归结为由约瑟夫·伯特兰(Joseph Bertrand)1883 年评论古诺时所提出。但让·马格南·德波尼尔(Jean Magnan de Bornier,1992)再现了这一评论并指出,一般以为由伯特兰提出,这其实误读了伯特兰的评论。罗伯特·伊克伦和罗伯特·赫伯特(Robert Ekelund and Robert Hébert,1990:145)提出,保罗-古斯塔夫·福沃(Paul-Gustave Fauveau,在 1864 年对古诺的评论中)已说过,厂商经常进行价格竞争,厂商间的非串通性价格竞争可以导致竞争性产量水平。

② "推测变量"方法现因其逻辑困境而失去信誉。严格来说,在静态的古诺模型中,厂商没有机会相互做出反应,因为两个厂商都在一次性博弈中同时选定其产量。古诺模型仅仅考察最终的均衡,并不能研究通向该均衡过程中的推测性调整。

自己主导市场的能力。[①] 由此可见，到底是关税好还是补贴好，这特别取决于你对两家厂商间的具体竞争互动给出何种假定。政府如果要执行正确的政策，就必须比私有厂商拥有更多关于市场行为的信息。

另一个问题涉及决策的时机。布兰德和斯潘塞早期的分析假定，政府先是以可信的方式承诺将实施某一补贴比率，该补贴比率与选定的具体产量没有任何关联性，在两家厂商选定其产量之前即已决定。凯伦·卡迈克尔(Calum Carmichael，1987)颠倒了有关程序，让政府在两家厂商决定了产量之后再宣布补贴比率，最后发现补贴居然完全会被厂商占为己有。这里的机制是，本国厂商在选定自己的价格时知道补贴将以其价格为依据，于是利用该信息决定把价格固定在某一水平。到最后，补贴变成了纯粹给予厂商的一笔转移支付，因为开给消费者的价格没有变化，产量也没有变化，本国福利也因为并未发生国际利润转移而不会有任何变化。

阿维纳什·迪克希特和吉恩·格罗兹曼(Avinash Dixit and Gene Grossman，1986)还提到，假如所要扶持的战略产业依赖于某种大家都需要的关键生产要素，则专门扶持这种战略产业的理由会受到削弱。在布兰德和斯潘塞举出的例子中，出口补贴增加了国内生产，但吸走了其他部门的资源，本来在这些部门中，这些资源按照其边际产出定价，本身并不赚取超额利润。然而，如果几个战略产业都需要某种供应量固定的共同资源，如熟练劳动力或研发科学家，那么，对一个部门的扶持将抬高这一资源对其他部门的价格，因此会降低那些其他部门的产量。在此情况下，迪克希特和格罗兹曼表明，一个产业的获益会远远被其他产业的损失所抵消。除非政府掌握精确的信息，知道某一战略部门的诸多产业中出口补贴的最高边际收益在哪里，否则，任何干预都可能是有害的。

如果再考虑本国公司中有可能的外国所有权(或更常见的外国持股现象)，战略贸易政策的理由就更成问题了。假如本国公司的所有权由本国和国外居

---

① 假如每个厂商都能完全预测到对手针对我方产量变化而随后会有的反应(此所谓“相一致的”推测)，那就不存在利润转移可能，也就不存在政府干预的理由。不过，这个观点应当服从前一脚注中的重要告诫。

民分享，政府试图将国民财富最大化的政策必须考虑股权红利的跨国流动问题。桑哈克·李(Sanghack Lee，1990)指出，拟定扶持的出口产业中外国所有权比例越高，最优补贴程度就应该越低。即使尚未达到最极端的情况（即国内公司完全由外国拥有，外国公司则完全由我国拥有），在其余任何一点上，对国内生产厂商的补贴也会开始损害国民财富。

上述批评中本质上每一个都以布兰德和斯潘塞的基本框架为既成事实，然后再考察，对前提假定稍加合理调整是否会改变其对商业政策的含义。几乎每一种此类调整，都确实相当显著地并经常出人意料地改变了政策含义。原本以为，战略性谋划可以确立起一个赞成贸易干预政策的普遍理论，但这些批评加在一起彻底瓦解了这一想法。为推导出一个可靠的政策结论，需要这么多的必要条件和前提假定，既然如此，如果这些条件和前提含有不确定性，那么其对商业政策的含义便是模糊不清的。这并不是说，认定自由贸易为最优政策的那套理论仍毫发无损，事实上，在大多数此类战略竞争模型中，单方面自由贸易基本上都不是最优政策。然而，什么是最优政策，从来就不是那么一目了然的。有关结论的敏感性和脆弱性削弱了战略贸易理论所派生政策的实际合理性，也大大降低了该政策的操作价值。

保罗·克鲁格曼虽曾发表过赞成性意见，但他(1992:432)后来称布兰德和斯潘塞的模型仅属"值得称道的建模工艺作品"，"从其所谓意义重大的主张中，不过激发了思想和政治热情而已"。因为，他认为："战略贸易政策存在理论弱点，让人难以相信布兰德和斯潘塞发现了什么根本有效的原则。"战略贸易政策的分析如同贸易条件论，展现了偏离自由贸易、剥削贸易伙伴可能带来的单方面利益。如同关税与贸易条件争论一样，本次辩论也把注意力聚焦于外贸政策也许会给本国厂商和本国经济财富造成的伤害上。

不过，战略贸易政策模型的真正意义倒不在于让人看到，在某些特定情况下，贸易干预具有潜在的益处，而在于这些理论进一步提醒人们，贸易是一种经济上互相依存的方式，假如一国漠视他国利益，追随一些明显自私自利的政策，大多数国家最终都可能处境更糟。而国家间的合作性协定，即大家都同意摒弃此类政策，则有可能让每一方都能改善福利。

* * *

古诺双寡头框架提供了一个极其简明直观的理论，用以说明政府干预可以支持战略性国际竞争中的本国厂商。假如两家厂商正在竞逐某个利润丰厚的市场，政府支持一家厂商挤压另一家厂商的市场空间，将可使受照顾的一方夺得先前流向对手的那些利润。这种简单的逻辑在今天仍有吸引力，如同在国有特许垄断贸易公司主导局面的重商主义时代。但当人们试图为这一简单的逻辑寻找更好的经济学基础时，该主张并不像表面看来那样一目了然和理所当然，诸多理论复杂性的出现让这个主张的政策含义大打折扣。

结　论

自由贸易的过去与未来

大约200年前，主要由于亚当·斯密《国富论》的缘故，自由贸易获得了经济学领域其他学说无法媲美的思想地位。尽管自由贸易在此后两个多世纪里备受严格审视，但它总体上还是成功保住了这一特殊地位。

自由贸易的学说力量来自经济学的一个基本观念，即正如个人能从相互间自愿的物品交换中得到好处一样，国家也能从跨境物品交换中获益。而贸易中的获益又来自分工，即个人或国家各自专门从事某些物品的生产。亚当·斯密写道，分工是"人类倾向所缓慢而逐渐造成的必然结果，这种倾向就是互通有无、物物交换、互相交易。……人类若无此倾向，每个人都须亲自生产自己生活中的一切必需品和便利品"。[①] 专业化和贸易的益处适用于个人、家庭、社区、城市、区域、国家各个层面。当个人或团体或地区专门从事某些活动时，其所带来的更大产出可以在同类之间交换，大家都能更大地满足自身需求，于是各方都能获利。

第一章中论述的普世经济学说应当给予充分肯定，这个跨越多个世纪的学

① *WN*，I. ii. 1，5.

说首次阐述了一个基本理念,即国际贸易能增加所有贸易国的总财富。① 随后的经济思想家们认可这一基本见识,一般都承认并赞赏贸易收益。事实上,认为国家如同个人都能从专业化和交换中获利的观念早已深入人心,很少有人敢于再去直接批驳,也没有哪个重要的思想流派争辩说,彻底的闭关自守要优于贸易往来。然而,尽管不会对贸易收益提出异议,但斯密以前的大多数哲学家和知识人依然相信,贸易不应该是放任自流的。例如,第二章提到,重商主义者认为,对国际贸易施加适当限制比起自由贸易状态,能让一国经济资源得到更大程度的开发,其他那些人则依据非经济的理由为贸易限制辩护。②

第三章论述到,贸易限制的反对者在回应时说,国际贸易是不同地区对物品(按市场价格)予以不同估值后的一个可取结果,借此贸易,丰饶地区的物品被运往稀缺之地。他们坚称,贸易壁垒将破坏有利可图的商业联系,本身不大可能创造额外的财富和就业。亨利·马丁鹤立鸡群,提出了一个根本问题,即相比无贸易状态下,有贸易更能有效地利用国内劳动来较廉价地获取产品,并指出,保护只能把劳动配置到生产率较低的用途。

然而,很少有作者断言,绝对的自由贸易是获取贸易利益的最佳方法。亚当·斯密却借助一个前后一贯的、有说服力的框架,描述经济行为并分析商业政策,最终建立了一个推崇自由贸易经济益处的强大理论,这在第五章中已有论述。斯密既有赞成自由贸易的可信论点,又有反对贸易保护的可靠依据,他使得人们难以再为保护提出一套完整的经济理由。古典经济学家以比较优势论巩固了自由贸易理论,即使到今天,自由贸易论仍然立于这一基石之上。③

---

① 因此,有关自由贸易的思想观念绝非源自亚当·斯密。当然,斯密在《国富论》中赋予了自由贸易的经济主张以具体的说服力,此前,自由贸易从未得到严格的确立和普遍的接受。

② 当然,反对自由贸易的那些主张相对较易勾勒其特点。一般人们会高调宣布某些目标特别重要(如抵御外来侵犯、农业自给自足等),并且断言,为实现这种目标,必须牺牲某些实际福利(不过,也常给人暗示,好像完全不需要什么牺牲)。另一方面,正如贾格迪什·巴格瓦蒂(1971)所述,商业政策的现代理论显示,当非经济目标具体涉及贸易领域时,它们并不能证明应当偏离自由贸易。

③ 本书以第六章中的古典学派结束对贸易利益的讨论,这不等于说此后对贸易学说再未有重大完善。过去两个世纪里,经济学家们探讨了各种各样的理论,用以解释贸易模式(如要素禀赋差异),以及贸易获利的不同源泉(如产品差异化)。但这些工作传达的基本理念与亚当·斯密及古典经济学家的理念在精神上是相类似的。

亚当·斯密之前的经济思想家并非都是保护主义者。同样，斯密之后的经济思想家亦非都倾心接受自由贸易，将之视作毋庸置疑的信条。斯密固然构建了赞成自由贸易、反对贸易保护的强有力主张，但这不可能在经济学界彻底解决问题。自从斯密时代以来，经济学家们试图探析自由贸易学说的不足之处，并因此探讨了保护有可能带来利益的诸多情形。由于这一原因，对自由贸易的每个严肃挑战都来自斯密之后的经济学家，都发生在斯密把自由贸易确立为经济学的核心信条之后，也许是因为，只有最熟知自由贸易论(但又不受蒙蔽)的人方能充分领略其中的弱点。[①]

最明显的挑战涉及自由贸易的一个弱点，即自由贸易论者总是打比方说贸易国家如同贸易个人一样会从贸易中获益。该类比忽略了一个事实，即国家是由不同个人组成的，他们并非皆能从自由贸易中获利，第十一章和十二章有关澳大利亚保护论和自由贸易的福利经济学已说明了这一点。即使自由贸易能使经济财富最大化(并因此有可能让经济福利也最大化)，也不能说每个人都会改善处境，除非对收入减少者给予补偿。这一收入分配效应问题构成了反对自由贸易的一条重要理由(在实际决策中，这一点也许比这里考察的其他论点更受到重视)，并对自由贸易学说构成了一个严重的实际障碍。当然，收入分配问题决不限于商业政策，几乎牵涉每一项经济政策分析。

针对自由贸易所曾提出的最有力的反对意见，当数第七章论述的贸易条件论。在个人或厂商层面的类比是，如果一方拥有显著的市场支配力，即能够影响自己产品的市场价格，那么，通过限制产量和提高价格而发挥这种支配力，也许是合算的。同样，假如本国产品与外国产品的交换比价有赖于本国的出口量和进口量，则政府对贸易的限制有可能操纵这一比价，从而让本国赢得比原本份额更大的收益。即使这种收益是通过给贸易伙伴带来更大损失而赢得，它终究可以催生一种单方面干预贸易的动机，让一国觉得自由贸易并不可取。然而，如果每个国家都照此单方面动机而行动，都为了改善自身贸易条件而损人利己地征收关税，则显而易见，不可能所有国家都从中获益。有鉴于此，为实现

① 幼稚产业论拥有源远流长的思想传统，但在19世纪前从未得到充分阐述。

自由贸易而展开国际合作便具有非同小可的意义，它可以防止大家纷纷诉诸贸易限制寻求影响贸易条件。

在其他多种情形下，保护也被认为优于自由贸易，这些情形的出发点是，人们认定，农业与工业（或者说在初级产业部门与加工产业部门）之间存在若干根本性差异。从 17 世纪的重商主义者一直到今天，大家都认为制造业比农业拥有明显的优势（或认为某些制造行业优于其他行业），可是这些优势并未充分反映在市场上（比如，没有反映于市场价格，因而未能得到市场参与者的认识）。上述信念派生了工资差异论、幼稚产业论、收益递增论，以及战略贸易政策论。

这些论点都力图为保护行为提供合理依据，有几个论点也成功赢得了合乎逻辑的主张这样的地位，但它们无不受到重要的修正。在所有这些主张中，保护都不是补救市场缺陷的最优干预。某些情况下，某种程度的保护固然好于无所作为（放任自流）的均衡，堪称一种次优、三优或四优的改善，但其他政策工具还是要胜过进口限制，更能赢得最高程度的经济效率。因此从经济理由看，保护并非可取的办法，除非有充分理由排除其他更加直接、成本较低的政策选项。例如，正如第十章所论，动用贸易干预纠正国内工资扭曲（如果表明这种扭曲的确存在的话）与其他可能的补救措施相比，至多是一个三优的政策选项，某些情况下还会加剧内在的扭曲。

这些保护论还不是仅仅因为上述重要理由才未能推翻自由贸易论，它们的败退也是因为多种理论质疑的结果，这些质疑限制了保护论得以有效适用的实际范围。第十四章显示，战略性地利用贸易政策，以便在国家之间转移垄断利润（如果表明这种垄断利润确实存在的话），这很关键地依赖于有关竞争行为和市场结构的诸多前提假定。这一理论，与工资扭曲论一样，至少有一个长处，即具有清晰的定义，其所描述的基本经济结构是明白易懂的。而第八章讨论的幼稚产业论却在多个世纪中并没有得到很好的说明，即便进口保护未必能纠正据说妨碍幼稚产业自行成长的市场失灵，这一论点还是延续了下来。同样，如第九章所述，围绕作为外部经济性的收益递增概念一直模糊不清，致使人们就其对自由贸易学说的影响争论不休而无法解决问题。

因此，就拥有强有力的分析基础而言，其他一些保护论都比不上贸易条件论，它们相比之下显得较为虚弱。这些反对自由贸易的论调显然在适用范围和政策意义上都比较有限，通过细致考察每一论点的内在经济逻辑便可看到这一点。从本质上说，即使这些主张多基于可观察的现象而提出其所研究的问题，它们都纯粹是思想性和理论性的。因此，它们未必能提供实用的启示，也未必能解释这些构想如何可能应用到现实中。

然而，即使存在某些相当严重的理论缺陷，这些论点作为挑战自由贸易论的逻辑主张，还是拥有某种地位。保护可以是补救工资差异的三优方案，战略贸易政策可以在国家间转移超额利润，幼稚产业也可通过保护得到扶持。但是，除了理论上能对自由贸易论有所补正外，每个论点在操作上都存在根本的困难，这使得赞成自由贸易的那套推断并未受到实质性影响。如何才能分辨出真正的工资扭曲呢？国际市场上哪里可以寻得垄断利润呢？哪些产业是合适的幼稚产业呢？究竟哪里才能找到外部经济性呢？这些问题都极其难以回答，更难以用经济政策来具体谋利。有鉴于此，阿尔弗雷德·马歇尔([1903]1926：394)指出，自由贸易是一种有利可图的权宜之计，因为“它不是一种手段，而是不采用任何手段。用来应对任何局面的人为手段必然随着时过境迁而不合时宜，而自由贸易(即“无为而治”)的简洁明了和顺其自然，却会继续压倒那些凭借操纵关税可能获得的蝇头小利，不论这种操纵是多么科学和精明”。

纵有此番金玉良言，我们还是会认为，经验性证据可提供额外的甚至关键的信息帮助我们断定，对自由贸易的挑战具有极大的实用意义与事实依据。可是，人们几乎从来都不会诉诸经验性证据裁判自由贸易争议，仅有的一点经验性证据也无助于增强反自由贸易主张的说服力。在评估经济类贸易保护论的合理性时，经验性证据要么基本上没有发挥任何作用(如在工资差异论、收益递增论、澳大利亚论、凯恩斯论中)，要么仅发挥了无足轻重的作用(如在贸易条件论、幼稚产业论、战略贸易政策论中)。相反，为解决每一场辩论，哪怕所争议问题据称涉及重大现实(经验性)意义，人们所采用的方法是，仅就经济逻辑进行思想性论争。(当然，所谓的重大现实意义作为因素之一，也决定了人们对某个问题会给予多少理论关注。)①

不妨考察一下针对自由贸易所提出的最重要的例外情形,即贸易条件论。穆勒和托伦斯构想了保护论背后的理论推断,但随后的经验性证据很少能帮助人们确定有关效应的精确程度。现代有两个定量方法,可衡量关税对贸易条件的影响,它们是一般均衡"相互需求"方法和部分均衡"弹性"方法。根据一般均衡法,单方面关税变化惯于产生可观的贸易条件效应,例如,约翰·瓦里(John Whalley,1985:182)发现,任何一个大的贸易地区在单方面关税减让后,都会遭受国民财富的损失,因为负面的贸易条件效应将淹没任何效率的提高。② 这些效应在一般均衡模拟中尤其显而易见,甚至是当拥有贸易壁垒的小国着手进行关税改革时,都会出现此种效应。

随后研究揭示,之所以得出这些结论,是因为有一个前提假定,即假定贸易产品按原产地呈现差异化区分,人们经常用该假定阻止这些可计算模型中的完全专业化。有鉴于呈现上述差异化区分,哪怕贸易国在某种商品的世界市场上只占有很小的份额,它也能被赋予很大的市场支配力。事实上,据德鲁西拉·布朗(Drucilla Brown,1987:512,523)的看法:"如果[本国货与外国货的]相互替代弹性表明,外国需求弹性接近最初均衡中的一致点,那么不管最初的保护水平多么高,模型总是会显示,目前的关税还低于最优关税。"更有甚者,当提高消费中本国货与外国货的相互替代弹性时,依然不会弱化这些效应。布朗得出结论:"即使对一个保护水平很高的小国而言,单方面的关税减让也不会显得能改善福利。……如果对进口需求弹性另外加以设定,其中保留各国产品差异化区分这一前提假定,也不大可能实质性地改变贸易条件变化对政策分析的福利结论所具有的无比重要性。"

---

① 科学主要是思想性的而非经验性的,这一点对科学史研究具有重要启示。拉里·劳丹(Larry Laudan,1977:47)说过:"经验主义科学哲学[包括波普尔(Popper)、卡尔纳普(Carnap)、莱欣巴赫(Reichenbach)的学说],甚至不那么强烈的经验主义方法论[包括拉卡托斯(Lakatos)、科林伍德(Collingwood)、费耶阿本德(Feyerabend)的学说],都凭想象以为,科学中的理论选择应当完全由经验性实证研究决定。它们根本就没有理解思想性问题在科学中的作用,因此发现自己十分贫乏,无法解释或重建科学的大部分实际进程。"

② 所应用的一般均衡模型标示出有关方程,依照详尽的标杆数据对经济进行描述,然后,在设定生产和消费中涉及替代可能性的特定关系后,预测关税变化对贸易和国民收入的效应。

部分均衡法采用进出口供需价格弹性的经济计量估测数，依据标准的别克戴科型公式计算最优关税。通常的估算几乎总是发现，出口需求高度缺乏弹性(往往在－0.5至－1.0这个范围内，并假定为不变的)，这反过来意味着极高的最优关税(经常高达100%)。尤其不可信的是，甚至对那些几乎肯定无法影响自己贸易条件的国家，也可以见到这种弹性估测数。这些弹性估测数实际上不可能精确地、实证地反映国际市场情况，却能从贸易方程式特定的经济计量设定中推算出来。普利马潜德拉·阿苏考拉拉和詹姆斯·里德尔(Premachandra Athukorala and James Riedel，1991:140)报告说："通常[对贸易弹性]的估算并不会恰当地测试小国假设[即一国不能影响其贸易条件]。事实上，依照其估算出口需求参数的方式，它们便排除了小国假设的结论。"如果用另外设定的条件检验小国假设(其中尤其假定，出口额的变化不会影响一种商品的出口价或市场价)，则经常发现无法摒弃这一假设，哪怕当正统方法提示存在非弹性的外国需求时都是如此。①

因此，虽然诸多定量研究表明，关税有可能显著地影响贸易条件，但这些结论得自某些模型，而这些模型的内在结构或方法本来就倾向于生成这些结论。所以，这些方法在多大程度上反映了真正的经济关系，对此有理由表示怀疑；同样，这些方法是否能够证明贸易条件论具有实用价值，甚至还告诉人们如何最佳地实施这一政策，对此也应该加以质疑。我们在经济学方面的思想性和理论性知识已积累了几个世纪，我们的实际或实证知识却远远落在后面，只是到近年才趋于成熟。

对自由贸易的其他挑战更加难以经受实证的检验。引起轩然大波的幼稚产业论主要是依据案例研究而评判的，这些案例未能提供关于何种条件下幼稚产业政策将能成功或失败的任何信息，也未能提供关于政府扶持此类产业后取得社会回报的任何证据。对于战略贸易政策论，人们也试图用具体数据加以验证，但这种验证几乎完全依赖标准化的模拟而已，如此模拟的结果无非反映了

---

① 詹姆斯·里德尔(James Riedel，1988)以中国香港为对象，检验了小国假设。即使通常的弹性估测数显示中国香港的出口具有非弹性外国需求，也仍然无法摒弃里德尔的检验。

模型的特定结构以及那种结构中所包含的假定，而不会记录垄断利润的存在。部门间的工资差异可以轻易地被观察到，但它们作为实证现象，并不能轻而易举地被归类为一种真正的市场扭曲还是一种市场造成的差异。作为一种外部经济性的规模收益递增一直是思想性论争的主题，很少有人实证地识别其实际的存在，挖掘其效应，并确定其对贸易政策的含义。

一场场辩论中实证内容的缺乏一定程度上反映了一个事实，即只是到最近才开发出了可供开展此类研究的先进工具。它也部分地反映出我们知识获取中的天然障碍，即对那些捉摸不定的经济现象，我们难以形成明智和精确的判断。不过，虽然实证内容尚未成为这些论争的首要仲裁权威，但这并不是说自由贸易论只是在思想层面才赢了或输了。不同国家在不同贸易制度下运作所取得的经济绩效已提供了重要的证据，让人看到追随自由化贸易政策带来的效果。世界银行(World Bank，1987)及其他方面的研究已大致表明，对世界市场持更“开放”政策的国家比那些未这样做的国家表现得更好(当然，自由贸易发挥作用时，其他市场导向的经济政策或制度也可能同时在发挥作用)。更容易记录到的是保护主义贸易政策所带来的实际扭曲，如伊恩·里特尔、蒂伯·西陶夫斯基和莫里斯·斯科特(Ian Little，Tibor Scitovsky，and Maurice Scott，1970)为发展中国家做过一项影响甚广的研究。

然而，既然本书所关注的是自由贸易的思想内容，我们理应认识到，自由贸易之所以在经济学界赢得尊重，主要是因为其经久不衰的理论魅力。事实上，自亚当·斯密以来，经济学家对自由贸易的支持力度也有大有小，很大程度上是由于大家对自由贸易背后经济分析的说服力和可信度发生着主观感受上的变化，倒不是国家经历的相关事实发生了什么可察觉的变化。经济学家对理论分析非常在乎，自由贸易背后的思想框架对于该经济主张生命力的维系可谓举足轻重。

例如，19 世纪中期以前，古典经济学家强烈地支持自由贸易这一理论主张,因为比较优势原理似将其提升到了一个前所未有的科学真理的高度。[①] 古典经济学家和早期的新古典经济学家把自由贸易视若公理。威廉·斯坦利·杰文斯(William Stanley Jevons,1883:181—182)在1869年写道:

> 贸易自由可被视为政治经济学的一条基本公理。虽然公理也有可能出错,虽然任何不同于公理的观点决不应该被封杀,但我们没有必要惊慌失措地质疑公理。我们可以欢迎对贸易状况及目前萧条的原因进行切实调查,但是不应让这样的调查改变我们对自由贸易的看法,正如同"数学学会"不会认为对某个复杂问题的调查将导致欧几里得原理被否定。[②]

自19世纪中期以来,经济学家在讲到自由贸易是一项合乎逻辑的主张时已不再那样信心十足,倒是随着对现有学说的重新评估而发生摇摆,因为新理念的提出和反思很自然会引发种种重新评估。由于托伦斯和穆勒以贸易条件论和幼稚产业论发现了自由贸易的例外情形,也由于这些发现逐渐为人接受,经济学家在思考自由贸易论时变得更加持重和谨慎。亨利·西奇维克(1887:488)注意到,19世纪经济学家谈论自由贸易时的那种爆棚信心已不复存在,因为"原有的信念体系,即相信每一产业群体与整个社会间享有和谐利益关系[此即放任自流学说],在我们时代已不再得到信奉。经济学家一般都承认,为促进生产,政府干预是必要的"。因此,西奇维克指出:"仍有某种阴魂不散的做派,惯于把保护主义者当作笨蛋,总在寻思他怎么就看不到欧几里得原理那样一目了然的东西,到最后就干脆认定他是一个不愿正视现实的混蛋。这种做派的确

---

① 弗兰克·格雷厄姆(1934:58—59)贴切地描述过这一观点背后的推理,他解释道,比较优势"是支撑自由贸易论的一项普遍有效的分析,时间、地点、形势与之统统无关,无论一国是富是穷、是大是小、是老是新、生活水平是高是低,是农业国或工业国还是兼而有之,都没有任何区别。比较优势原理是一个数学问题,基本上独立于环境而存在。未加限制的贸易往往按各尽所能的比较原理而发展,这个专业化过程孕育着内在的收益。对这项分析,不可能去辩驳。限制性商业政策的倡导者在逻辑上必须接受这个事实,然后再试图证明,这种收益可能比不上更重要的经济或其他考虑……理论推断总会赞成自由贸易,因为从中获得的收益是明确肯定的,而损失(如果有的话)往往源自偶发因素。这一理论固然可以批驳,但它始终存在。就此而言,古典经济学家说得没错,自由贸易是一条普遍存在、亘古不变的原理。在其他条件相同的情况下,自由贸易将使人们能比原本情况下拥有更多的各种货物"。

② 英国律师T. H. 法勒(T. H. Farrer,1886:1)带着真诚的困惑写道:"有人要我……写东西来辩护自由贸易,简直就是……要我再去证明欧几里得(几何学)。"

是一种不合逻辑的残余现象，其前身还曾经是有条有理的学说呢。”

数年后，弗兰克·陶西格(1905:30—31)在发表其美国经济学会主席致辞时也同样表示，经济学界对自由贸易的信心业已遭到削弱。他谈道：“就自由贸易学说而言，热情已为审慎的斟酌或公开的质疑所取代。……自由贸易看来是某种日薄西山的学说……与天赋自由这一过时体系中的任何其他部分相比，不再拥有更多的神圣性或权威性。关税限制的长短优劣都需要各国根据各自的具体经验加以冷静权衡。”

半个世纪后，部分地为了回应凯恩斯对市场机制的攻击(凯恩斯不相信市场能自我调整以保持充分就业)，约翰·希克斯([1951]1959:41—42)宣告：

> 自由贸易已遭到质疑，不仅缘于形势的变化，而且缘于经济思想的变迁。有关学说曾经与普遍接受的经济理论连在一起，从中获得其大多数力量，如今则跟着丧失了那些力量。自由贸易，即使作为一种理想，再也得不到经济学家像过去那样的接纳了。……主流经济舆论再也不像过去那样肯定无疑地站在自由贸易这一边。

近40年后，保罗·克鲁格曼(1987:131—132)在思考战略贸易政策的出现和收益递增论的复兴时宣布，“自由贸易论目前受到质疑，超过了自李嘉图1817年出版《政治经济学及赋税原理》以来的任何时候……原因就在于，国际贸易理论中最近发生了变化”，这些变化“巨大且彻底”。他指出：“自由贸易并未过时，但这个理念已无可挽回地失去了其纯洁性，其地位已经改变，从原来的最优政策还原为不过是拍脑袋的合理产物而已。……再也不能坚称，这是经济理论告诉我们的一贯正确的政策。”

当然，我们不应该将这些观点陈述视为一个线性的发展过程，好像自由贸易的理由从1776年以来一直在不断减少。借助事后观察之便可见，这些关于自由贸易的颇为悲观无望的看法实际上都反映了同样的现象，即每个评论者恰好是在独特的时期思考问题，当时出现了某些新理论，它们似乎侵蚀了自由贸易学说的普适性。在这些有关保护问题的新见解走到经济讨论的前沿后，随之而来的必然是一段时期的重新评估，自由贸易于是失去某些耀眼光泽。但久而久之，这些反自由贸易的论调也日益明显地暴露出自身缺点（经常还是严重缺陷）。结果是，尽管人们大量并反复地批评自由贸易论，但自由贸易背后的总体推论并未遭受重创，倒是完好地保存了下来。

例如，上述经济学家中没有哪一位会说，经济分析已经发生显著变化，故而支持自由贸易的经济基础再也无法强大。陶西格（1905：59，63－65）一方面承认自由贸易遇到"这样或那样的限制"，另一方面又强调："它们至多提示还存在进一步的限制及其他可能的例外情形，同时却让古典国际贸易理论的核心全身而退。自由贸易论就其基本内容而言，照样缺乏劲敌并仍然站得住脚。"事实上，陶西格得出结论："尽管自由贸易原理的应用不像半个世纪前经济学家想象的那么简单易行"，但"以往半个世纪全部的理论探讨和全部的不利事件都很少动摇这一基本原理"，理由很清楚：

> 自由贸易学说的要旨是，国际贸易显然会带来收益，而限制自由贸易据称会带来损失。对这一原理的偏离，虽然绝非无法加以辩护，但需要证明其理由；假如它们纯粹是因为对立原理的压力而发生，则终究令人遗憾。在此意义上可言，自由贸易学说，不管在现实政治中如何被普遍拒斥，终究在思想领域守住了一席之地。

希克斯（1959：42）则提醒道："倡导自由贸易的正面观点一如既往地有效，现在发生的事情是，例外有了增加，且在许多人心目中，它们已经让正面观点相形见绌。我想我们可以承认过去对这些例外重视太少了，尽管多数例外早已为人熟知。不过，我们应当谨慎处之，现在也不要矫枉过正。"

西奇维克和克鲁格曼在重申支持自由贸易时，微妙地把立论依据从自由贸易的经济理由转向了政治理由。西奇维克（1887：489）认为："特定情形中保护可带来的收益，总可能被全局性不良效果超额地抵消，当鼓励生产商和贸易商在产业危机和危险时刻向政府寻求援助，而不是依靠自己的远见、智慧和干劲时，总会带来全局性不良后果。"在克鲁格曼（1987：143）看来，当今的自由贸易论"不再是那套认为'市场有效所以自由贸易最优'的旧学说"，而已成为"吃过苦头后学乖了的一套理论。在这个政治与市场同样不完善的世界，现在的自由贸易论不过是拍脑袋毛估估的东西。……抛弃自由贸易原理，试图通过老谋深算的干预谋取收益，这会为负面的政治后果打开大门，这些后果终将超额抵消潜在的收益”。

从以上表述可以看出自由贸易辩论中另一个常见的重要特点，即经济学家们哪怕承认在某种理论设想中，自由贸易不能让经济财富最大化，但也经常随即补充道，这并不构成贸易干预的一个正当理由。即使无法确立赞成自由贸易的正面依据，也依然存在强大的反对保护的实际主张。几十年来，经济学家们纵然心里承认保护可以增加财富，也仍会举出三个理由反对保护。这些理由有点类似于人们反对其他政策变革时常用的借口，艾伯特·赫希曼（1991：7）在所著的《回应的辞令》（*The Rhetoric of Reaction*）中提到，反对政治、经济或社会变革（或他所称“改革”）的人往往不会直接反对改革者提出的目标，“他们不管真诚与否，先会赞同有关目标，但随后力图表明，所提出或实施的行为考虑欠周”。他接着分析了人们为反对变革而反复使用的三种理由：反常、徒劳、危险。[①] 与此类似，经济学家反对进口限制的提议也有三种辩护的套路：形势、政治、报复。应当指出的是，这三个理由其实都不言而喻地承认，贸易保护原则上存在某种经济合理性。

第一种辩护套路（即形势）承认，某些情况下保护可能存在理论上的依据，但这种保护对于目前所面临的特定形势不合时宜，或者在目前条件下有关保护理由无法适用。例如，在英国世纪之交关于对等互惠的辩论中，马歇尔（[1890]1925：263n）陈词：“有些人相信，此类构想中有些设想如果能在某些条件下得到实际应用，总体上可以对英国利大于弊。对此信念，可以给出相当有力的理由。”但他随即补充道：“目前看，所提议的条件好像并无很大的实现可能。”再举一例，陶西格在讨论幼稚产业时通常承认，此类保护在19世纪初期的美国确有合理性，可如今早已时过境迁。

---

① 按照“反常”这一说法，为改善政治、社会、经济状况而采取的有意行为，到头来只会恶化原所希望补救的状态。“徒劳”这一说法认为，社会改造的诸多努力终将归于无效，甚至都不会“留下痕迹”。最后，“危险”这一说法则强调，所建议的变革或改革成本太高，会危及某些先前已取得的宝贵成就。

第二种辩护套路(即政治)承认,某些情况下保护存在理论上的依据,也承认保护适合目前形势,但强调说,无法肯定政治过程能带来恰当的干预,搞不好反会弄巧成拙。亚当·斯密(1987:272)曾声称,贸易管制"可以被证明在每一情况下都是一种十足的欺诈,总会牺牲国家和国民的利益,而让某一特定行当的人从中获利"。完全可以理解,对政府处置贸易政策持有这种心存疑虑乃至冷嘲热讽的态度一直延续至今,而且,上述论点在为自由贸易公开辩护中频频现身、大有市场。作为一向慎重看待保护论的人,西奇维克(1885:19－20)相信:"决定性的反保护论点其实出于某种政治考虑,即认为没有哪个现有政府精明强干到能胜任这一困难而微妙的工作。"①F. Y. 埃奇沃思(1894:48)也重申过这一观点,他说出了一个世纪后许多经济学家依然相信的话:"保护在某些情形中可以带来经济利益,条件是要有一个政府,既足智多谋,能够鉴别这些情形,又足够精明强干,能把政策活动限于这些情形中。但这一条件是很难实现的。"②

第三种也是最后一种辩护套路(即报复)承认,某些情况下保护存在理论上的依据,也承认保护适合目前形势,还承认正常情况下政治过程能够实施恰当政策,但断言这一步骤存在招来外国报复的风险。据说,此类外国报复不仅相当可能(按亚当·斯密的说法,"外国很少不会照此给予相应报复"),况且,这种回击将抵消或消除由干预带来的好处。西奇维克(1887:489)指出,哪怕他人的回击不至于针锋相对,动用保护手段也会引发示范效应,从而使得保护不再可取,"因为任何一国最高明的保护都往往会以各种方式激发外国不高明的保护"。

由此可见,即使经济学家未能为自由贸易找出一套正面理由,他们也拥有

① 西奇维克(1883:485－486)坚持认为:"当从抽象理论的角度思考这个问题时,很容易看到,在某些并非不可能的情况下,保护会给实施国带来直接的经济收益。可是,鉴于很难保证现实中的政府能有足够的智慧、力量和决心来把保护执行到对社会恰到好处的程度,并且在公共利益要求其退出时能毅然决然地撤除保护,实际上治国者最好的做法还是坚持那条简单的大原则:只为财政收入而征税。"

② 这一观点很有道理,因为保护论多为次优主张。哈利·约翰逊(1970:101)曾说:"根本的问题是,如同所有次优主张都会碰到的那样,要想确定在哪些条件下次优政策将可导致社会福利的改善,这需要由一流的经济学家进行详尽的理论研究和实证调查。不幸的是,政策通常由四流经济学家构建并由三流经济学家执行。故此,按照次优主张制订的政策要想创造上佳的次优福利,总是非常不可能的。"

大量非经济的其他理由来反对保护，而且理由一个比一个有说服力。不过，经济学家或许不应该过多地将其钟爱的自由贸易论建立在“政府失灵”这一基础上，因为这往往意味着他们不会再去深究保护论实际存在的问题，有时哪怕看来理论上无懈可击的保护论其实也包含着深层的问题。仔细观察围绕自由贸易展开的辩论可知，所提出的每一项反自由贸易主张都不免存在显著的缺点。也许最突出的例子要算幼稚产业论了，当年的经济学家，尤其是在19世纪以及20世纪初，都曾趋之若鹜，希望借此能公正合理地看待政府可能的正面角色。然而，他们从来就没有拿出一套支持幼稚产业保护的具体理论阐述，即便是涉及此项保护的较好的成本效益分析也是很晚才做出的。

自由贸易学说长期以来经历了深刻而又彻底的查究，有关自由贸易经济利益的辩论可谓源远流长、永不停歇，有关争议向人们展示了经济分析演进过程所能呈现的丰富性和微妙性。随着新理论和新理念迎面而来并进而挑战我们对商业政策理论的理解，相信自由贸易学说还将经历不断的变迁。然而，如果本书所描述的历史进程延续下去的话，自由贸易将依然是经济分析为经济政策行为所提供的最经久不衰、最坚强有力的主张之一。

参考文献

作者按：因为本书大多数章节的主题独立性较强，可以单独阅读，相互间交叉性不大，所以本参考文献按章分列。这样可为读者提供一个与每章主题相关的专题文献目录。不过，下列数种著作在全书中会跨章反复征引。

Haberler, Gottfried. *The Theory of International Trade*. London: Wm. Hodge & Co., 1936.

Schumpeter, Joseph A. *History of Economic Analysis*. New York: Oxford University Press, 1954.

Smith, Adam. *An Inquiry into the Nature and Causes of the Wealth of Nations*. Edited by R. H. Campbell and A. S. Skinner. Oxford: Clarendon Press, 1979. The Glasgow Edition of the Works and Correspondence of Adam Smith.

———. *The Correspondence of Adam Smith*. Edited by E. C. Mossner and I. S. Ross, 2d ed. Oxford: Clarendon Press, 1987. The Glasgow Edition of the Works and Correspondence of Adam Smith.

Viner, Jacob. *Studies in the Theory of International Trade*. New York: Harper Bros., 1937.

引 言

Bhagwati, Jagdish, and T. N. Srinivasan. "Optimal Intervention to Achieve Non-Economic Objectives." *Review of Economic Studies* 36 (January 1969): 27–38.

Frey, Bruno S., W. W. Pommerehne, F. Schneider, and G. Gilbert. "Consensus and Dissension Among Economists: An Empirical Inquiry." *American Economic Review* 74 (December 1984): 986–94.

Johnson, Harry G. *Aspects of the Theory of Tariffs*. Cambridge: Harvard University Press, 1971.

Taussig, Frank W. "The Present Position of the Doctrine of Free Trade." *Publications of the American Economic Association*, 3d ser. 6 (February 1905): 29–65.

第一章

Aristotle. *The 'Art' of Rhetoric*. Leob Classical Library, 1926.

———. *Politics*. Leob Classical Library, 1932.

Calvin, John. *Commentary on the Book of the Prophet Isaiah*. Translated by W. Pringle. Grand Rapids: Eerdmans Pub., 1953.

Cicero. *De Officiis*. Leob Classical Library, 1913.

D'Arms, John H. *Commerce and Social Standing in Ancient Rome*. Cambridge: Harvard University Press, 1981.

de Roover, Raymond. "The Scholastic Attitude toward Trade and Entrepreneurship." In *Business, Banking, and Economic Thought*. Chicago: University of Chicago Press, 1974.

de Vattel, Emmerich. *Le Droit Des Gens ou Principes de la Loi Naturelle* (1758) [The Law of Nations or the Principles of Natural Law]. Translated by Charles G. Fenwick. Washington: Carnegie Institute, 1916.

Dudden, F. Homes. *The Life and Times of St. Ambrose*. Oxford: Clarendon Press, 1935.

Gentili, Alberico. *De Jure Belli Libri Tres* (1612) [The Three Books on the Law of War]. Edited by John C. Rolfe. Oxford: Clarendon Press, 1933.

Grotius, Hugo. *De Jure Praedae Commentarius* (1604) [Commentaries on the Law of Prize and Booty]. Translated by G. L. Williams. Oxford: Clarendon Press, 1950.

———. *Mare Liberum* (1608) [The Freedom of the Seas]. Edited by James B. Scott. New York: Oxford University Press, 1916.

———. *De Jure Belli Ac Pacis Libri Tres* (1625) [The Law of War and Peace]. Translated by F. W. Kelsey. Oxford: Clarendon Press, 1925.

Hasebroek, Johannes. *Trade and Politics in Ancient Greece*. London: G. Bell & Sons, 1933.

Horace. *The Odes and Epodes of Horace*. Translated by J. P. Clancy. Chicago: University of Chicago Press, 1960.

Langholm, Odd. *Economics in the Medieval Schools*. Leiden: E. J. Brill, 1992.

Luther, Martin. "To the Christian Nobility of the German Nation (1520)." In *Luther's Works*, edited by Helmut T. Lehmann, vol. 44. Philadelphia: Fortress Press, 1966.

O'Brien, George. *An Essay on Mediaeval Economic Teaching*. London: Longmans, Green & Co., 1920.

Origen. *Contra Celsum*. Leob Classical Library, 1953.

Plato. *Laws*. Leob Classical Library, 1914.

———. *The Republic*. Leob Classical Library, 1930.

Philo. "On the Cherubim." In *Philo*. Leob Classical Library, 1929.

Pliny. "Panegyricus." In *Letters and Panegyricus*. Leob Classical Library, 1969.

Plutarch. "On Whether Water or Fire is More Useful." In *Plutarch's Moralia*, vol. 12. Loeb Classical Library, 1927.

Pufendorf, Samuel. *De Jure Naturae et Gentium Libri Octo* (1660) [The Law of Nature and Nations]. Translated by C. H. Oldfield and W. A. Oldfield, vol. 2. Oxford: Clarendon Press, 1934.

St. Ambrose. "Creation." In *Hexameron*, translated by J. Savage, *The Fathers of the Church*. New York: The Fathers of the Church, Inc., 1961.

St. Augustine. *Saint Augustine: Exposition on the Book of Psalms*, edited by Philip Schaff, vol. VII, *A Select Library of the Nicene and Post-Nicene Fathers of the Christian Church*. New York: Brown Bros., 1888.

St. Basil. "On Hexameron, Homily 4." In *Exegetic Homilies*, translated by A. Way, *Fathers of the Church*, vol. 46. Washington: Catholic University Press, 1963.

St. John Chrysostom. "Discours sur la Componction (2)." In *Oeuvres Completes de S. Jean Chrysostom*, vol. 1, edited by M. L'abbe J. Bareille. Paris: Libraaire de Louis Vives, 1874.

St. Thomas Aquinas. *De Regno, Ad Regem Cypri* [On Kingship, to the King of Cyprus]. Translated by G. B. Phelan. Toronto: Pontifical Institute of Mediaeval Studies, 1944.

———. *Summa Theologica*. New York: Benziger Bros., 1947.

Seneca. *Naturale Quaestiones*. Leob Classical Library, 1972.

Suarez, Francisco. *De Legibus, Ac Deo Legislatore* (1612). In *Selections from Three Works of Francisco Suarez, S.J.*, vol. 2. Oxford: Clarendon Press, 1934.

Theodoret. *On Divine Providence*. Translated by T. Halton, *Ancient Christian Writers*, no. 49. New York: Newman Press, 1988.

Viner, Jacob. *The Role of the Providence in the Social Order*. Princeton: Princeton University Press, 1976.

———. *Religious Thought and Economic Society*. Durham, N.C.: Duke University Press, 1978.

———. *Essays on the Intellectual History of Economics*. Edited by Douglas A. Irwin. Princeton: Princeton University Press, 1991.

Wheeler, Marcus. "Self-Sufficiency and the Greek City," *Journal of the History of Ideas* 16 (June 1955): 416–20.

Wolff, Christian. *Jus Gentium Methodo Scientifica Pertractatum* (1764) [The Law of Nations Treated According to a Scientific Method]. Translated by Joseph H. Drake. Oxford: Clarendon Press, 1934.

Xenephon. *Cyropaedia*. Leob Classical Library, 1914.

———. "Oeconomicus." In *Memorabilia and Oeconomicus*. Leob Classical Library, 1918.

第二章

Anderson, Gary, and Robert Tollison. "Sir James Stewart as the Apothesis of Mercantilism and His Relation to Adam Smith." *Southern Economic Journal* 50 (October 1984): 456–68.

Appleby, Joyce O. *Economic Thought and Ideology in Seventeenth-Century England*. Princeton: Princeton University Press, 1978.

Asgill, John. *A Brief Answer*. London: J. Roberts, 1719.

[Battie, John]. *Merchant's Remonstration*. London: R. H., 1644.

[Bland, John]. *Trade Revived*. London: T. Holmwood, 1659.

Brewster, Sir Francis. *Essays on Trade and Navigation*. London: T. Cockerill, 1695.

Cantillon, Richard. *Essai sur la Nature du Commerce en Général* (1755) [Essay on the Nature of Trade in General]. Edited by Henry Higgs. London: Macmillan, 1931.

Cary, John. *An Essay on the State of England in Relation to Its Trade*. Bristol: W. Bonny, 1695.

Child, Josiah. *A New Discourse of Trade*. London: J. Everingham, 1693.

Clayton, David. *A Short System of Trade*. London: Tookey, 1719.

Coats, A. W. "Mercantilism: Economic Ideas, History, Policy." In *On the History of Economic Thought*. New York: Routledge, 1992.

Coke, Roger. *A Discourse of Trade*. London: H. Brome, 1670.

Coke, Roger. *England's Improvements*. London: H. Brome, 1675.
Cole, Charles W. *French Mercantilist Doctrines Before Colbert*. New York: Smith, 1931.
Coleman, D. C. "Mercantilism Revisited." *Historical Journal* 23 (December 1980): 773–91.
de Roover, Raymond. "Scholastic Economics: Survival and Lasting Influence from the Sixteenth Century to Adam Smith." *Quarterly Journal of Economics* 69 (May 1955): 161–90.
Defoe, Daniel. *Of Royall Educacion*. Edited by Karl D. Bülbring. London: D. Nutt, 1895.
Fortrey, Samuel. *England's Interest and Improvement*. London: J. Field, 1663.
[Gee, Joshua]. *The Trade and Navigation of Great Britain Considered*. London: Buckley, 1729.
Grampp, William D. "The Liberal Elements of English Mercantilism." *Quarterly Journal of Economics* 66 (November 1952): 465–501.
Graunt, John. *Natural and Political Observations upon the Bills of Mortality*, 5th ed. London: J. Martyn, 1676.
Grice-Hutchinson, Marjorie. *Early Economic Thought in Spain, 1177–1740*. Boston: George Allen & Unwin, 1978.
Hutchison, Terence. *Before Adam Smith: The Emergence of Political Economy, 1662–1776*. Cambridge: Basil Blackwell, 1988.
[Janssen, Theodore]. *General Maxims in Trade*. London: S. Buckley, 1713.
Johnson, E.A.J. "British Mercantilist Doctrines Concerning the 'Exportation of Work' and 'Foreign-Paid Incomes.'" *Journal of Political Economy* 40 (December 1932): 750–70.
King, Charles, ed. *The British Merchant*. London: J. Darby, 1721.
Magnusson, Lars. "Mercantilism and 'Reform' Mercantilism: The Rise of Economic Discourse in Sweden during the Eighteenth Century." *History of Political Economy* 19 (Fall 1987): 415–33.
———. *Mercantilism: The Shaping of an Economic Language*. New York: Routledge, 1994.
Malynes, Gerard. *Treatise of the Canker of England's Commonwealth*. London: W. Johnes, 1601.
———. *The Maintenance of Free Trade*. London: W. Sheffard, 1622.
———. *The Center of the Circle of Commerce*. London: W. Jones, 1623.
[Milles, Thomas]. *The Customer's Apology*. 1599?
Misselden, Edward. *Free Trade. Or the Meanes to Make Trade Florish*. London: J. Legatt, 1622.
———. *The Circle of Commerce*. London: J. Dawson, 1623.
[Mun, Thomas]. *A Discourse of Trade*. London: J. Pyper, 1621.
Mun, Thomas. *England's Treasure by Forraign Trade*. London: T. Clark, 1664.
[Papillon, Thomas]. *The East-India-Trade: A Most Profitable Trade to the Kingdom*. London: n.p., 1680.
Paxton, P. *A Discourse Concerning the Nature, Advantage, and Improvement of Trade*. London: R. Wilkin, 1704.
Petty, William. *Political Arithmetick*. London: R. Clavel, 1690.

[Petyt, William]. *Britannia Languens, or a Discourse of Trade*. London: T. Dring, 1680.

Pollexfen, John. *A Discourse of Trade, Coyn and Paper Credit*. London: B. Aylmer, 1697. (*a*)

———. *England and East-India Inconsistent in their Manufactures*. London: n.p., 1697. (*b*)

Postlethwayt, Malachy. *Britain's Commercial Interest Explained and Improved*. London: P. Brown, 1757.

Price, W. H. "The Origin of the Phrase 'Balance of Trade.'" *Quarterly Journal of Economics* 20 (November 1906): 157–67.

[Reynell, Carew]. *A Necessary Companion or, the English Interest Discovered and Promoted*. London: W. Budden, 1685.

Roberts, Lewes. *The Treasure of Traffike*. London: N. Bourne, 1641.

Robinson, Henry. *England's Safety in Trades Encreases*. London: N. Bourne, 1641.

Skinner, Andrew S. "Sir James Steuart: Author of a System." *Scottish Journal of Political Economy* 28 (February 1981): 20–42.

[Smith, Simon]. *The Golden Fleece: or The trade, interest, and well-being of Great Britain considered*. London: R. Viney, 1736.

[Smith, Sir Thomas]. *A Discourse of the Commonweal of This Realm of England* (1581). Edited by Mary Dewar. Charlottesville: The University Press of Virginia, 1969.

Sperling, J. "The International Payments Mechanism in the Seventeenth and Eighteenth Centuries." *Economic History Review*, 2d ser. 14 (April 1962): 446–68.

Steuart, James. *An Inquiry into the Principles of Political Oeconomy*. London: A. Millar & T. Cadell, 1767. References are made to the Scottish Economics Society edition edited by Andrew S. Skinner. Edinburgh: Oliver & Boyd, 1966.

Suviranta, Bruno. *The Theory of the Balance of Trade in England*. Helsingfors, Finland: privately printed, 1923; New York: A. M. Kelley, 1967.

van Tijn, Th. "Dutch Economic Thought in the Seventeenth Century." In *Economic Thought in the Netherlands: 1650–1950*, edited by J. van Daal, and A. Heertje. Aldershot: Avebury, 1992.

Wilkes, Richard C. "The Development of Mercantilist Economic Thought." In *Pre-Classical Economic Thought*, edited by S. Todd Lowry. Boston: Kluwer, 1987.

Wood, William. *A Survey of Trade*. London: Wilkins, 1718.

Wu, Chi-Yuen. *An Outline of International Price Theories*. London: Routledge, 1939.

第三章

[Barbon, Nicholas]. *A Discourse of Trade*. London: T. Milbourn, 1690.

[Bland, John]. *Trade Revived*. London: T. Holmwood, 1659.

Brewster, Francis. *Essays on Trade and Navigation*. London: Cockerill, 1695.

Cary, John. *An Essay on the State of England in Relation to its Trade*. Bristol: W. Bonny, 1695.

Child, Josiah. *A New Discourse of Trade*. London: J. Everingham, 1693.
Clayton, David. *A Short System of Trade*. London: Tait, 1719.
Coke, Roger. *A Discourse of Trade*. London: H. Brome, 1670.
Davenant, Charles. *Essay upon Ways and Means of Supplying the War*. London: J. Tonson, 1695.
[Davenant, Charles]. *An Essay on the East-India-Trade*. London: n.p., 1696.
Davenant, Charles. *Discourses on the Public Revenues, and the Trade of England*. Part 1. London: J. Knapton, 1698.
de Roover, Raymond. "Monopoly Theory Prior to Adam Smith: A Revision." *Quarterly Journal of Economics* 65 (November 1951): 492–524.
[Decker, Matthew]. *Serious Considerations on the Several High Duties*. London: Palairet, 1743.
———. *An Essay on the Causes of the Decline of the Foreign Trade*. London: Brotherton, 1744.
Fortrey, Samuel. *England's Interest and Improvement*. London: J. Field, 1663.
[Gardner]. *Some Reflections on a Pamphlet, entitled England and East India Inconsistent in their Manufactures*. London: n.p., 1697.
Gervaise, Issac. *The System or Theory of the Trade of the World*. London: H. Woodfall, 1720.
Great Necessity and Advantage of Preserving our own Manufactures. London: T. Newborough, 1697.
Heckscher, Eli. *Mercantilism*. Translated by M. Shapiro. London: George Allen & Unwin, 1935.
Hume, David. *Political Discourses*. Edinburgh: R. Fleming, 1752.
Johnson, Thomas. *A Plea for Free-mens Liberties*. London: T. Johnson, 1646.
[Kayll, R.]. *The Trades Increase*. London: N. Okes, 1615.
Letwin, William. "The Authorship of Sir Dudley North's *Discourses on Trade*." *Economica* 18 (February 1951): 35–56.
Macleod, Christine. "Henry Martyn and the authorship of 'Considerations upon the East India Trade.'" *Bulletin of the Institute of Historical Research* 56 (November 1983): 222–29.
[Martyn, Henry]. *Considerations upon the East India trade*. London: A. & J. Churchill, 1701.
[Massie, Joseph.] *The Proposal*. London: J. Shuckburgh, 1757.
Misselden, Edward. *Free Trade. Or the Meanes to make Trade Florish*. London: J. Legatt, 1622.
North, Dudley. *Discourses upon Trade*. London: T. Basset, 1691.
Parker, Henry. *Of a Free Trade*. London: R. Bostock, 1648.
Pollexfen, John. *England and East-India Inconsistent in their Manufactures*. London: n.p., 1697.
Roberts, Lewes. *The Treasure of Traffike*. London: N. Bourne, 1641.
Thomas, P. J. *Mercantilism and the East India Trade*. London: P. S. King, 1926.
Tryon, Thomas. *Some General Consideration Offered*. London: J. Harris, 1698.
Vanderlint, Jacob. *Money Answers All Things*. London: T. Cox, 1734.
Violet, Thomas. *The Advancement of Merchandize*. London: W. Du-Gard, 1651.
———. *Mysteries and Secrets of Trade and Mint-affairs*. London: W. Du-Gard, 1653.

Waddell, D. "Charles Davenant (1656–1714)—A Biographical Sketch." *Economic History Review*, 2d ser., 11 (1958): 279–88.
Wheeler, John. *A Treatise of Commerce*. London: J. Harison, 1601.
Young, Arthur. *Political Arithmetic*. London: W. Nicoll, 1774.

第四章

Bloomfield, Arthur I. "The Foreign-Trade Doctrines of the Physiocrats." *American Economic Review* 28 (December 1938): 716–35.
Cumberland, Richard. *De Legibus Naturae* (1672) [A Treatise on the Laws of Nature]. Translated by John Maxwell. London: R. Phillips, 1727.
de Mirabeau, Marquis. *The Oeconomical Table*. London: W. Owen, 1766.
Groenewegen, Peter D. "Turgot and Adam Smith." *Scottish Journal of Political Economy* 16 (November 1969): 271–89.
Hirschman, Albert O. *The Passions and the Interests: Political Arguments for Capitalism before Its Triumph*. Princeton: Princeton University Press, 1977.
Hume, David. *Political Discourses*. Edinburgh: R. Fleming, 1752.
———. *Essays and Treatises on Several Subjects*. London: A. Millar, 1758.
Hutcheson, Francis. *A System of Moral Philosophy*, 2 vols. London: A. Millar, 1755.
Hutchison, Terence. *Before Adam Smith: The Emergence of Political Economy, 1662–1776*. Cambridge: Basil Blackwell, 1988.
Kames, Lord (Henry Home). *Sketches of the History of Man*. Edinburgh: W. Creech, 1774.
Keohane, Nannerl O. *Philosophy and the State in France*. Princeton: Princeton University Press, 1980.
Kirk, Linda. *Richard Cumberland and Natural Law: The Secularisation of Thought in Seventeenth Century England*. Cambridge: J. Clark & Co., 1987.
Mandeville, Bernard. *The Fable of the Bees: or, Private Vices, Publick Benefits*. Edited by F. B. Kaye. Oxford: Clarendon Press, 1924.
Meek, Ronald L. "Physiocracy and Classicism in Britain," *Economic Journal* 26 (March 1951): 26–47.
Meyers, Milton. *The Soul of Modern Economic Man: Ideas about Self-Interest, Thomas Hobbes to Adam Smith*. Chicago: University of Chicago Press, 1983.
Quensay, François. "Corn." In *The Economics of Physiocracy: Essays and Translations*, edited by Ronald L. Meek. Cambridge: Harvard University Press, 1963.
———. *Tableau Économique (1758–59)*. Edited and translated by Marguerite Kuczynski and Ronald L. Meek. London: Macmillan, 1972.
Roberts, Hazel van Dyke. *Boisguilbert: Economist of the Reign of Louis XIV*. New York: Columbia University Press, 1935.
Ross, Ian. "The Physiocrats and Adam Smith." *British Journal for Eighteenth Century Studies* 7 (Spring 1984): 177–89.
Rothkrug, Lionel. *Opposition to Louis XIV: The Political and Social Origins of the French Enlightenment*. Princeton: Princeton University Press, 1965.
Schlereth, Thomas J. *The Cosmopolitan Ideal in Enlightenment Thought*. Notre Dame: University of Notre Dame Press, 1977.

Teichgraeber, Richard F. *"Free Trade" and Moral Philosophy: Rethinking the Sources of Adam Smith's Wealth of Nations*. Durham, N.C.: Duke University Press, 1986.

Tucker, Josiah. *A Brief Essay on the Advantages and Disadvantages with Regard to Trade*. London: T. Trye, 1749.

———. *A Second Letter to a Friend Concerning Naturalizations*. London: T. Trye, 1753.

———. *The Elements of Commerce, and Theory of Taxes*. Bristol?: privately printed, 1755.

———. *Instructions for Travelers*. Dublin: W. Watson, 1758.

Turgot, A.R.J. "Letter to L'Abbe Terray on the 'Marque des Fers'" (1773). In *The Economics of A.R.J. Turgot*, edited by Peter D. Groenewegen. The Hague: M. Nijhoff, 1977.

第五章

Bloomfield, Arthur I. "Adam Smith and the Theory of International Trade." In *Essays on Adam Smith*, edited by A. S. Skinner and T. Wilson. Oxford: Clarendon Press, 1975.

Myint, Hla. "Adam Smith's Theory of International Trade in the Perspective of Economic Development." *Economica* 44 (August 1977): 231–48.

Rosenberg, Nathan. "Some Institutional Aspects of the *Wealth of Nations*." *Journal of Political Economy* 68 (December 1960): 557–70.

Skinner, Andrew S. "The Shaping of Political Economy in the Enlightenment." *Scottish Journal of Political Economy* 37 (May 1990): 145–65.

Stigler, George J. "The Successes and Failures of Professor Smith." *Journal of Political Economy* 84 (December 1976): 1199–1213.

Smith, Adam. *The Theory of Moral Sentiments*. Edited by A. L. Macfie and D. D. Raphael. Oxford: Clarendon Press, 1976.

Smith, Adam. *Lectures on Jurisprudence*. Edited by R. L. Meek, D. D. Raphael, and P. G. Stein. Oxford: Clarendon Press, 1978.

Viner, Jacob. "Adam Smith and Laissez-Faire." *Journal of Political Economy* 35 (April 1927): 198–232.

第六章

Butt, Isaac. *Protection to Home Industry: Some Cases of its Advantages*. Dublin: Hodges & Smith, 1846.

Chipman, John S. "A Survey of the Theory of International Trade: Part 1, The Classical Theory," *Econometrica* 33 (July 1965): 477–519.

Cliffe Leslie, T. *Essays in Political Economy*, 2d ed. London: Longmans, Green & Co., 1888.

Considerations on the Effects of Protecting Duties. Dublin: Wilson, 1783.

"Corn Laws." *Edinburgh Review* 24 (February 1815): 491–505.

[Empson, William]. "Life, Writings, and Character of Mr. Malthus." *Edinburgh Review* 64 (January 1837): 469–506.

Hollander, Samuel. "Malthus's Abandonment of Agricultural Protectionism: A Discovery in the History of Economic Thought." *American Economic Review* 82 (June 1992): 650–59.

———. "More on Malthus and Agricultural Protection." *History of Political Economy* 27 (Fall 1995): 531–37.

James, Patricia. *Population Malthus*. London: Routledge & Kegan Paul, 1979.

Malthus, Thomas R. *The Grounds of an Opinion on the Policy of Restricting the Importation of Foreign Corn*. London: J. Murray, 1815.

———. *Principles of Political Economy*. London: J. Murray, 1820.

———. *An Essay on the Principle of Population*, 6th ed. London: J. Murray, 1826.

Mill, James. *Commerce Defended*. London: C. & R. Baldwin, 1808.

———. *Elements of Political Economy*. London: Baldwin, Cradock, & Joy, 1821.

[Mill, James]. "Colonies." In the *Encyclopaedia Britannica*, Supplement to the 4th, 5th, and 6th eds. Edinburgh: A. Constable, 1824.

———. "Corn Laws." *Eclectic Review*. n.s., 2 (July 1814): 1–17.

[Mill, John Stuart]. "The Corn Laws." *Westminster Review* 3 (April 1825): 394–420.

O'Brien, Denis P. *J. R. McCulloch: A Study in Classical Economics*. London: G. Allen & Unwin, 1970.

———. *The Classical Economists*. Oxford: Clarendon Press, 1975.

Pullen, J. M. "Malthus on Agricultural Protection: An Alternative View." *History of Political Economy* 27 (Fall 1995): 517–29.

Rashid, Salim. "Adam Smith's Rise of Fame: A Reexamination of the Evidence." *The Eighteenth Century* 23 (Winter 1982): 64–85.

Ricardo, David. *The Works and Correspondence of David Ricardo*. Edited by Piero Sraffa. Cambridge: Cambridge University Press, 1951–55.

Senior, Nassau. *Three Lectures on the Transmission of the Precious Metals from Country to Country and the Mercantile Theory of Wealth*. London: J. Murray, 1828.

Teichgraeber, Richard F. III. "'Less Abuse Than I Had Reason to Expect': The Reception of the Wealth of Nations in Britain, 1776–90," *Historical Journal* 30 (June 1987): 337–66.

Thweatt, William O. "James Mill and the Early Development of Comparative Advantage." *History of Political Economy* 8 (Summer 1976): 207–34.

Torrens, Robert. *The Economists Refuted*. London: S. A. Oddy, 1808.

———. *Essay on the External Corn Trade*. London: J. Hatchard, 1815.

[Vaughan, Benjamin]. *New and Old Principles of Trade Compared*. London: Johnson, 1788.

Willis, Kirk. "The Role in Parliament of the Economic Ideas of Adam Smith, 1776–1800." *History of Political Economy* 11 (Winter 1979): 505–44.

第七章

Bickerdike, Charles F. "The Theory of Incipient Taxes." *Economic Journal* 16 (December 1906): 529–35.

Bickerdike, Charles F. "Review of A. C. Pigou's 'Protective and Preferential Import Duties.'" *Economic Journal* 17 (March 1907): 98–108.

"Colonel Torrens on Free Trade." *Westminster Review* 40 (August 1843): 1–20.

Corry, B. A. "Robert Torrens." In *The New Palgrave: A Dictionary of Economics*, edited by J. Eatwell et al. New York: Stockton Press, 1987.

Edgeworth, F. Y. "The Theory of International Values." *Economic Journal* 4 (March 1894): 35–50; (September 1894): 424–43; (December 1894): 606–38.

———. "Appreciations of Mathematical Theories." *Economic Journal* 18 (September 1908): 424–43; (December 1908): 541–56.

Johnson, Harry G. "Optimum Welfare and Maximum Revenue Tariffs." *Review of Economic Studies* 19 (1950–51): 28–35.

Kahn, Richard F. "Tariffs and the Terms of Trade." *Review of Economic Studies* 15 (1947–48): 14–19.

Kaldor, Nicholas. "A Note on Tariffs and the Terms of Trade." *Economica* 7 (November 1940): 377–80.

Lawson, James Anthony. *Five Lectures on Political Economy*. London: Parker, 1843.

Longfield, Montiford. *Three Lectures on Commerce and One on Absenteeism*. Dublin: W. Curry, Jun, & Co., 1835.

Marshall, Alfred. *Money, Credit and Commerce*. London: Macmillan, 1923.

———. *Memorials of Alfred Marshall*. Edited by A. C. Pigou. London: Macmillan, 1925.

McCulloch, J. R. *Principles of Political Economy*, 4th ed. London: Longman, Brown, Green, and Longmans, 1849.

Merivale, Herman. *Lectures on Colonization and Colonies*. London: Longman, Brown, Green, and Longmans, 1842.

[Mill, J. S.]. "Torrens's Letter to Sir Robert Peel," *Spectator*, January 28, 1843, pp. 85–86. Reprinted in *Collected Works of John Stuart Mill*, vol. 24. Toronto: University of Toronto Press, 1986.

Mill, John Stuart. *Essays on Some Unsettled Questions of Political Economy*. London: Parker, 1844.

Nicholson, J. S. "Tariffs and International Commerce." *Scottish Geographical Magazine* 7 (September 1891): 457–71.

———. *Principles of Political Economy*, vol. 3. London: Macmillan, 1901.

Norman, George Warde. *Remarks on the Incidence of Import Duties*. London: privately printed by Boone, 1860.

O'Brien, Denis P., ed. *The Correspondence of Lord Overstone*. Cambridge: Cambridge University Press, 1971.

Palgrave, R.H.I., ed., *Dictionary of Political Economy*. London: Macmillan, 1913.

Political Economy Club. *Centenary Volume*. London: Macmillan, 1921.

"Professor Lawson's Lectures on Political Economy." *Dublin University Magazine* 24 (December 1844): 721–24.

"Reciprocal Free Trade." *Foreign and Colonial Quarterly Review* 2 (October 1843): 526–51.

Ricardo, David. *The Works and Correspondence of David Ricardo*. Edited by Piero Sraffa. Cambridge: Cambridge University Press, 1951–55.

Robbins, Lionel. *Robert Torrens and the Evolution of Classical Economics*. London: Macmillan, 1958.

Rodriguez, Carlos Alfredo. "The Non-Equivalence of Tariffs and Quotas Under Retaliation." *Journal of International Economics* 4 (August 1974): 295–98.

[Senior, Nassau]. "Free Trade and Retaliation." *Edinburgh Review* 78 (July 1843): 1–47.

Sidgwick, Henry. *Principles of Political Economy*. London: Macmillan, 1883.

[Thompson, Perronet]. "Col. Torrens's Letters on Commercial Policy." *Westminster Review* 8 (January 1833): 168–76. (*a*)

———. "Colonel Torrens's Additional Letters on Commercial Policy." *Westminster Review* 8 (April 1833): 421–27. (*b*)

Thweatt, William O. "James and John Mill on Comparative Advantage: Sraffa's Account Corrected." In *Trade in Transit*, edited by H. Visser and E. Schorl. Dordrecht: M. Nijhoff, 1987.

Torrens, Robert. *An Essay on the Production of Wealth*. London: Longman, Hurst, Rees, Orme, and Brown, 1821.

———. *Letters on Commercial Policy*. London: Longman, 1833.

———. *The Budget: On Commercial and Colonial Policy*. London: Smith, Elder, 1844.

第八章

Armitage-Smith, George. *The Free Trade Movement and Its Results*. London: Blackie, 1898.

Baldwin, Robert E. "The Case Against Infant Industry Protection." *Journal of Political Economy* 77 (May/June 1969): 295–305.

Bastable, Charles F. *The Theory of International Trade*. Dublin: Hodges, Figgis, 1887.

Bentham, Jeremy. "Observations on the Restrictive and Prohibitory Commercial System (1821)." In *The Works of Jeremy Bentham*, edited by John Bowring, vol. 3. Edinburgh: Tait, 1843.

Bourne, E. G. "Alexander Hamilton and Adam Smith." *Quarterly Journal of Economics* 8 (April 1894): 328–44.

Brewer, Anthony. "Economic Growth and Technical Change: John Rae's Critique of Adam Smith." *History of Political Economy* 11 (Spring 1991): 1–11.

Cairnes, John E. *Some Leading Principles of Political Economy, Newly Expounded*. London: Macmillan, 1874.

Carey, Henry. *Principles of Social Science*. Philadelphia: Lippincott, 1858.

Deane, Phyllis. "Marshall on Free Trade." In *Alfred Marshall in Retrospect*, edited by R. M. Tullberg. New York: Elgar, 1990.

Dobbs, Arthur. *An Essay on the Trade and Improvement of Ireland*. Dublin: Rhames, 1729.

Fauveau, P.-G. "Conclusion du Calcul Algébrique au Sujet des droits Protecteurs." *Journal des Économistes* 64 (August 1873): 283–86, and 64 (September 1873): 464.

Fawcett, Henry. *Free Trade and Protection*. London: Macmillan, 1878.

Hamilton, Alexander. "Report on the Subject of Manufactures [1791]." In *The Papers of Alexander Hamilton*, edited by Harold C. Syrett, vol. X, December 1791–January 1792. New York: Columbia University Press, 1966.

Hutcheson, Francis. *Introduction to Moral Philosophy*. 2d ed. Glasgow: R. & A. Foulis, 1753.

Johnson, Harry. "Optimal Trade Intervention in the Presence of Domestic Distortions." In Robert E. Baldwin et al., *Trade, Growth and the Balance of Payments*. Chicago: Rand McNally & Co., 1965.

List, Friedrich. *The National System of Political Economy*. Translated by G. A. Matile. Philadelphia: J. B. Lippincott, 1854.

———. *The National System of Political Economy*. Translated by Sampson S. Lloyd. London: Longman, Green & Co., 1885.

Marshall, Alfred. "Some Aspects of Competition (1890)." In *Memorials of Alfred Marshall*, edited by A.C. Pigou. London: Macmillan, 1925.

———. "Memorandum on Fiscal Policy of International Trade (1903)." In *Official Papers by Alfred Marshall*, edited by J. M. Keynes. London: Macmillan, 1926.

Meade, James. *Trade and Welfare*. London: Oxford University Press, 1955.

Melitz, Jacques. "Sidgwick's Theory of International Values." *Economic Journal* 73 (September 1963): 431–41.

Mill, John Stuart. *Principles of Political Economy*. London: Longmans, Green, 1909.

Nicholson, J. S. *Principles of Political Economy*. London: Macmillan, 1901.

O'Brien, Denis P. *J. R. McCulloch: A Study in Classical Economics*. New York: Barnes and Noble, 1970.

Pigou, A. C. *Protective and Preferential Import Duties*. London: Macmillan, 1906.

Postlethwayt, Malachy. *Britain's Commercial Interest Explained and Improved*. London: D. Brown, 1757.

Rae, John. *Statement of Some New Principles of Political Economy*. Boston: Hilliard, Gray, 1834.

Say, Jean-Baptiste. *A Treatise on Political Economy*. Philadelphia: Grigg & Elliot, 1834.

Scrope, George Poulett. *Principles of Political Economy*. London: Longmans, Rees, Orme, Brown, and Green, 1833.

Simonde de Sismondi, Jean-Charles-Léonard. *Political Economy* (1815). Fairfield, N.J.: A. M. Kelley, 1991.

———. *New Principles of Political Economy* (1826). Translated by Richard Hyse. New Brunswick, N.J.: Transaction Publishers, 1990.

Steuart, James. *An Inquiry into the Principles of Political Oeconomy* (1767). Edited by A. S. Skinner. Edinburgh: Oliver & Boyd, 1966.

Sumner, William Graham. *Protectionism*. New York: Holt, 1885.

Taussig, Frank W. *Protection to Young Industries as Applied in the United States*. Cambridge: Harvard University Press, 1883.

Tucker, Josiah. *Instructions for Travelers*. Dublin: W. Watson, 1758.

Wood, William. *A Survey of Trade*. London: W. Wilkins, 1718.

Yarranton, Andrew. *England's Improvement by Sea and Land*. London: Everingham, 1677.

第九章

Anderson, Karl. "Tariff Protection and Increasing Returns." In *Explorations in Economics: Notes and Essays Contributed in Honor of F. W. Taussig*. New York: McGraw-Hill, 1936.

Carver, Thomas. "Some Theoretical Possibilities of a Protective Tariff." *Publications of the American Economic Association*. 3d. ser., vol. 3, no. 1 (1902): 167–82.

Chipman, John S. "A Survey of the Theory of International Trade: Part 2, The Neo-Classical Theory," *Econometrica* 33 (October 1965): 685–760.

Edgeworth, F. Y. "Review of Henry Cunynghame's 'A Geometrical Political Economy.'" *Economic Journal* 15 (March 1905): 62–71.

Ethier, Wilfred J. "National and International Returns to Scale in the Modern Theory of International Trade." *American Economic Review* 72 (June 1982): 389–405. (*a*)

———. "Decreasing Costs in International Trade and Frank Graham's Argument for Protection." *Econometrica* 50 (September 1982): 1243–68. (*b*)

Graham, Frank D. "Some Aspects of Protection Further Considered." *Quarterly Journal of Economics* 37 (February 1923): 199–227.

———. "Some Fallacies in the Interpretation of Social Cost: A Reply." *Quarterly Journal of Economics* 39 (February 1925): 324–30.

———. *Protective Tariffs*. New York: Harper & Bros., 1934.

Knight, Frank H. "Some Fallacies in the Interpretation of Social Cost." *Quarterly Journal of Economics* 38 (August 1924): 582–606.

———. "On Decreasing and Comparative Cost: A Rejoinder." *Quarterly Journal of Economics* 39 (February 1925): 331–33.

Markusen, James R. "The Microfoundations of External Economies," *Canadian Journal of Economics* 23 (August 1990): 495–508.

Marshall, Alfred. *Principles of Economics*, 8th ed. London: Macmillan, 1920.

———. "Some Aspects of Competition (1890)." In *Memorials of Alfred Marshall*, edited by A.C. Pigou. London: Macmillan, 1925.

Matthews, R.C.O. "Reciprocal Demand and Increasing Returns." *Review of Economic Studies* 17 (1949–50): 149–58.

Nicholson, J. S. *Principles of Political Economy*, vol. 2. New York: Macmillan, 1897.

Panagariya, Arvind. "Variable Returns to Scale in Production and Patterns of Specialization," *American Economic Review* 71 (March 1981): 221–30.

Prendergast, Renee. "Increasing Returns and Competitive Equilibrium—The Content and Development of Marshall's Theory." *Cambridge Journal of Economics* 16 (December 1992): 447–62.

Price, L. L. "Review of J. S. Nicholson's 'Principles of Political Economy.'" *Economic Journal* 8 (March 1898): 60–64.

Robertson, Dennis H. "Those Empty Boxes." *Economic Journal* 34 (March 1924): 16–30.

Robinson, E.A.G. *The Structure of Competitive Industry*. Cambridge: Cambridge University Press, 1931.

Scitovsky, Tibor. "Two Concepts of External Economies," *Journal of Political Economy* 17 (April 1954): 143–51.

Senior, Nassau. *An Outline of the Science of Political Economy*. London: W. Clowes & Sons, 1836.

Taussig, Frank. *International Trade*. New York: Macmillan, 1927.

Tinbergen, Jan. "Professor Graham's Case for Protection." Appendix 1 in *International Economic Cooperation*. Amsterdam: Elsevier, 1945.

Viner, Jacob. "Cost Curves and Supply Curves," *Zeitschrift für Nationalökonomie* 3 (1931): 23–46.

Walker, Francis. "Increasing and Diminishing Costs in International Trade." *Yale Review* 12 (May 1903): 32–59.

[West, Edward]. *Essay on the Application of Capital to Land*. London: T. Underwood, 1815.

第十章

Balogh, Thomas. "The Concept of a Dollar Shortage." *The Manchester School of Economic and Social Studies* 17 (May 1949): 186–201.

Bastable, Charles F. *The Theory of International Trade*, 3d ed. London: Macmillan, 1900.

Bhagwati, Jagdish. "The Generalized Theory of Distortions and Welfare." In *Trade, Balance of Payments, and Growth*, edited by Jagdish Bhagwati et al. Amsterdam: North Holland, 1971.

Bhagwati, Jagdish, and V. K. Ramaswami. "Domestic Distortions, Tariffs, and the Theory of Optimum Subsidy." *Journal of Political Economy* 71 (February 1963): 44–50.

Cairnes, John E. *Some Leading Principles of Political Economy, Newly Expounded*. London: Macmillan, 1874.

Coats, A. W. "Changing Attitudes to Labor in the Mid-Eighteenth Century." *Economic History Review* 11 (August 1958): 35–51.

Corden, W. M. "Tariffs, Subsidies, and the Terms of Trade." *Economica* 24 (August 1957): 235–42.

The Grand Concern of England Explained. London: n.p., 1673.

Haberler, Gottfried. "Some Problems in the Pure Theory of International Trade," *Economic Journal* 60 (June 1950): 223–40.

Hagen, Everett E. "An Economic Justification of Protectionism," *Quarterly Journal of Economics* 72 (November 1958): 496–514.

Harris, John R., and Michael P. Todaro. "Migration, Unemployment, and Development: A Two-Sector Analysis." *American Economic Review* 60 (March 1970): 126–42.

Hont, Istvan. "The 'Rich Country-Poor Country' Debate in Scottish Classical Political Economy." In *Wealth and Virtue: The Shaping of Political Economy in the Scottish Enlightenment*, edited by Istvan Hont and Michael Ignatieff. New York: Cambridge University Press, 1983.

Hume, David. *Essays and Treatises on Several Subjects*. London: A. Millar, 1758.

———. *Writings on Economics*. Edited by Eugene Rotwein. Madison: University of Wisconsin Press, 1955.

Johnson, Harry. "Optimal Trade Intervention in the Presence of Domestic Distortions." In Robert E. Baldwin et al., *Trade, Growth and the Balance of Payments*. Chicago: Rand McNally & Co., 1965.

Longfield, Montiford. *Three Lectures on Commerce and One on Absenteeism*. Dublin: Milliken & Son, 1835.

Low, J. M. "An Eighteenth Century Controversy in the Theory of Economic Progress." *Manchester School of Economics and Social Science* 20 (September 1952): 311–30.

Magee, Stephen P. "Factor Market Distortions, Production, and Trade: A Survey." *Oxford Economic Papers* 25 (March 1973): 1–43.

Maitland, James (Earl of Lauderdale). *An Inquiry into the Nature and Origin of Public Wealth*. Edinburgh: Archibald Constable & Co., 1804.

Manly, Thomas. *Usury at Six Percent Examined*. London: T. Radcliffe and T. Daniel, 1669.

Manoïlescu, Mihaïl. *The Theory of Protection and International Trade*. London: P. S. King, 1931.

———. "Arbeitsproduktivität und Auaenhandel." *Weltwirtschaftliches Archiv* 42 (1935): 13–43.

Meade, James E. *Trade and Welfare*. London: Oxford University Press, 1955.

Myint, Hla. "The 'Classical Theory' of International Trade and Underdeveloped Countries." *Economic Journal* 68 (June 1958): 317–37.

Nicholson, J. S. *Principles of Political Economy*. Vol. 2. London: Macmillan, 1897.

Ohlin, Bertil. "Protection and Non-Competing Groups." *Weltwirtschaftliches Archiv* 33 (1931): 30–45.

[Powell, John]. *View of Real Grievances*. London: n. p., 1772.

Propositions for Improving the Manufactures, Agriculture, and Commerce of Great Britain. London: W. Sandby, 1763.

Semmel, Bernard. "The Hume-Tucker Debate and Pitt's Trade Proposals." *Economic Journal* 75 (December 1965): 759–70.

Senior, Nassau. *Three Lectures on the Cost of Obtaining Money*. London: John Murray, 1830.

Taussig, Frank. "Wages and Prices in Relation to International Trade." *Quarterly Journal of Economics* 20 (August 1906): 497–522.

———. *International Trade*. New York: Macmillan, 1927.

Tucker, Josiah. *Four Tracts Together with Two Sermons, On Political and Commercial Subjects*. Gloucester: R. Raikes, 1774.

Viner, Jacob. "Review of Mihaïl Manoïlescu's 'The Theory of Protection and International Trade.'" *Journal of Political Economy* 40 (February 1932): 121–25.

Wallace, Robert. *Characteristics of the Present Political State of Great Britain*. London: A. Millar, 1758.

第十一章

Anderson, Karl L. "Protection and the Historical Situation: Australia." *Quarterly Journal of Economics* 53 (November 1938): 86–104.

Bastable, Charles F. *The Theory of International Trade*. Dublin: Hodges and Figgis, 1887; 3d ed. London: Macmillan, 1903.

———. "Economic Notes." *Hermathena* 7 (1890): 109–25.

———. "On Some Disputed Points in the Theory of International Trade," *Economic Journal* 11 (July 1901): 226–29.

Brigden, J. B. "The Australian Tariff and the Standard of Living." *Economic Record* 1 (November 1925): 29–46.

Brigden, J. B. et al. *The Australian Tariff: An Economic Inquiry*. Melbourne: Melbourne University Press, 1929.

Copland, D. B. "A Neglected Phase of Tariff Controversy." *Quarterly Journal of Economics* 45 (February 1931): 289–308.

Edgeworth, F. Y. "The Theory of International Values, III." *Economic Journal* 4 (December 1894): 606–38.

———. "Review of Charles Bastable's 'The Theory of International Trade, 2nd ed.'" *Economic Journal* 7 (September 1897): 397–403.

———. "Review of Charles Bastable's 'The Theory of International Trade, 3rd ed.'" *Economic Journal* 10 (September 1900): 389–93.

———. "Disputed Points in the Theory of International Trade." *Economic Journal* 11 (December 1901): 582–95.

Loria, Achille. "Notes on the Theory of International Trade." *Economic Journal* 11 (March 1901): 85–89.

Manger, Gary. "The Australian Case for Protection Reconsidered." *Australian Economic Papers* 20 (December 1981): 193–204.

Metzler, Lloyd. "Tariffs, the Terms of Trade, and the Distribution of National Income." *Journal of Political Economy* 62 (February 1949): 1–29.

Nicholson, J. S. *Principles of Political Economy*, vol. 2. London: Macmillan, 1897.

Patten, Simon N. *The Economic Basis of Protection*. Philadelphia: Lippincott, 1890.

Ruffin, Roy J., and Ronald W. Jones. "Protection and Real Wages: The Neoclassical Ambiguity." *Journal of Economic Theory* 14 (April 1977): 337–48.

Samuelson, Marion Crawford. "The Australian Case for Protection Reexamined." *Quarterly Journal of Economics* 54 (November 1939): 143–49.

Samuelson, Paul A. "Summing Up on the Australian Case for Protection." *Quarterly Journal of Economics* 96 (February 1981): 147–60.

Sidgwick, Henry. *Principles of Political Economy*. London: Macmillan, 1883; 3d ed., 1901.

Stolper, Wolfgang F., and Paul A. Samuelson. "Protection and Real Wages." *Review of Economic Studies* 9 (November 1941): 58–73.

Taussig, Frank W. "Recent Literature on Protection." *Quarterly Journal of Economics* 7 (January 1893): 162–76.

Torrens, Robert. *An Essay on the Production of Wealth*. London: Longman, Hurst, Rees, Orme, and Brown, 1821.

Viner, Jacob. "The Australian Tariff: A Review Article." *Economic Record* 5 (November 1929): 306–15.

第十二章

Chipman, John S. "The Paretian Heritage." *Revue Européenne des Sciences Sociales et Cahiers Vilfredo Pareto*. 14 (1976): 65–171.

———. "Compensation Principle." In *The New Palgrave: A Dictionary of Economics*, edited by J. Eatwell et al. New York: Stockton Press, 1987.

Chipman, John S., and James C. Moore. "The New Welfare Economics, 1939–1974." *International Economic Review* 19 (October 1978): 547–84.
Graaf, J. de V. "On Optimum Tariff Structures." *Review of Economic Studies* 17 (1949–50): 47–59.
Grandmont, Jean M., and Daniel McFadden. "A Technical Note on Classical Gains from Trade." *Journal of International Economics* 2 (May 1972): 109–25.
Harrod, Roy. "Scope and Method of Economics." *Economic Journal* 48 (September 1938): 383–412.
Hicks, John R. "The Foundations of Welfare Economics." *Economic Journal* 49 (December 1939): 696–712.
———. "The Valuation of Social Income." *Economica* n.s. 7 (May 1940): 105–24.
Kaldor, Nicholas. "Welfare Propositions of Economics and Interpersonal Comparisons of Utility." *Economic Journal* 49 (September 1939): 549–52.
Kemp, Murray C. "The Gain from International Trade." *Economic Journal* 82 (December 1962): 803–19.
Maneschi, Andrea. "Pareto on International Trade Theory and Policy." *Journal of the History of Economic Thought* 15 (Fall 1993): 210–28.
Maneschi, Andrea, and William O. Thweatt. "Barone's 1908 Representation of an Economy's Trade Equilibrium and the Gains from Trade." *Journal of International Economics* 22 (May 1987): 375–82.
[Mill, John Stuart]. "The Corn Laws." *Westminster Review* 3 (April 1825): 394–420.
Mill, John Stuart. "On the Definition of Political Economy; and on the Method of Investigation Proper to It." *London and Westminster Review* 26 (October 1836): 1–29. Reprinted in *Essays on Some Unsettled Questions of Political Economy*. London: Parker, 1844.
Pareto, Vilfredo. "Il Massimo di Utilità dato dalla Libera Concorrenza," *Giornale degli Economisti* 9 (July 1894): 48–66.
———. "Teoria Matematica del Commercio Internazionale," *Giornale degli Economisti* 10 (April 1895): 476–98.
Robbins, Lionel. *An Essay on the Nature and Significance of Economic Science*. London: Macmillan, 1932.
———. "Interpersonal Comparisons of Utility: A Comment." *Economic Journal* 48 (December 1938): 635–41.
Samuelson, Paul A. "The Gains from International Trade." *Canadian Journal of Economics and Political Science* 5 (May 1939): 195–205.
———. "The Gains from International Trade Once Again." *Economic Journal* 82 (December 1962): 820–29.
Scitovsky, Tibor. "A Note on Welfare Propositions in Economics." *Review of Economic Studies* 9 (November 1941): 77–88.
Sen, A. K. "The Welfare Basis of Real Income Comparisons." *Journal of Economic Literature* 17 (March 1979): 1–45.
Senior, Nassau. *Outline of the Science of Political Economy*. London: W. Clowes & Sons, 1836.
———. "Presidential Address to Section F of the British Association for the Advancement of Science." *Report of the British Association for the Advancement of Science*. London, 1860.

第十三章

Alexander, Sidney S. "Devaluation versus Import Restrictions as an Instrument for Improving the Foreign Trade Balance." *IMF Staff Papers* 1 (April 1951): 379–96.

Beveridge, William, ed. *Tariffs: The Case Examined*. London: Longmans Green, 1931.

Bickerdike, C. F. "Review of Richard Schüller's 'Schutzzoll und Freihandel.'" *Economic Journal* 15 (September 1905): 413–15.

Clark, Peter. *The Keynesian Revolution in the Making, 1924–1936*. Oxford: Oxford University Press, 1988.

Collyns, Charles. *Can Protection Cure Unemployment?* Thames Essay No. 31. London: Trade Policy Research Centre, 1982.

Corden, W. M. "Real Wage Rigidity, Devaluation, and Import Restriction." In *Protection, Growth, and Trade*. New York: Basil Blackwell, 1985.

Corden, W. M., I.M.D. Little, and M. FG. Scott. "Import Controls versus Devaluation and Britain's Economic Prospects." Guest Paper No. 2, London: Trade Policy Research Centre, March 1975.

Department of Applied Economics. University of Cambridge. *Economic Policy Review*. February 1975, March 1976.

Eichengreen, Barry. "A Dynamic Model of Tariffs, Output, and Employment under Flexible Exchange Rates." *Journal of International Economics* 11 (August 1981): 341–59.

———. "Protection, Real Wage Resistance, and Employment." *Weltwirtschaftliches Archiv* 119 (1983): 429–51.

———. "Keynes and Protection." *Journal of Economic History* 44 (June 1984): 363–73.

Friedman, Milton. "The Case for Flexible Exchange Rates." In *Essays on Positive Economics*. Chicago: University of Chicago Press, 1953.

———. "The Role of Monetary Policy." *American Economic Review* 58 (March 1968): 1–17.

Godley, Wynne, and Robert M. May. "The Macroeconomic Implications of Devaluation and Import Restrictions." *Economic Policy Review*, March 1977.

Haberler, Gottfried. "Currency Depreciation and the Terms of Trade (1952)." In *Selected Essays of Gottfried Haberler*, edited by A.Y.C. Koo. Cambridge: MIT Press, 1985.

Hawtrey, R. G. *Trade Depression and the Way Out*. London: Longmans Green, 1931.

Hicks, J. R. "Free Trade and Modern Economics." In *Essays in World Economics*. Oxford: Clarendon Press, 1959.

Hinshaw, Randall. "Keynesian Commercial Policy." In *The New Economics: Keynes' Influence on Theory and Public Policy*, edited by Seymour E. Harris. New York: A. A. Knopf, 1947.

Howson, Susan, and Donald Winch. *The Economic Advisory Council, 1930–39*. Cambridge: Cambridge University Press, 1977.

Keynes, John Maynard. *The Collected Writings of John Maynard Keynes*. Edited by Elizabeth Johnson and Donald Moggridge. London: Macmillan for the Royal Economics Society, 1971–89.

Meade, James. "The Case for Variable Exchange Rates." *Three Banks Review*, September 1955.
Moggridge, D. E. *Maynard Keynes: An Economist's Biography*. New York: Routledge, 1992.
Mundell, Robert A. "Flexible Exchange Rates and Employment Policy." *Canadian Journal of Economics and Political Science* 27 (November 1961): 509–17.
Radice, Hugo. "Keynes and the Policy of Practical Protectionism." In *J. M. Keynes in Retrospect: The Legacy of the Keynesian Revolution*, edited by John Hillard. Aldershot, England: Edward Elgar Pub., 1988.
Robbins, Lionel. "Economic Notes on Some Arguments for Protection." *Economica* 11 (February 1931): 45–62.
———. *Autobiography of an Economist*. London: Macmillan, 1971.
Robinson, Joan. "Beggar-my-Neighbour Remedies for Unemployment." In *Essays in the Theory of Employment*. New York: Macmillan, 1937.
———. "The Pure Theory of International Trade." *Review of Economic Studies* 14 (1946–47): 112.
Taussig, Frank W., ed. *Selected Readings in International Trade and Tariff Problems*. Boston: Ginn & Co., 1921.
Wolf, Bernard M., and Nicholas P. Smook. "Keynes and the Question of Tariffs," In *Keynes and Public Policy After Fifty Years*, edited by O. F. Hamouda and J. N. Smithin, vol. 2. New York: New York University Press, 1988.

第十四章

Anderson, Gary M., and Robert D. Tollison. "Adam Smith's Analysis of Joint-Stock Companies." *Journal of Political Economy* 90 (December 1982): 1237–56.
Baldwin, Robert E. "Are Economists' Traditional Trade Policy Views Still Valid?" *Journal of Economic Literature* 30 (June 1992): 804–29.
Bhagwati, Jagdish. "Is Free Trade Passé After All?" *Weltwirtschaftliches Archiv* 125 (1989): 17–44.
Brander, James A. "Rationales for Strategic Trade and Industrial Policy." In *Strategic Trade Policy and the New International Economics*, edited by Paul R. Krugman. Cambridge: MIT Press, 1986.
———. "Strategic Trade Policy." In *The Handbook of International Economics*, vol. 3, edited by Gene M. Grossman and Kenneth Rogoff. Amsterdam: North-Holland, 1995.
Brander, James A., and Barbara J. Spencer. "Tariffs and the Extraction of Foreign Monopoly Rents under Potential Entry." *Canadian Journal of Economics* 14 (August 1981): 371–89.
———. "Export Subsidies and International Market Share Rivalry." *Journal of International Economics* 18 (February 1985): 83–100.
Carmichael, Calum M., "The Control of Export Credit Subsidies and its Welfare Consequences." *Journal of International Economics* 23 (August 1987): 1–19.
Cournot, Augustin. *Researches into the Mathematical Principles of the Theory of Wealth* (1838). Translated by Nathaniel T. Bacon. New York: Macmillan, 1927.
Dixit, Avinash. "International Trade Policy for Oligopolistic Industries." *Economic Journal* (Supplement) 94 (1984): 1–16.

Dixit, Avinash, and Gene M. Grossman. "Targeted Export Promotion with Several Oligopolistic Industries." *Journal of International Economics* 21 (November 1986): 233–49.

Dixit, Avinash, and Albert S. Kyle. "The Use of Protection and Subsidies for Entry Promotion and Deterrence." *American Economic Review* 75 (March 1985): 139–52.

Eaton, Jonathan, and Gene M. Grossman. "Optimal Trade and Industrial Policy Under Oligopoly." *Quarterly Journal of Economics* 101 (May 1986): 383–406.

Ekelund, Jr., Robert B., and Robert F. Hébert. "Cournot and His Contemporaries: Is an Obituary the Only Bad Review?" *Southern Economic Journal* 57 (July 1990): 139–49.

Enke, Stephen. "A Monopsony Case for Tariffs." *Quarterly Journal of Economics* 58 (February 1944): 229–45.

Grossman, Gene M. "Strategic Export Promotion: A Critique." In *Strategic Trade Policy and the New International Economics*, edited by Paul R. Krugman. Cambridge: MIT Press, 1986.

Horstmann, Ignatius J., and James R. Markusen. "Up the Average Cost Curve: Inefficient Entry and the New Protectionism." *Journal of International Economics* 20 (May 1986): 225–47.

Irwin, Douglas A. "Mercantilism as Strategic Trade Policy: The Anglo-Dutch Rivalry for the East India Trade." *Journal of Political Economy* 99 (December 1991): 1296–1314.

———. "Mercantilist Trade Rivalries and Strategic Trade Policy." *American Economic Review* (Papers and Proceedings) 82 (May 1992): 134–39.

Krugman, Paul R. "Is Free Trade Passé?" *Journal of Economic Perspectives* 1 (Fall 1987): 131–41.

———. "Does the New Trade Theory Require a New Trade Policy?" *The World Economy* 15 (July 1992): 423–41.

Lee, Sanghack. "International Equity Markets and Trade Policy." *Journal of International Economics* 29 (August 1990): 173–84.

Magnan de Bornier, Jean. "The 'Cournot-Bertrand Debate': A Historical Perspective.' *History of Political Economy* 24 (Fall 1992): 623–56.

Schneider, Erich. "Vilfredo Pareto: The Economist in Light of His Letters to Maffeo Pantaleoni." *Banca Nazionale del Lavoro Quarterly Review* 14 (September 1961): 247–95.

Spencer, Barbara J., and James A. Brander. "International R&D Rivalry and Industrial Strategy." *Review of Economic Studies* 50 (October 1983): 707–22.

结 论

Athukorala, Premachandra, and James Riedel. "The Small Country Assumption: A Reassessment with Evidence from Korea." *Weltwirtschaftliches Archiv* 127 (1991): 138–51.

Bhagwati, Jagdish. "The Generalized Theory of Distortions and Welfare." *Trade, Balance of Payments and Growth: Papers in International Economics in Honor of Charles P. Kindleberger*. Edited by J. N. Bhagwati, R. A. Mundell, R. W. Jones, and J. Vanek. Amsterdam: North-Holland, 1971.

Brown, Drusilla K. "Tariffs, the Terms of Trade and National Product Differentiation." *Journal of Policy Modeling* 9 (Fall 1987): 503–26.

Edgeworth, F. Y. "The Pure Theory of International Values." *Economic Journal* 4 (March 1894): 35–50.

Farrer, Thomas H. *Free Trade versus Fair Trade*, 3d ed. London: Cassell & Co., 1886.

Graham, Frank D. *Protective Tariffs*. New York: Harper & Bros., 1934.

Hicks, John R. "Free Trade and Modern Economics." In *Essays in World Economics*. Oxford: Clarendon Press, 1959.

Jevons, William Stanley. *Methods of Social Reform*. London: Macmillan, 1883.

Johnson, Harry. "Optimum Tariffs and Retaliation." *Review of Economic Studies* 21 (1953–54): 142–53.

———. "Implications of the International Corporation." In *Studies in International Economics*, edited by I. A. McDougall and R. H. Snape. Amsterdam: North-Holland, 1970.

Krugman, Paul R. "Is Free Trade Passé?" *Journal of Economic Perspectives* 1 (Fall 1987): 131–44.

Laudan, Larry. *Progress and Its Problems: Towards a Theory of Scientific Growth*. Berkeley: University of California Press, 1977.

Little, Ian, Tibor Scitovsky, and Maurice Scott. *Industry and Trade in Some Developing Countries*. London: Oxford University Press, 1970.

Marshall, Alfred. "Memorandum on Fiscal Policy of International Trade (1903)." In *Official Papers by Alfred Marshall*, edited by J. M. Keynes. London: Macmillan, 1926.

Riedel, James. "The Demand for LDC Exports of Manufactures: Estimates from Hong Kong." *Economic Journal* 98 (March 1988): 138–48.

Sidgwick, Henry. *The Scope and Method of Economic Science*. London: Macmillan, 1885.

———. *Principles of Political Economy*, 2d ed. London: Macmillan, 1887.

Taussig, Frank W. "The Present Position of the Doctrine of Free Trade." *Publications of the American Economic Association*, 3d ser. 6 (February 1905): 29–65. Reprinted in Frank W. Taussig, *Free Trade, the Tariff, and Reciprocity*. New York: Macmillan, 1920.

Whalley, John. *Trade Liberalization among Major World Trading Areas*. Cambridge: MIT Press, 1985.

World Bank. *The World Development Report, 1987*. New York: Oxford University Press for the World Bank, 1987.